从零废弃到闭环物料

通往循环经济之路

From Zero Waste to Material Closed Loop
the Way Towards Circular Economy

杨剑明 著

化学工业出版社
·北京·

本书共14章，从废弃物的来源、形态、种类开始，介绍了其管理、转化和处理处置技术，在此基础上引入了“零废弃”的理论与实践，并进一步介绍了与零废弃相关的绿色设计、逆向物流和闭环物料。通过不同行业面临的零废弃机遇和挑战，阐述了循环经济这一重要发展概念，并从3个层面讨论了循环经济的标准与认证。最后从哲学与环境伦理学的角度对零废弃作了简单解读。书后附有美国、欧洲及中国颁布的废弃物相关标准列表，供读者参考。

本书内容丰富，涉及零废弃的方方面面，文笔流畅易懂，理论与实践并重。可供与清洁生产、循环经济相关企事业单位中从事环境管理工作的专业人员参考，也可供高等学校环境类、生态类专业师生参阅。

图书在版编目（CIP）数据

从零废弃到闭环物料：通往循环经济之路/杨剑明著.—北京：化学工业出版社，2020.7（2021.2重印）

ISBN 978-7-122-36871-3

Ⅰ.①从… Ⅱ.①杨… Ⅲ.①循环经济-研究 Ⅳ.①F062.2

中国版本图书馆CIP数据核字（2020）第081782号

责任编辑：刘　婧　刘兴春　　装帧设计：李子姮

责任校对：刘　颖

出版发行：化学工业出版社（北京市东城区青年湖南街13号　邮政编码100011）

印　　装：北京盛通商印快线网络科技有限公司

787mm×1092mm　1/16　印张14¾　字数272千字　2021年2月北京第1版第2次印刷

购书咨询：010-64518888　　售后服务：010-64518899

网　　址：http://www.cip.com.cn

凡购买本书，如有缺损质量问题，本社销售中心负责调换。

定　　价：85.00元

序

若非涂善东院士介绍，我倒是完全没有机会了解本书的作者——一位长期在外企从事环境工作、而又与母校保持如此紧密联系的学术型校友。

作者杨剑明博士于 1993 年考入华东化工学院（同年更名为华东理工大学）的环境工程系（后更名为资源与环境工程学院）。在他们这一代学生中，老“华化”的学术氛围，给他们留下了深深的印记。那个时代学校提出“合格加特色”，既要求学生有全面扎实的理论知识，又鼓励他们学有所长，追求自我发展。

剑明告诉我，当年他最喜欢的基础课程是胡英院士的《物理化学》和方图南教授的《化工原理》；进而又告知我，他大三入系之后虽然选择了赵庆祥教授课题组的水处理方向作为毕业课题，但同时他也对废气治理和固废资源化饶有兴趣……1997 年本科毕业之后，一如我当年，剑明在四年的工厂车间历练之后深知理论基础之不足，出于对工程与基础理论的兴趣，他远赴欧洲，先后在法国国立米卢斯高等化学学校安全与环境专业获得工程硕士学位，在法国上阿尔萨斯大学风险与环境管理实验室获得环境化学博士学位。

剑明自他的博士研究阶段，就为法国化学工程师院校联盟（FGL 联盟）和华东理工大学之间的工程硕士联合培养项目牵线搭桥。如今，学校已在该项目基础上成立了首个中外合作办学机构——国际卓越工程师学院，剑明也时常回母校与一些即将赴欧的学弟学妹们分享工程学习经验。此外，在他回国后就职的罗地亚（索尔维）亚太研发中心、上海迪士尼幻想工程和美国 UL 公司亚太环境部，剑明一直受聘母校的工程硕士企业导师，不仅为数十名硕士生提供了企业工程实习机会，还联合指导了他们的实习论文和毕业设计，为学校工程教育开展和校企合作发展做出了实实在在的贡献。

大学时代的科研“种子”一直植根于剑明的内心深处，对于科学研究的不断追求使其成长壮大、开花结果。十年间他在国际学术期刊参与发表两篇学术论文，另有一篇 PCT 专利和一本科技专著《重大工程项目建设的环境管理》——该书的英文版作为华东理工大学出版社第一部被施普林格出版社引进的著作，获得了2017年度国家版权输出优秀图书奖。这些成绩的取得，对于从事外企繁忙事务工作的剑明来说，的确是难能可贵的。

据悉，剑明的这本《从零废弃到闭环物料——通往循环经济之路》专著，将再一次被施普林格出版社计划引进而走出国门。剑明也会基于该书的主要内容再一次回到母校，给硕士研究生们讲授“固体废物资源化技术”的英文课程，这将是学术研究与工程教育实践深度融合的又一成功案例。

纵览本书，所涉及内容正是剑明在环境工程学，特别是废弃物方向认知的全面写照。将废弃物产生的热力学原理与宇宙演化论及社会发展史结合起来，颇有新意；通过物料平衡计算来帮助工厂寻找废弃物的来源，值得借鉴；第六、第七和第八章分别从转化方法、物质形态和行业实践的角度剖析零废弃，论述完整；绿色设计和闭环物料两章蕴含着剑明在标准化和微积分方面的逻辑思维，可谓是本书的高潮与精华；当本书收笔并从经济学、哲学和伦理学层面展开论述时，特别是末节关于人类与废弃物未来的分析，他认为“一半主动权还是掌握在人类自己的手里”等语句，则体现出作者本人积极向上的世界观。

发展循环经济是建设环境友好型社会和实现可持续发展的重要途径。本书中关于零废弃和闭环物料的系统阐述，既指出了一条通往循环经济之路，也是以实际行动践行习近平总书记“绿水青山就是金山银山”的科学论断，是对国务院“无废城市”建设工作部署的具体实践，且蕴含着法制观念和法治思维在推进生态文明建设中的深远意义，这也正是我尤为欣慰的地方。一个科学工作者只有将自己的学术研究与国家和民族的命运紧密结合起来，他的研究工作才会有长久的生命力。作为一名“九三学社”社员，我能够感觉到剑明正在沿着九三学社前贤的道路，以他自己的节奏迈向更高的政治境界。

“勤奋求实，励志明德”，朴实的校训在剑明身上得到了充分的体现。在本书出版之际，衷心祝贺剑明校友取得的成绩；也希望他不忘初心、砥砺前行，不断为国家和世界的生态文明建设贡献智慧和力量。

中国工程院院士　钱锋

2020年5月

前言

循环经济是个热门概念。

循环经济的定义很复杂，不同的国家、地区和行业，也都有不同的标准。相对比较通俗的解释如下：

循环经济亦称“资源循环型经济”，是以资源节约和循环利用为特征，与环境和谐的经济发展模式。强调把经济活动组织成一个“资源-产品-再生资源”的反馈式流程。其特征是低开采、高利用、低排放。所有的物质和能源能在这个不断进行的经济循环中得到合理和持久的利用，以把经济活动对自然环境的影响降低到尽可能小的程度。

一个国家、一个地区或者一个行业，如何实现循环经济，所要走的路也不尽相同，但无论如何总要选择合适的路线。对此各种研究方兴未艾，近年来国内外出现了大量的理论书籍和实践文章。

本书从传统线性经济的末端——废弃物开始，从废弃物最基本的合规性管理出发，再以废弃物的转化和利用为线索连接到闭环物料，以不同行业零废弃的机遇和挑战来阐述循环经济这一最重要的拐点，同时指出一条可行之路。

本书所论述的废弃物，在进行各种理论研究之时均指广义的废弃物，包括固、液、气等各种形态；在进行各项法规标准探讨之时若非特别说明，通常按照习惯仅指狭义的废弃物，主要包括固废和废液，这也是为了和闭环物料相对应，出于物流条件的制约，液相和气相物质目前很少在闭环物料中涉及。

另外，关于零废弃和闭环物料的战略思维以及发展趋势，本书利用传统的热力学熵增原理，从物料平衡和能量消耗的角度分析其最有可能的理论结果，以及对当今社会影响。

同时，对于零废弃相关的哲学和伦理，本书亦浅有涉及。

限于著写时间及经验，本书疏漏之处在所难免，敬请读者批评指正。

著者

2020 年 1 月

目录

1 废弃物简史

严格意义上来说宇宙本身是一个循环的宇宙，自大爆炸以来物质和能量生生灭灭，相互转化。对于恒星生命的三种归宿，较为普遍的天文学观点认为：质量相对较小的恒星，绝大部分物质将经历红巨星爆发或白矮星爆炸返回宇宙空间；质量相对较大的恒星，绝大部分物质将经历超新星爆炸（留下中子星）返回宇宙空间；质量非常大的恒星，绝大部分物质将经历黑洞这一特殊阶段，根据霍金理论的猜测和预言，最终很可能以辐射或爆炸的方式返回宇宙空间。

由此可见，宇宙中根本就没有所谓的废弃物——宇宙中所有物料都在极其完美地闭环运作。

那么我们地球有废弃物吗？客观地说也没有！从46亿年前诞生开始，地球上的所有物质，以不同元素的不同形态存在和转化着。不必说早期无氧时代的氮循环，即便是有氧之后的以生命方式体现的碳循环，所有的物质都在大气圈、水圈和地壳表层同样完美地闭环运作——尽管地幔也通过火山喷发偶尔从地下深处补充一些物质到地球表层上来。

所谓的废弃物，既是非常客观的物质，又是相当主观的概念——“废弃物”这个名词是随着人类意识的产生而产生的，而不是随着人类工业文明的产生而产生的，工业文明只是强化了这个意识。

跟地球上所有存在和存在过的生物物种一样，早期原始社会的人类从自然界中寻找碳源来为自身的生殖繁衍提供物质和能量，在这个过程中即便有吃剩下的瓜皮果屑，也是纯天然的东西，算不上废弃物。有别于其他动物的是，人类后来为了劳动发明了工具，而工具必然有其使用寿命。虽然工具在使用寿命结束后会被人类丢弃，但其天然的本质（石器或者木器直到早期陶器）决定了它们也会完美回归自然。问题在这里开始了——地球并没有把这些不再能够使用的人类工具看作废弃物，而是人类自己觉得它们不好用了，要丢弃了，才称之为“废弃物”。当然，无论怎么认为，这些丢弃的工具对于自然环境的影响，应该是完全没有的。

然而从奴隶社会到封建社会，人类的想法多了起来。随着生产力的逐步提高，生产和消费开始有了区域或者阶层的差异。这种差异又直接导致了剩余物品和剩余食品的产生。部分人群开始拥有他们完全用不掉和用不坏的东西，却为了更新而丢弃这些物品；同时对于他们食物也不再匮乏，剩菜剩饭也产生了。所幸的是，无论是他们丢弃的物品，还是剩菜剩饭，在奴隶社会和封建社会，由于生产技术水平有限，几乎所有人为加工出来的物品和食品，要么接近纯天然，要么易于生物降解；再加上那个时代全球人口有限，自然界正常消纳人类的这些东西几乎毫不费力。所以在这一阶段，人类对于“废弃物”只有模糊的概念。

工业社会——工业文明来临之后改变了一切。工业文明的到来是任何高等生物发展到一个阶段的必然产物，而第一次工业革命的出现有可能使得人类真正意识到废弃物的原因有两个：首先，随着生产技术的飞速发展，人类制造出了很多自然界无论如何也不会天然生成的物质种类，同时为了满足人类的生活和生产需要（例如耐用性），这些新物质往往又是自然无法在短期内分解消纳的；其次，生产和消费（供给与需求）通常是不同步和不平衡的，制造出来的新物质有可能在某些地区或某段时间供大于求，多出来的部分则会在人类社会和自然界慢慢存储和积累起来。

可惜的是，工业文明的初期人类从来没有想过这些剩余物质是否会被自然界所接受和消纳，也根本没有意识到这些累积的剩余物质会给自然环境带来些什么问题——这一思想一直延续到第二次工业革命的前夕。

第二次工业革命最主要的结果是使得人类进入了电气时代，与此同时化学工业也开始登上历史舞台。化学工业的目的就是要创造自然界没有的新物质，来满足人类社会日益增长的需要。化学工业的快速发展直接导致大量新物质的产生，以及为了工业生产所必需引入的中间物质（如催化剂）。当人类在使用了这些工业产品并在其使用寿命结束时将其丢弃后，突然发现，自然界好像并不太“喜欢”这些人造物质。

事实上，自然界可以消纳它们。只不过，分解某些丢弃的人造物质需要漫长的时间和过程，甚至达到地质年代的数量级，例如聚氯乙烯塑料的降解；另外，即便某些人造物质可以迅速自然降解，但是要付出一定时间内和局部空间里的环境污染作为代价，例如排入水中的可溶性有机物。

当人类工业产品特别是化学工业的相关产品变得要么难以分解回归自然，要么会产生局部污染的时候，废弃物的概念终于在人类意识中形成了——人类制造了它们，可是人类自己又不喜欢它们！于是从20世纪中叶开始，一门新的学科——环境科学出现了。在这门新的学科里，废弃物处理处置相关的科学与技术变成了一个非常重要的组成部分。

在刚刚过去的几十年里，经过全世界环境科学家和环境工程师的努力，人类在废弃物的处理处置方面取得了巨大的进步。绝大多数常见的废弃物都找到了经济可行的无害化处理处置方法。

然而，新的挑战是，由于经济和地域等各方面原因，人类自己产生的废弃物不可能做到100%的、绝对的无害化；更大的挑战是，人类为处理处置废弃物所开展的科学研究和工程项目，其速度远远赶不上废弃物的增长速度，无论是其种类还是具体量，废弃物终究是要慢慢地，按照它自己的节奏在地球上累积。

到了21世纪，人类终于意识到这样下去还是不行的。解决这一困扰的终极办法，或者说根本途径，不能仅仅停留在如何处理处置废弃物，而是要把“废弃物”这个概念再次从意识中拿掉——因为它原本就不应该存在。

完全移除废弃物这个概念的途径有两个：一是尽可能地提高物料使用效率，使生产加工过程少产生或者不产生工业废弃物（消费前废弃物）；二是将当今社会发展暂时不可避免的工业废弃物和正常使用寿命结束的物质（消费后废弃物）重新导入原材料加工。

这两条路径，即是本书所要阐述的零废弃和闭环物料之理论。

2 废弃物的形态与种类

简单地说，凡人类一切活动过程产生的，且对所有者已不再具有使用价值而被忽略的物质统称为废弃物（废物），也可以说是在生产建设、日常生活和其他社会活动中产生的，在一定时间和空间范围内基本或者完全失去使用价值，无法回收和利用的东西。

由于废弃物其根本就是一种物质，所以它的形态和种类也与自然界中的其他物质别无二致。物质在自然界中的基本形态有固体、液体和气体三种，当然在某些条件下物质还有离子态、中子态等。由于我们在论述通常意义下的废弃物，所以还是采用学术界公认的废弃物的定义，从气、液、固三种形态来讨论它们的种类，也就是常说的废气、废液和废渣，简称“三废”。

2.1 废气

废气（off-gas）在长时期以来不被人类当作废弃物，首要原因是它看不见、摸不着，除了个别有色有臭的气体。然而，废气却有着悠久的历史，也是对人类未来命运影响巨大的一种废弃物。

废气有两个来源：一是自然界的生物体活动；二是人类工业排放。本书为什么不专门提及纯自然的排放，如火山喷发呢？那是因为火山喷发不是由于人类活动过程产生的，完全不受人类活动所控；而且火山喷发作为地球物质和能量循环的一部分，喷发出来的气体直接成为地球大气的一部分，进入大气循环，所以不在我们的废气讨论范围。

那么为什么又要把自然界的生物体活动产生的废气——主要是二氧化碳和甲烷两种温室气体定义在其中呢？在人类诞生之前，自然界的二氧化碳基本上是由动物的呼吸作用产生，甲烷则是由一些反刍的复胃动物通过其消化过程及其代谢产物（如粪便）产生。人类诞生以后，农耕社会出现了种植业和畜牧业，无论是食用天然牧草的还是喂养种植业饲料的牲畜，它们都极大地满足了人类对肉食和奶源的需要。人类于是大量饲养牲畜并且保护它们不被食肉动物所食——大量繁殖的牲畜又迅速增加了植物中的碳转化为二氧化碳和甲烷进入大气的速率。所以说，无论是人类直接呼吸产生的二氧化碳，还是通过大量繁殖的反刍动物产生的温室气体，自然界的生物活体是一个废气（温室气体）的来源。

人类工业排放的废气的种类比较复杂，一般指企业厂区内燃料燃烧和生产工艺过程中产生的各种排入空气的含有污染物的气体。从物质种类上看，这些废气有：二氧化碳、二硫化碳、硫化氢、氟化物、氮氧化物、氯、氯化氢、一氧化碳、硫酸（雾）铅汞、铍化物、烟尘及生产性粉尘等；从物质形态上看，工业废气可以分为颗粒性废气和气态性废气两种。

① 颗粒性废气　此类污染物主要是生产过程中产生的污染性烟尘，其来源包括水泥厂、重型工业材料生产厂、重金属制造厂以及化工厂等。在生产中，此类企业的原料需要经过加工或提纯，剩余杂质不可能完全燃烧或分解，因此以烟尘形态存在，如果在排放至大气的过程中，车间的设施对于烟尘颗粒物捕捉的效率不足就将引发空气污染。

② 气态性废气　此类污染物在工业废气中种类最多，也是危害性最大的。目前气态性废气主要有含氮有机废气、含硫废气以及烃类有机废气。

含氮废气会对空气组分造成破坏，改变空气构成比例。尤其是石油产品的燃烧，在工业生产中石油产品的燃烧量巨大，而石油产品中氮化物含量大，因此废气中会含有大量氮氧化物，若直接排放到空气中会增加空气氮氧化物含量，对大气循环造成影响。

含硫废气会对人们的生活环境造成直接危害，这是因为它与空气中的水结合能够形成酸性物质，引发酸雨。而酸雨会对植物、建筑以及人体健康造成损害，尤其会影响人的呼吸道；另外酸雨还会对土壤和水源造成影响，造成二次污染。

烃类有机废气主要由碳原子和氢原子构成。此类废气扩散到大气中会对臭氧层造成破坏，引发一系列问题，影响深远。由于臭氧层的破坏会加重紫外线的照射，而紫外线又会对人的皮肤造成伤害，引发各类健康问题；另外紫外线照射度的改变也会对生态系统以及气候造成影响。

2.2 废液

废液（effluent）可分为有机废液和无机废液，分别主要指废有机物和废水（俗称污水）。相对而言，人类对于废水的处理，历史最长，痛点最多，经验也最为丰富。而对于废有机物的处理，却是近百年以内的事情。

（1）废有机物

回到人类历史，工业时代之前没有人造有机物，所以也就没有废有机物（人类用剩下的天然有机液体很容易自然降解）。当有机化学工业蓬勃发展起来以后，人类发现有机物用途很广，可用作溶剂、润滑剂等；然而液态有机物基本上都是生产辅料而不会进入最终产品，这也就意味着它们在辅助生产工艺结束后会被当作废有机物排放。当然在液态有机物的生产和储运过程中容器残留损耗也是废有机物的一个重要来源。

（2）废水

废水通常包括生活污水、工业废水和被大气或地表所污染的初级雨水。

① 生活污水　是居民日常生活中排出的废水，主要来源于居住建筑和公共建筑，如住宅、机关、学校、医院、商店、公共场所及工业企业卫生间等。生活污水所含的污染物主要是有机物（如蛋白质、碳水化合物、脂肪、尿素、氨氮等）和大量病原微生物（如寄生虫卵和肠道传染病毒等）。存在于生活污水中的有机物极不稳定，容易腐化而产生恶臭。细菌和病原体以生活污水中有机物为营养而大量繁殖，可导致传染病蔓延流行。

② 工业废水　包括生产废水、生产污水及冷却水，是指工业生产过程中产生的废水和废液，其中含有随水流失的工业生产用料、中间产物、副产品以及生产过程中形成的污染物质。工业废水种类繁多，成分复杂。例如电解盐工业废水中含有汞，重金属冶炼工业废水含有铅和镉，电镀工业废水中含有氰化物和铬，石油炼制工业废水中含有酚，农药制造工业废水中含有各种农药等。

③ 初级雨水　无论是生活污水还是工业污水，其实都是各种废弃物的水溶液或水溶胶，是被人类自主性地以各种方式把废弃物以水作为载体转移出日常生产和生活的区

域，然后直接或间接地（经过污水处理设施）向自然水体排放。而含有污染物的初级雨水，是人类遗留在地表或排放至大气中的污染物质被动地在雨水的作用下变成废弃物的水溶液或水溶胶，经由地表径流直接进入（通常没有处理过程）自然水体。相对于生活污水和工业污水，初级雨水的污染物含量虽然通常不大，但是由于缺乏有效处理，其环境危害并不小。

2.3 废渣

废渣（rubbish）的一个常用名称是固废，顾名思义就是固体废弃物，是指人类在生产、消费、生活和其他活动中产生的固态、半固态废弃物质，更通俗地说，就是“垃圾”。固体废弃物主要包括矿石颗粒、炉渣、污泥、废弃的制品、破损器皿、残次品、动物尸体、变质食品、人畜粪便等。有些国家把废酸、废碱、废油、废有机溶剂等高浓度的液体也归为固体废弃物。

固废的分类主要依据其来源，一般可分为生活固废、工业固废和农业固废。生活固废主要是指在城市日常生活中或者为城市日常生活提供服务的活动中产生的固体废弃物，即城市生活垃圾，主要包括居民生活垃圾、医院垃圾、商业垃圾、建筑垃圾（主要为渣土）等。工业固废是指在制造、仓储、物流等生产活动中产生的固体废物，又称工业废渣或工业垃圾，包括次品、废屑、污泥、尾矿等。农业固废也称为农业垃圾，是指农业生产活动（包括科研）中产生的固体废物，包括种植业、林业、畜牧业、渔业、副业五种产业所产生的废弃物。

固废对自然以及人类的影响无疑是长期和深远的，尽管其被人类认识到是一个问题还是最近几十年的事情。

3 废弃物的热力学原理

前面章节对废弃物产生的历史背景和社会条件作了简述，站在更加科学的角度，本章将讨论废弃物产生的热力学原理。

热力学（thermodynamics）是从宏观角度研究物质的热运动性质及其规律的学科。热力学主要是从能量转化的观点来研究物质的热性质，提示了能量从一种形式转换为另一种形式时遵从的宏观规律，总结了物质的宏观现象而得到的热学理论。热力学并不追究由大量微观粒子组成的物质的微观结构，而只关心系统在整体上表现出来的热现象及其变化发展所必须遵循的基本规律。

描述热力学系统状态，首先就要定义所研究的系统。热力学将系统分为以下三种：a. 开放系统，系统与环境之间存在能量和物质传递；b. 封闭系统，系统与环境之间只有能量传递，没有物质传递；c. 孤立系统，系统与环境之间既无能量传递，又无物质传递。

由于废弃物主要在地球表面人类活动的区域产生，所以我们使用热力学原理来研究废弃物转化的时候，首先要将人类活动的这个区域定义为一个系统。很显然，人类活动所在的生物圈——大气圈底部、水圈大部、岩石圈表面，既有来自太阳辐射的能量传递，也有与大气圈、水圈和岩石圈之间的物质传递，是一个开放系统。

目前地球上人类活动的生物圈系统在相对较短的时间范围内（非地质年代）处于热力学稳定的状态。于是我们可以使用描述热力学的三个基本状态函数（state function）之一的熵，来分析这个系统的变化趋势。

我们回过头来先看生命演化的历程，会发现在生命出现之前，生物圈系统就已经处于相对稳定的热力学状态。由于各种不确定性，无机分子经过各种化学反应而偶然形成复杂有机物大分子的可能性很小，也就是说发生的概率非常低，按照热力学第二定律的数学解释，一个特定事件发生率很低的系统，它的熵值就比较高。然而随着太阳辐射持续为这个系统注入能量，按照热力学第二定律的物理化学解释，系统因为变得有序而熵值减少。最初只是微小的量变，例如水蒸气、氨气等物质的化学反应平衡的轻微移动；然而量变引起质变，在大气中一个偶然现象——雷电的条件下合成了氨基酸之后，生命的最初要素出现了，熵减也加速了。从氨基酸到有机大分子，再到原始单细胞生命，一个“可怕”的特性产生了，那就是拥有DNA和RNA，可以进行自我复制。自我复制的意义在于，细胞可以自主地与外界环境中游离的小分子进行吸收和代谢以获得自身生命的延续，把无序变得有序，生命从它诞生的一开始就知道利用外界的物质和能量来做熵减，而且进化程度越高，其熵减的速率就越快。

等到人类这个地球上最高等级的生物产生了，由于人类用自己的智慧来满足自身繁衍的水平越来越高，所以对于生物圈这个开放系统的熵减作用就越来越明显。每年探明且易于开采加工的矿物质是有限的，单位时间内太阳辐射给生物圈带来的能量也是相对恒定的，然而人类要做更多的熵减则需要更多的物质和能量供给。于是不但地表采矿越挖越深，人类还大量开采大陆架和海床矿产；不但利用了地质年代太阳辐射所存储的化石能源，还开发了微观尺度的热核能源，也想到了利用当下时时刻刻发生的太阳能与风能等可再生能源。

人类利用这些物质和能量改造生物圈所造成的一个结果就是，系统因持续熵减而变得高度有序，元素回归自然的概率大大降低了，换言之，物质变得越来越不可分解了，或者说人造物质自然降解的概率越来越低了。之前我们讲到工业文明会产生剩余物质，而越来越多的不可自然降解的剩余物质，就是生物圈系统熵减产生废弃物的热力学结果。

这里顺便讨论一下，这个熵减是否有尽头。由于智慧生命只会做熵减来满足自身的各种欲望，所以人类对于物质和能量的需求是无止境的。大家都知道地球上可开采的矿产和可利用的能源早晚会被耗尽，当某一天矿产彻底枯竭，可再生能源无法满足人类的巨大需求时，地球生物圈系统的熵减也就会自然结束。也就是说，生物圈系统的熵减届时将达到一个理论上的极限值。

地球生物圈系统的熵减结束意味着什么？首先，系统的熵值越小，意味着这个系统的一切变得越来越必然，生物多样性没有了不必说，人类生存可选择的时间和空间也越来越有限，或者说，人类将没有太多的选择，只能像机器一样简单生存着。其次，宇宙是一个孤立系统，是朝着熵增的方向演变的，当宇宙中某个微系统反其道而行之，一直在熵减，那么在这个系统的周围就会产生巨大的熵差。根据比利时科学家伊利亚·普里戈金（I. Prigogine）的熵流理论，地球生物圈系统是一个耗散结构，它依靠外界不断供给物质和能量，也就是通过与外界的物质和能量交流，从外界取得负熵（把熵给予外界），才得以维持和发展；一旦附近无法正常稳定地提供负熵，系统便会趋于停滞和死亡，最后变成无序的废墟，我们可以称之为熵崩。

即便是耗散结构，我们面临的另一个问题是，耗散结构须在外界供给物质和能量的同时，要把内部产生的废弃物释放出去。然而人类是绝对无法把所有废弃物规模化移出地球生物圈系统的，这就意味着废弃物会在系统内积累。这个积累的过程会进一步加剧耗散结构的演化，熵崩的进程会比理论上来得更早。

如果说能不能少产生废弃物是一个社会问题，那么能不能尽可能地转化废弃物则是一个科学问题。转化废弃物的技术有很多种，但其目标基本上都是把废弃物重新分解为人类生产制造的初级原料，或是把废弃物直接或间接地作为能源来利用。第一种情况就是我们后面要详细讨论的物料回收和闭环物料，我们认为以此来部分替代原始矿物的开采，能够有效地减少对外界获得负熵的依赖，也就能够部分延缓耗散结构的演化进程。第二种情况比较复杂，一方面作为能源可以减少对外界能量的需求；另一方面又不可避免地继续产生废弃物（无论是固体残渣还是气体排放）且无法排出系统之外，仍然需要外界的负熵。正反效应是否可以抵消要看废弃物成分和能源利用效率，总而言之有着很大的不确定性。

由此可见，既然高等生命的进化不可避免出现废弃物，那么少产生废弃物，尽可能地转化废弃物来部分替代所需的外界物质，地球生物圈这个系统才可以在相对较长的时间范围内（仍然是非地质年代）保持热力学稳定状态，各种生物形态包括人类社会也才有可能做到可持续发展。

当然如果人类进化能够跨越地质年代而跳出地球的约束，利用太阳系甚至宇宙空间的物质和能量，或者进入普朗克尺度利用量子世界的物质和能量继续改造我们的生物圈系统，那又另当别论了，因为那已经离开了最初我们定义的地球生物圈这一简单空间与时间的范畴。

4 物料平衡和无组织排放

了解了废弃物产生的历史和社会原因，也探讨了废弃物产生的热力学原理，让我们重新聚焦人类的工业文明，看看废弃物产生的实际情形。

从前面章节关于废弃物的形态与种类的介绍我们可以看到，其实废弃物从来源上可以简单分为两类，消费前（pre-consumer 或 post-industry）废弃物和消费后（post-consumer）废弃物。如果说人类工业文明的进步很难减少或消除自己产生的消费后废弃物，那么通过工艺改进，提升物料使用率以减少（完全消除基本上不太可能）消费前废弃物的产生，还是完全有希望的。其实，无论是消费前还是消费后的废弃物问题，我们都要先谈一谈物料平衡。

物料平衡在环境管理上的直接应用，是通过污染物有组织排放的量去计算污染物无组织排放的量——这样的计算对于企业自身的零废弃，以及环保部门的执法监管，具有非常重要的意义。

4.1 物料平衡

大家对质量守恒定律一定不陌生。质量守恒定律指的是一个系统质量的改变总是等于该系统输入和输出质量的差值。质量守恒定律是自然界普遍存在的基本定律之一，它表明质量既不会被创生，也不会被消灭，而只会从一种物质转移到另一种物质，总量保持不变。

物料平衡（mass balance）实际上是质量守恒的一个工业应用，在一个指定的生产或消费的空间和时间，进入这一系统的物质的量应该等于离开这一系统的物质的量。对于生产系统，如果入大于出，产品无法销售只能不断增加库存以致产品积压；如果入不敷出，生产将因为缺少原料而难以为继，直至停产。对于消费系统（家庭或个人），如果入大于出，家里会堆满东西，人会吃胖；如果入不敷出，家里会无米下锅，人会消瘦。总而言之，只有一个动态的物料平衡才是一个健康的社会形态。

如果我们从与废弃物话题最为相关的工厂生产运营角度来看，保持一个良好的物料平衡就尤其重要；这个重要性不仅体现于工厂的日常管理，更体现于这个工厂的经济效益和环境效益。为什么这样说呢？我们不妨看看下面的例子。

某塑料加工企业的 HC 车间有两条生产线 HC-1 和 HC-2，在一个生产周期内（12个月）进行了年度和月度的物料平衡计算。不难发现，在剔除了正常的工艺损耗（process loss）和作为有组织排放并处理的稀释液挥发（diluent volatilization）后，投料（general input）与产出（product）之间还是有一个不可忽略的差值（lost）。

无论是年度还是月度计算，HC-1 生产线的物料“丢失率”都还不算太高（1%以内），有可能来自各项误差。如图 4-1 和图 4-2 所示。

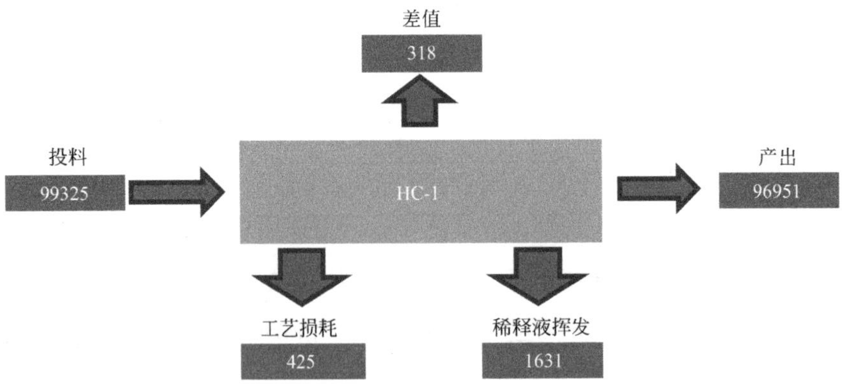

图 4-1　HC-1 生产线年度物料平衡（单位：kg）

相对而言，HC-2 生产线的物料“丢失率”非常不稳定，甚至有 2 个月接近或超过了 10%；同时又有 2 个月数值为负数，意味着物料多出来了——这就不是简单的误差

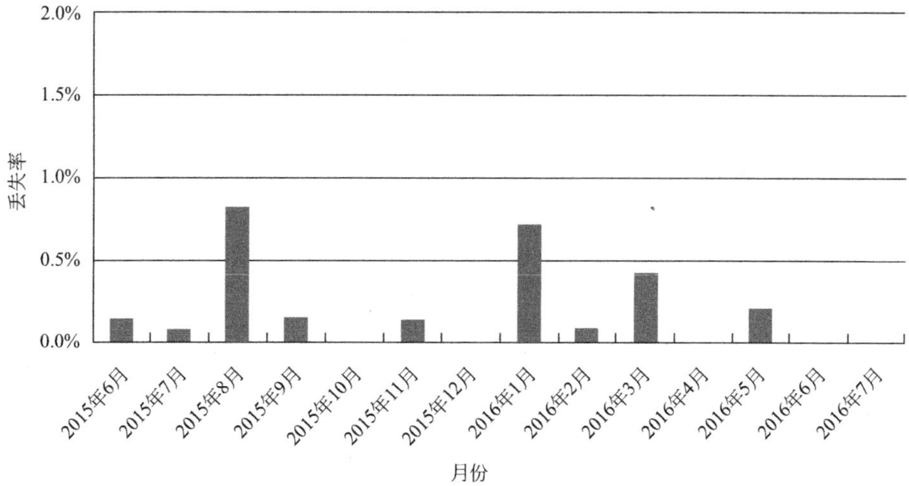

图 4-2 HC-1 生产线月度物料平衡

可以解释的了，一定有其他的内在原因。如图 4-3 和图 4-4 所示。

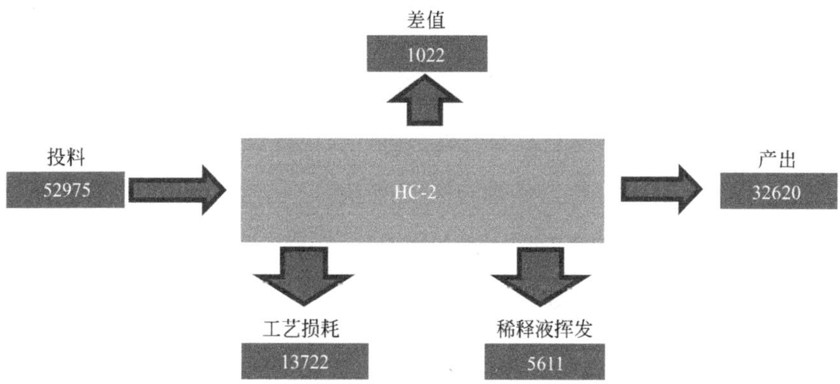

图 4-3 HC-2 生产线年度物料平衡（单位：kg）

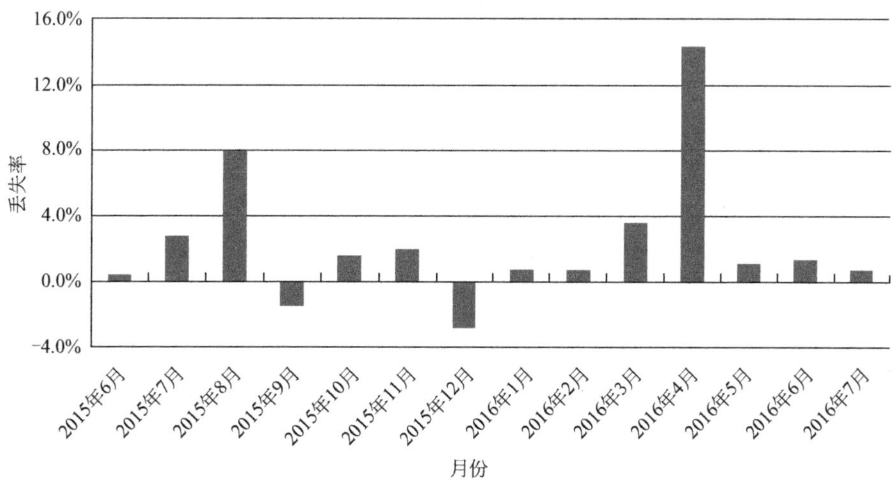

图 4-4 HC-2 生产线月度物料平衡

尽管一个精准的物料平衡非常重要，但是却并不那么容易做到。我们首先要确定这个平衡所涉及的空间，这就是为什么我们一般将一个完整独立的生产单元，通常是车间，作为计算物料平衡的最小单位。因为一个车间是大多数生产制造型企业的基本组织形式，它既有以车间主任（或其他称谓）为最高领导的人事架构，又有工人定期的投料和产出记录。无论是作业流程的确认还是数据来源的查询都相对比较方便。其次，要确定这个平衡所涉及的时间，由于物料进出未必同时，所以选取的时间范围越短，平衡越难以精准，然而选取的时间范围越长，虽然平衡相对精准了但是对于发现问题的指导意义又越小。通常的经验是，生产制造型企业可以每月做一次物料平衡的月度分析，每年可以在年终物料盘点的同时再做一次物料平衡的年度确认。

在刚才的例子中我们还可以看到，进出该车间的物料是不平衡的，无论是按月计算还是按年计算，进出的量都有一个明显的差值（lost）。这个差值有两层含义：一是车间可能在日常管理上存在漏洞，管理人员由于主观意识疏忽，没有把所有的进出物料都统计完全；二是车间可能在技术上存在缺陷，技术人员由于客观条件限制，在称量和计算物料时出现较大的非系统误差。无论产生的原因是主观还是客观，这部分称为"丢失"（lost）的差值是完全不同于"损耗"（loss）部分的——损耗的物料是由已知管理或工艺原因产生的，它虽然损耗了但是没有丢失，还在各项统计中出现；而丢失的物料并没有确切的来源和去向，是通过物料平衡计算得来的，它的存在一定会导致两个负面结果：一个是经济层面上的，相当于原料成本的增加；一个是环境层面上的，叫做无组织排放（因为它没有被有效收集和处理）。

4.2 无组织排放

经济层面上，原料成本的莫名增加，放在任何企业都是不能接受的，这是一个基本的管理问题，会影响到企业的效益；而环境层面上，无组织排放（unorganized discharge）带来的问题要严重得多，它是一个合规的问题，会影响到企业的形象，甚至企业的生存。

无组织排放相对于有组织排放，也就是处理排放有着本质的区别：处理排放是指受工艺水平所限，物料转化率低于100%的情况下（事实上可以通过努力无限接近但永远无法达到），将未参与工艺过程的物料或副产品、废弃物等通过物理化学方法收集起来，经过无害化处理并满足一定的标准限值后排放到自然界；而无组织排放是指非密闭式生产过程中的无组织、间歇式排放，也就是在原料准备、工艺反应、成品包装等操作过程中部分物料逸散到自然界。显而易见，满足相应标准限值的有组织排放是合规的、相对环保的，任何无组织排放均是不合规、破坏环境的。

无组织排放与物料平衡关系密切。其实，有组织排放的量一般都可以测量或计算，而无组织排放的量，一般都无法测量（也根本测不准），需要通过一个精准的物料平衡来计算。通过下面的例子我们可以了解无组织排放的推算和应用。

某化工企业的某车间生产脂肪胺（fatty amine），我们以“年”为时间单位（由每月物料盘点合计而来，这样系统误差相对较小）对氮元素（N）做了物料平衡的计算。作为唯一的氮元素来源，工厂一年中采购的液氨（liquid NH_3）中含有 1536t 氮元素，各种脂肪胺产品（product）的氮元素含量为 1193t，同时期产生的胺类副产品（by-products）及废弃的胺渣（draffs）中含有氮元素 69t，废水系统（waste water）中一共收集处理的氨氮（NH_3-N）含有氮元素 63t，另外回收提纯并出售的液氨（sell ammonia）中含有氮元素 121t。如图 4-5 所示。

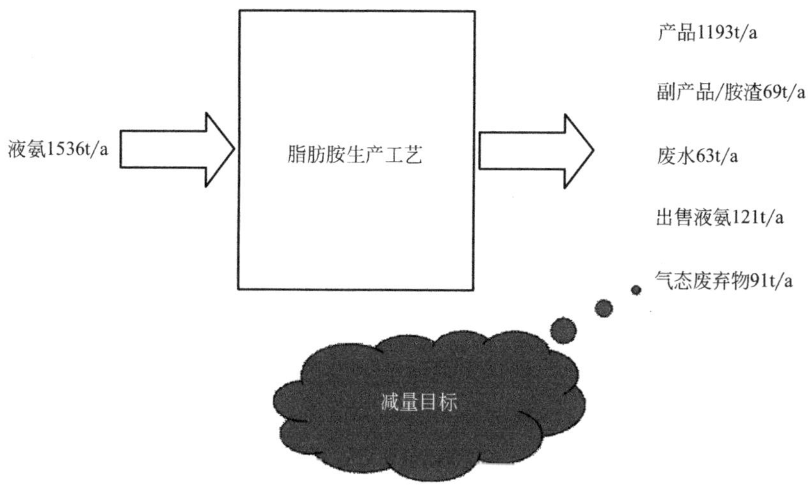

图 4-5　某化工企业的脂肪胺生产车间氮元素平衡

通过简单的物料平衡计算很容易发现，进入工厂的氮元素一年中有 91t 不知去向——其实这 91t 的去向是必然的，也就是在各种非密闭的容器或操作中，以氮化合物（工艺条件不会产生氮气）的形式，绝大部分以气态废弃物（gas emission）的形式散逸到大气中去了——这是非常典型的污染物排放。

要想搞清楚这些污染物排放的准确来源并设法减量的话，就必须进一步分析它们有多少来自有组织排放，又有多少来自无组织排放。通过对“氮足迹”的进一步梳理和排查我们发现，各类型反应釜在反应结束后的“放空”（deflation，即直接打开阀门连通大气），一年中共排出了 620t 的氮元素，其中有 540t 的氮元素被各类型吸收塔（scrabber）捕获吸收至液相，由于吸收塔的处理能力不足而无法被截留的氮元素还有 80t。所以我们得出，91t/a 的氮元素污染排放，其中包含 80t（约占 88%）的有组织排放和 11t（约占 12%）的无组织排放，如图 4-6 所示。

这样的计算是非常有意义的，显而易见有两个结论可供企业参考改进：

① 吸收塔处理能力不足，理论上有组织排放部分的缺口就有 13%（80t/620t），必须增加吸收塔数量或提高单塔吸收效率；

② 需要找出所有的无组织排放点（废水池、包装线等处），将 11t 的氮元素逸散全部纳入吸收塔处理。

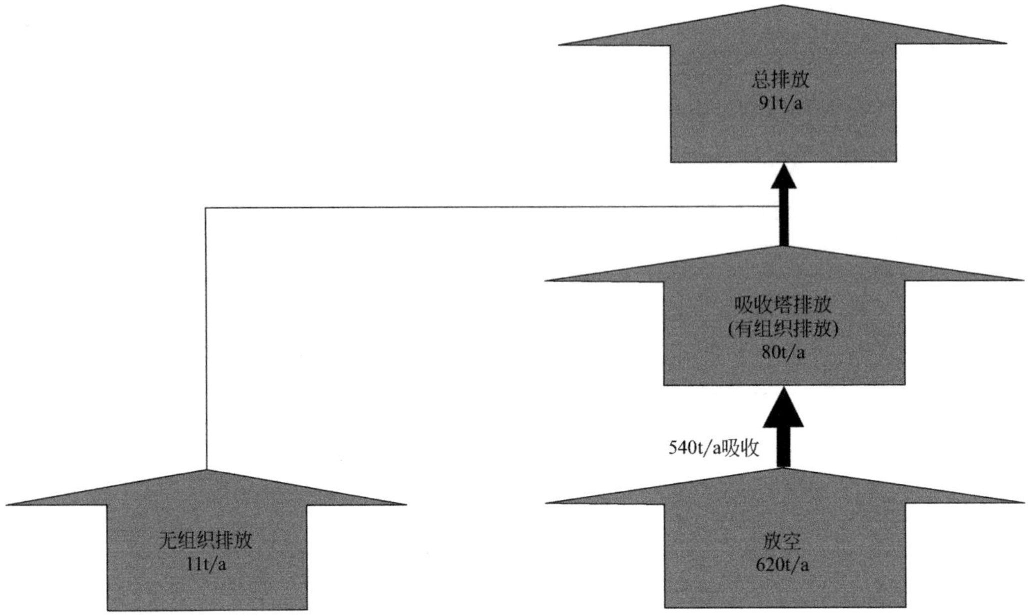

图 4-6　某化工企业的脂肪胺生产车间氮元素的排放

从以上这个化工企业的例子可以看到，通过物料平衡的计算来分析和消除无组织排放，也包括控制有组织排放，是企业减少消费前废弃物，而最终实现零废弃的第一步。

当然，未必所有的物料“丢失”都一定是有组织或无组织的污染物排放。当企业经过全面和细致的物料衡算，“怀疑”某车间存在“可疑”的情况，首先应该采取的措施和对策一般包括以下几个方面：

① 重新梳理所有进出车间的物料种类，避免统计项目有所遗漏；

② 另选典型作业时间段，避免不同生产计划在物料选取上的差异；

③ 审视标准作业流程，避免不同作业人员产生的人为误差；

④ 校准计量器具，避免仪器精准度造成的称量误差；

⑤ 教育培训，杜绝可能存在的内部人员违规行为。

只有每个企业都认认真真地把物料平衡做好，整个社会才能有机会去减少消费前废弃物，才能有精力去考虑消费后废弃物——这里面涉及废弃物管理的方方面面，以往常常被企业所忽视或轻视。作为环境管理的一个重要内容，下面的相关章节将逐步对废弃物管理从各个维度进行详细探讨。

5 废弃物管理

无论出于什么原因，也不管是什么样的废弃物以及废弃物的量，一旦废弃物产生了，就需要产生废弃物的主体——生产制造型企业对其产生的废弃物进行有效的管理（生产者责任制延伸）。

从技术层面上来分，废弃物管理（waste management）可分为合规性管理和永续性管理。一个生产制造型企业要想长期经营发展下去，必须遵守相关国际公约和国际标准（如有涉及），遵守所处国家法律法规和国家标准，以及所在行业和工厂属地的各项标准条例，这是合规性管理；如果这个生产制造型企业还要想在行业中脱颖而出占领商机，那么拥有良好的企业形象和企业责任就变得非常重要，所以企业也要实施高于合规性层面的永续性管理。

本章所涉及的国际公约、国际标准和国家法律等内容，皆为总体概述；其细节部分会在后续各相关章节中再为引用论述。

5.1 国际公约

与废弃物相关的国际公约（international convention）不是太多，主要有《伦敦倾废公约》和《巴塞尔协议》，然其内容、条款以及解释、执行却异常复杂。某个国家一旦在国际公约上签字，承诺并执行其规定就属于合规性管理。

《防止倾倒废物和其他物质污染海洋公约》（Convention on the Prevention of Marine Pollution by Dumping of Wastes and Other Matter）简称《伦敦倾废公约》（London Dumping Convention）或1972伦敦公约（1972 London Convention），是为保护海洋环境、敦促世界各国共同防止由于倾倒废弃物而造成海洋环境污染的公约。公约以三个附件的形式，分别对“禁止向海洋倾倒的物质”、“需经特别许可才能倾倒的物质”和“需经一般许可即能倾倒的物质”作出了详细列举。公约于1972年12月29日由80个国家签署，1975年8月30日生效，截至2014年7月底共有87个缔约国。中国于1985年11月15日加入公约，同年12月15日公约对中国生效。此公约《1996年议定书》（下称“议定书”）是对公约的补充和修订。议定书对倾废的管理更加严格，仅允许明确列入议定书附件的物质向海洋倾倒，同时，要求各国在其内水亦适用议定书有关规定或采取其他有效的许可制度，防止故意向海洋倾倒或在海上焚烧废物。包括中国在内的80个国家签署了议定书。议定书于2006年3月24日生效。截至2014年7月底，已有45个国家成为议定书缔约方，中国于2006年批准议定书。议定书适用于香港特区，暂不适用于澳门特区。

在《伦敦倾废公约》中写道，认识到海洋环境及赖以生存的生物对人类至关重要，确保对海洋环境进行管理使其质量和资源不致受到损害关系到全体人民的利益；同时认识到海洋吸收废弃物与转化废弃物为无害物质以及使自然资源再生的能力不是无限的；也认识到各国按照联合国宪章和国际法原则，有权依照本国的环境政策开发其资源，并有责任保证在其管辖或控制范围内的活动不致损害其他国家的环境或各国管辖范围以外区域的环境；以及联合国大会关于国家管辖范围以外海床洋底及其底土的原则的第2749（XXV）号决议；注意到海洋污染有许多来源，诸如通过大气、河流、河口、出海口及管道的倾倒和排放；各国有必要采取最切实可行的办法防止这类污染，并发展能够减少需处置的有害废弃物数量的产品和处理办法；确信国际间能够并且必须刻不容缓地采取行动，以控制由于倾倒废弃物而污染海洋，但此种行动不应排除尽快地讨论控制海洋污染其他来源的措施；希望通过鼓励特定地理区域内具有共同利益的各国缔结适当的协定作为本公约的补充，以改进对海洋环境的保护。

可以看出，该公约在海洋倾倒废弃物的种种限制性条款之外，也明确了关于减少有害废弃物的描述。只有全球统一步调，采取措施，才能有效保护海洋环境。

《控制危险废料越境转移及其处置巴塞尔公约》(Basel Convention on the Control of Transboundary Movements of Hazardous Wastes and Their Disposal)简称《巴塞尔公约》(Basel Convention),1989 年 3 月 22 日在联合国环境规划署于瑞士巴塞尔召开的世界环境保护会议上通过,1992 年 5 月正式生效。1995 年 9 月 22 日在日内瓦通过了《巴塞尔公约》的修正案。已有 100 多个国家签署了这项公约,中国于 1990 年 3 月 22 日在该公约上签字。

《巴塞尔公约》旨在遏止越境转移危险废料,特别是向发展中国家出口和转移危险废料。公约要求各国把危险废料数量减到最低限度,用最有利于环境保护的方式尽可能就地储存和处理。公约明确规定:如出于环保考虑确有必要越境转移废料,出口危险废料的国家必须事先向进口国和有关国家通报废料的数量及性质;越境转移危险废料时,出口国必须持有进口国政府的书面批准书。公约还呼吁发达国家与发展中国家通过技术转让、交流情报和培训技术人员等多种途径在处理危险废料领域中加强国际合作。1995 年《巴塞尔公约》的修正案禁止发达国家以最终处置为目的向发展中国家出口危险废料,并规定发达国家在 1997 年年底以前停止向发展中国家出口用于回收利用的危险废料。

《巴塞尔公约》对于签约各国的废弃物管理意义重大。因为世界各个国家和地区的经济发展及工业化水平不一,如果完全任由经济利益驱使必然会造成发达的工业国家向不发达或发展中国家转移废弃物(特别是危险废弃物)。也正是由于该公约的存在,事实上要求发达的工业国家尽可能减少产生低价值高处理成本的危险废弃物,进行本地化处理处置。

5.2 国际标准

在国际公约之后必须要提及的是国际标准(international standard)。国际标准基本上都是自愿性标准,企业不执行此类标准并不违规,但是可能无法适应相关的国际商业准则,企业由此可能会丧失部分全球商机。

与环境废弃物有关的国际标准又可以分为通用型国际标准——主要是 ISO 系列,以及各国际行业协会的相关专业标准——比较典型的如国际电工协会的 IEC 标准(基于产品)和国际电信联盟的 ITU 标准(基于技术),在这些标准中也都有与环境废弃物管理相关的条款或章节。

5.2.1 ISO

ISO 14000 环境管理系列标准是国际标准化组织(ISO)继 ISO 9000 体系之后推出的又一个管理体系。该标准由 ISO/TC 207 的环境管理技术委员会制定,有 14001

到 14100 共 100 个号，统称为 ISO 14000 系列标准。它的意义在于可以促使企业在其生产、经营活动中考虑对环境的影响，减少环境负荷；促使企业节约能源，再生利用废弃物，降低经营成本；促使企业加强环境管理，增强企业员工的环境意识，促使企业自觉遵守环境法律、法规；树立企业形象，使企业能够获得进入国际市场的“绿色通行证”。

减少和再生利用废弃物在 ISO 14000 系列标准的五大部分（环境方针、规划、实施与运行、检查与纠正措施和管理评审）中，都是必不可少的组成部分。如果按照标准的功能看，第一类标准评价组织，必须要有关于废弃物管理，包括减量和再生利用的行为措施；第二类标准评价产品，从产品生命周期评估的角度，不允许产品从设计到制造过程中，有大量的不加以再生利用的废弃物产生。

5.2.2 IEC

国际电工委员会（IEC）成立于 1906 年，至今已有一百多年的历史。它是世界上成立最早的国际性电工标准化机构，负责有关电气工程和电子工程领域中的国际标准化工作。该委员会的目标是：有效满足全球市场的需求；保证在全球范围内优先并最大程度地使用其标准和合格评定计划；评定并提高其标准所涉及的产品质量和服务质量；为共同使用复杂系统创造条件；提高工业化进程的有效性；提高人类健康和安全；保护环境。

IEC 标准的权威性是世界公认的。IEC 每年要在世界各地召开一百多次国际标准会议，世界各国的近 10 万名专家在参与 IEC 标准的制定、修订工作。IEC 现在有 89 个技术委员会（TC）和 107 个分技术委员会（SC）。近年来 IEC 标准在迅速增加，1963 年只有 120 个标准，截止到 2000 年 12 月底，IEC 已制定了 4885 个国际标准。

IEC 的部分 TC（例如电工电子产品与系统的环境标准化技术委员会 TC 111）和 SC 专门成立了环境相关的工作组（work group，WG），负责制定产品环境相关的标准。这些相关标准基本上对于电气电工产品的生命周期评估有相关要求和阐述，其中也大量涉及废弃物的管理要求。

5.2.3 ITU

国际电信联盟是联合国的一个重要专门机构，也是联合国机构中历史最长的一个国际组织。简称“国际电联”、“电联”或“ITU”，负责主管信息通信技术事务，负责分配和管理全球无线电频谱与卫星轨道资源，制定全球电信标准，向发展中国家提供电信援助，促进全球电信发展。作为世界范围内联系各国政府和私营企业的纽带，国际电信联盟通过其组织架构内的电信标准化部门（ITU-T）、无线电通信部门（ITU-R）和电信发展部门（ITU-D）开展活动。

在 ITU 的电信标准化部门（ITU-T）的 10 个研究组（study group，SG）中，SG5 专门负责环境和气候变化。类似于 IEC 的 WG，在 ITU 的 SG5 所制定或正在制定的相关环境标准中，通信产品（包括相关服务）的废弃物减量和再利用也越来越频繁地被提出和强化。

5.3 国家和国际组织法律

为了对废弃物进行有效的管理，各个主权国家和地区也进行了严格的立法（national law），并制定了与之相应的一整套行政规范和实施细则——所有遵守和执行法律层面的行为都是合规性管理。

5.3.1 美国

1976 年美国颁布的《固体废弃物处置法》（又称《资源和保护回收法》），是第一部全面控制固体废弃物对美国土地污染的法律。1984 年，美国国会针对《固体废弃物处置法》在实施中遇到的问题进行了重新修订并一直沿用至今。《固体废弃物处置法》的立法旨在促进对公众健康和环境的保护，节约有价值的物资和能源。其中关于固体废弃物污染问题的两项基本政策是：在有条件的情况下尽可能快地减少或消除危险废弃物的产生；尽量减少固体废弃物在存储、处理、处置过程中对公众健康和环境造成的危害。

5.3.2 欧盟

欧盟的废弃物管理法律（指令）建立在欧盟各个主权国家既有的固体废弃物法律基础之上。1992 年欧洲建成统一大市场，欧洲共同体（欧盟前身，简称欧共体）成员国实现商品、人员、资本、服务的四大流通，为此欧共体将废弃物管理制度上升到战略高度。1996 年 7 月 30 日颁布了欧共体废弃物战略。2005 年 12 月 21 日对该战略进行修订。这一战略对于树立公民环保意识和指导废弃物有效处理发挥了积极作用。

与此同时，欧盟在法规层面上逐渐完善废弃物指令。1998 年颁布的《废弃物框架指令》替代了 1975 年的 442 号指令和 1991 年的 156 号指令。该指令明确了与废弃物管理相关的基本概念与定义，如废弃物、回收和循环利用的精确含义。指令确定了废弃物管理基本原则：废弃物处理应首先以不伤害人身和造成环境危害为准则，尤其是不能给水质、空气、土壤以及动植物等的生存环境带来不利影响。其他原则还包括“污染者付费原则”和“生产者延伸责任制原则”。2008 年欧盟修订了 1998 年版的废弃物框架指令，修订内容涉及废弃物分类的总体原则、废弃物列表以及导致废弃物有害的 15 种危险特性，并首次提出了金字塔废弃物处理优先次序，指出填埋作为最后的处理程序，是只有在现有技术条件下无法实现再回收和再循环时，不得已采取的处理方法。

除废弃物框架指令这一主要法规外，欧盟还制定了填埋法和焚烧法、废弃物运输条例（2006）等，对废油、废电池、废车辆、废包装材料等处理提出了具体细则。基本上废弃物框架指令中的所有分类垃圾的处理均有专项法律条文加以约束。

5.3.3 中国

《中华人民共和国固体废物污染环境防治法》（后简称固废法），是为了防治固体废物污染环境，保障人体健康，维护生态安全，促进经济社会可持续发展而制定的法规。1995 年 10 月 30 日第八届全国人民代表大会常务委员会第十六次会议通过，1995 年 10 月 30 日中华人民共和国主席令第 58 号公布，自 1996 年 4 月 1 日施行，内容共有 77 条。随后该法律分别经历了 2004 年的第一次修订和 2013 年、2015 年、2016 年的三次修正，以及 2020 年的第二次修订。新修订的固废法自 2020 年 9 月 1 日起施行，内容共有 126 条。

新修订的固废法明确固体废物污染环境防治坚持减量化、资源化和无害化原则。强化政府及其有关部门监督管理责任，明确目标责任制、信用记录、联防联控、全过程监控和信息化追溯等制度，明确国家逐步实现固体废物零进口。

从具体方面看，法律完善了工业固体废物污染环境防治制度。强化产生者责任，增加排污许可、管理台账、资源综合利用评价等制度。

在生活垃圾分类方面，法律明确国家推行生活垃圾分类制度，确立生活垃圾分类的原则。统筹城乡，加强农村生活垃圾污染环境防治。规定地方可以结合实际制定生活垃圾具体管理办法。

法律完善了建筑垃圾、农业固体废物等污染环境防治制度。建立建筑垃圾分类处理、全过程管理制度。健全秸秆、废弃农用薄膜、畜禽粪污等农业固体废物污染环境防治制度。明确国家建立电器电子、铅蓄电池、车用动力电池等产品的生产者责任延伸制度。加强过度包装、塑料污染治理力度。明确污泥处理、实验室固体废物管理等基本要求。

法律对危险废物污染环境防治制度进行了完善，规定危险废物分级分类管理、信息化监管体系、区域性集中处置设施场所建设等内容。加强危险废物跨省转移管理，通过信息化手段管理、共享转移数据和信息，规定电子转移联单，明确危险废物转移管理应当全程管控、提高效率。

在法律责任方面，法律对违法行为实行严惩重罚，提高罚款额度，增加处罚种类，强化处罚到人，同时补充规定一些违法行为的法律责任。

5.4 国家和国际组织标准

法律规范之余，每个国家又有自己的废弃物管理国家标准体系（national standard）。国家标准通常分为强制性标准和自愿（推荐）性标准，执行这些标准就分别对应合规性管理和永续性管理。还是以美国、欧盟和中国为例，他们的国家标准体系大致如下。

5.4.1 美国

由于美国社会的多元性和自由化状态，形成了美国独特的分散化标准体制，有近400个专业机构和学会、协会团体制定和发布各自专业领域的标准。美国的国家标准体系主要由两个来源组成，一个是美国材料与试验协会，另一个是美国国家标准学会。绝大部分与环境保护或者废弃物管理相关的美国国家标准都是由这两个组织制定和颁布的。

美国材料与试验协会（American Society for Testing and Materials，ASTM）前身是国际材料试验协会（International Association for Testing Materials，IATM）。美国材料与试验协会（ASTM）是当前世界上最大的标准发展机构之一，是一个独立的非营利性的机构。ASTM的会员目前已有近34000个，其中约4000个来自美国以外的上百个国家。ASTM已制定10000多项标准，其中有关废弃物的标准超过100个，主要关注各行业不同物料之废弃物的检测和分析（参见本书附录一）。

美国国家标准学会（American National Standards Institute，ANSI）成立于1918年。最初由美国材料与试验协会（ASTM）、美国机械工程师协会（ASME）、美国矿业与冶金工程师协会（ASMME）、美国土木工程师协会（ASCE）、美国电气工程师协会（AIEE）等组织，共同成立了美国工程标准委员会（AESC）。美国政府的三个部（商务部、陆军部、海军部）也参与了该委员会的筹备工作。1928年，美国工程标准委员会改组为美国标准协会（ASA）。为致力于国际标准化事业和消费品方面的标准化，1966年8月，又改组为美利坚合众国标准学会（USASI）。1969年10月6日改成现名：美国国家标准学会（ANSI）。ANSI现有下属工业学会和各个协会等团体会员约200个，公司（企业）会员约1400个。美国国家标准局（NBS）的工作人员和美国政府的其他许多机构的官方代表也通过各种途径来参与美国标准学会的工作。

然而美国国家标准学会本身很少直接制定标准。其ANSI标准的编制，主要采取以下三种方式：

① 由有关单位负责草拟，邀请专家或专业团体投票，将结果报ANSI设立的标准评审会审议批准，此方法称为投票调查法；

② 由ANSI的技术委员会和其他机构组织的委员会的代表拟订标准草案，全体委

员投票表决，最后由标准评审会审核批准，此方法称为委员会法；

③ 从各专业学会、协会团体制定的标准中，将其较成熟的、对全国普遍具有重要意义者，经 ANSI 各技术委员会审核后，提升为国家标准并冠以 ANSI 标准代号及分类号，但同时保留原专业标准代号。

所以，美国国家标准学会的标准，绝大多数来自各专业标准。另外，各专业学会、协会团体也可依据已有的国家标准制定某些产品标准。当然，也可不按国家标准来制定自己的协会标准。ANSI 的标准是自愿采用的——美国认为，强制性标准可能限制生产效率的提高；但被法律引用和政府部门制定的标准，一般属强制性标准。目前，ANSI 标准中与废弃物相关的大约有 20 多个，主要关注废弃物处理处置的设备、技术和操作层面（参见本书附录二）。

5.4.2 欧盟

欧洲标准化委员会（Comité Européen de Normalisation，CEN）成立于 1961 年，总部设在比利时布鲁塞尔。它是以西欧国家为主体、由国家标准化机构组成的非营利性国际标准化科学技术机构。欧洲标准化委员会（CEN）与欧洲电工标准化委员会（CENELEC）和欧洲电信标准学会（ETSI）一起，组成了相互支持、互为补充的欧洲三大标准化机构。

由于 CENELEC 专门负责电工电子工程领域的标准化工作，ETSI 专门负责通信技术与工程领域的标准化工作，所以其他领域和综合性的标准化工作则由 CEN 承担。截止到 2010 年，CEN 已经出版了 1090 份文档，包括 EN 标准（ENs）、EN 预标准（EN-Vs）、技术规格（TSs）、技术报告（TRs）、CEN 报告（CRs）、CEN 手册（CGs）、CEN 工作组协议（CWAs）。这其中自然也包括了废弃物管理与技术相关的 40 多条标准（参见本书附录三）。

虽然不在这里冗笔列举，但值得一提的是，欧洲标准化工作起步非常早，且独立、完整、自成体系。由英国标准学会（British Standards Institution，BSI）制定和推出的 BS 标准（参见本书附录四）、德国标准化学会（Deutsches Institut für Normung e. V，DIN）制定和推出的 DIN 标准（参见本书附录五）以及法国标准化协会（Association Francaise de Normalisation，AFNOR）制定和推出的 NF 标准（参见本书附录六），这些标准中与废弃物管理和技术相关的加起来一共有几百条，非常全面详尽，其中也有很多是与欧盟标准互为参考，互相引用的。

5.4.3 中国

中华人民共和国国家市场监督管理总局（State Administration for Market Regulation，SAMR）以国家标准化管理委员会（Standardization Administration of China，SAC）名义下达国家标准计划，批准发布国家标准，审议并发布标准化政策、管理制度、规划、公告等重要文件；开展强制性国家标准对外通报；协调、指导和监督行业、地方、团体、企业标准工作；代表国家参加国际标准化组织、国际电工委员会和其他国际或区域性标准化组织；承担有关国际合作协议签署工作；承担国务院标准化协调机制日常工作。

中国国家标准体系中（截止到 2018 年 9 月 1 日）与废弃物直接相关的强制性标准有 41 个，基本上由生态环境部归口管理；推荐性标准有 23 个，由生态环境部和相关的其他部委或专业标准化委员会归口管理（参见本书附录七）。

5.5 行业标准和地方标准

不同国家的不同行业和不同地区，行业标准和地方标准（industry standard and local standard）千差万别，很难详尽列举对比。以中国为例，行业标准和地方标准中强制执行的多为危险废弃物、医疗废弃物管理相关标准，推荐执行的多为废弃物减量以及处理处置技术相关标准。截止到 2018 年 9 月 1 日，中国标准信息公共服务平台可查询的废弃物直接相关的行业标准有 72 个，基本上由各行业技术研究所或行业标准化技术委员会制定颁布；地方标准有 23 个，皆由所属省、直辖市或自治区政府的环保部门归口管理。

6 废弃物转化

已经产生的消费前废弃物，以及无可避免的消费后废弃物，总要有一个出路。原则上对于各种废弃物所有非填埋的方法和工艺都属于废弃物转化（waste diversion）。

废弃物转化战略上要看研究策略，战术上要找到方法。策略与方法，是针对所有种类废弃物的，原则上并不涉及具体的废弃物成分，不考虑废弃物来源。

6.1 转化策略

对于废气，其转化策略（diversion strategy）基本上只能从工艺的角度出发——不但要提高制造主反应的产率，还要在工艺的选择上尽量约束气态物质产生的温度和压力条件——因为一旦废气产生，捕捉和处理都相对困难。其无害化基本上就是要把除了氮气、氧气、二氧化碳和水蒸气以外的其他所有可能对大气直接或间接有害的物质都在排放前去除掉。其资源化又有两个方向：一是将不可减量而必须排放的有害物质收集浓缩提纯，使之成为新的工农业生产原料；二是通过工艺的改变或设备的优化将本质上无害的物质液化为化工基础原料（液氮、干冰等）。当然，合理利用废气的物理价值例如余压或者余温也是资源化的一种方法。

对于废水，其可能的转化机会在于尽量使用干法反应工艺来取代以水为载体的液相反应，以及使用非水相吸收的方法处理废气（废气的吸收很多情况下依赖水，将废气转化为废水处理）。其无害化也同样地要把废水中的有害物质通过中和、过滤、混凝、絮凝和沉降等物理化学方法分离，使得工农业排水不再对自然水体中的水生生物和水生生态产生负面影响；其资源化就是对于已经无害化的排水通过进一步的处理，变成可二次或多次利用的工农业用水（中水），例如清洗道路或建筑的市政用水，或者河道冲淤和湖泊改良的生态景观用水。

对于固废，情况要复杂很多。简单说来，其转化完全取决于工艺技术水平的提高和精细化的物料管理——在物料平衡的前提下制造主反应的产率越高则产生的固废就越少。其无害化相对不太容易，因为有害物质一旦混入固相再想分离出来就比较困难，若使用焚烧等热处理技术，既耗能又增加大气污染风险，所以关键点还是不能让有害物质在制造工艺中生成进入固相。其资源化也包括两个方面：一是作为初级原料或者降级辅料进入其他生产制造行业；二是通过生物降解或热处理技术把固废中的潜在热值直接或间接地利用起来。

6.2 转化方法

生产制造型企业的废弃物转化（diversion method）可以从内部和外部两个方向来考虑。一般说来，消除（elimination）某种废弃物、回用（reuse）某种废弃物以及减量（reduce）某种废弃物，都是企业内部有能力自我实现的。然而，废弃物的回收（recycle）、好氧堆肥（aerobic composting）、厌氧消化（anaerobic digestion）和生物燃料化（biofuel），以及热能利用（Thermally processed With Energy Recovery，TWER），一般都需要外部专门从事这些业务的企业来协助完成。

除此之外，近年来出现的废弃物转化新热点是维修、翻新和再制造。这三种转化方向则需要内部外部通力协作，即生产制造企业和最终消费者一起，在市场流通监管部门的指导下形成一个逆向物流（opposite logistic direction）来进行转化。

6.2.1 填埋

既然各种废弃物转化方法目的是为了杜绝填埋，那么首先我们要了解填埋的具体情况。

产品在其使用生命结束后不作任何后续处理就地扔掉不是填埋，那只能叫做丢弃；把随意丢弃的东西收集起来存放到指定地点，或者引导人们在指定时间去指定地点有组织地丢弃也还不是填埋，那只能叫做堆放；有组织有计划地（哪怕组织和计划比较随意）把堆放的废弃物储存到地表以下（填埋场），或者储存到日常人类社会活动以外的区域（荒滩或山谷），才能叫做填埋。

国际上对于填埋并没有非常明确的分类标准，但是从填埋的技术手段看主要可以分为以下三种。

（1）直接式填埋

顾名思义，直接式填埋就是把废弃物直接存储于天然填埋场，不作任何处理与保护，任其风吹日晒雨淋。很显然，这样的填埋方式占用土地、破坏生态，其中有机物分解产生的气味以及渗入土壤和地表/地下水的有害物质，对环境的影响不但长久且难以逆转。

这样“粗暴”的填埋方式在历史上曾经占主导地位，现在在发达国家已经越来越少，几乎快要绝迹了，如图 6-1 所示。

图 6-1　美国科罗拉多州垃圾填埋场

（2）隔离式填埋

把送去填埋的废弃物与自然界隔离开来，形成一个相对封闭的系统，通过顶部的封盖措施（有的加以抽风净化）可以有效地减少有机物分解产生的气味，通过底部的防水材料（有的加以渗滤液收集处理）可以基本避免有害物质渗入土壤和地表/地下水。那么这样的填埋是不是就一劳永逸了呢？

显然不是。和任何一种建筑相似，隔离式填埋场的建设也遵循一定的建筑标准，而任何一种建筑标准都有它的灾害风险防护等级，也就是说，这个建筑体可以承受一定级别的自然灾害的破坏，三年一遇的火灾、十年一遇的洪水，甚至五十年一遇的地震，等等。然而，人类的历史告诉我们，意想不到的天灾或者人祸往往会超出建筑的设计与建造标准——切尔诺贝利的火灾、福岛的海啸都是活生生的例子；更不要说战争等人力不可控事件了，实际上没有任何人类的建筑可以抵御人类自己武器的攻击——一旦隔离式填埋场遇到这些情况，相对封闭的系统很有可能遭到破坏，临近的大气和地表/地下水也一定会遭到不同程度的影响。

再退一步讲，即便是固若金汤的封闭式填埋场（建造成本且不予考虑），也是对生态有负面影响的。要知道，任何填埋场的容积都不会太小，试想，一个巨大的封闭建筑存在于某处，它必然会对附近局部的生态系统产生阻断或阻隔效应：由于地下水的流动被阻断，很有可能填埋场两边的地下水位一边升高、一边降低而影响到局部土壤中的动植物生长条件；由于地面的植被通道被阻隔，东山的兔子哥哥很可能无法去找它西山的兔子妹妹交配繁殖而影响到生物的多样性，甚至干扰物种的自然进化——尤其对于濒危物种。

总而言之，封闭式填埋场越多越大，从长远看，该地的生态系统就会越差越脆弱。所以说封闭式的填埋场并不是一种很好的解决方案。如图 6-2 所示。

图 6-2　中国杭州垃圾填埋场

（3）降解式填埋

降解式填埋又叫做技术性填埋。相比较于依赖自然界的缓慢降解，技术性填埋的目的就是通过各种人工干预的方式（主要是物理性的加热加压充氧，或者添加微量的化学物质，有针对性地引入降解菌种等）强化和加速降解的过程。技术性填埋目前在部分国家有所发展，当然其优缺点也是显而易见的。

① 强化降解可以相对快速地减小填埋物的体积，以便于后续补充填埋；也可以对废弃物分解的产物有所控制和选择，避免和减少有害分解物质的产生；若干年后整体风险评估如果基本无害，填埋场地或许可以二次开发利用。

② 技术性填埋作为填埋方式的一种，所有填埋的负面影响依旧适用：可供选择的技术范围有限，一旦选定就只能填埋限定种类的废弃物；基础投资相对更大，同时还需要考虑长期的运营成本。

由此看来，即便是对废弃物的降解有所强化，技术性填埋仍旧算不得一种有效的废弃物转化方法。

6.2.2 焚烧

焚烧（incineration）工艺作为热能利用（TWER）中最成熟最实用的一种转化技术，事实上是有很多争议的。可以这样说，使用焚烧法处理，虽然废弃物的减量效果显著，也能节约填埋用地，还可消灭各种病原体，将部分有毒有害物质无害化，但是人类目前对于废弃物进行焚烧处理，哪怕是采用最先进的焚烧技术，也只不过是为了避免填埋而又找不到其他转化方法时的无奈之举。

废弃物焚烧是通过适当的热分解、燃烧、熔融等反应，使废弃物经过高温下的氧化进行减容，成为残渣或者熔融固体物质的过程。其核心是把有机物的碳链以高级氧化的方式摧毁掉，其中完全氧化的部分生成二氧化碳排入大气，不能完全氧化的部分形成其他小分子有机化合物进入大气，或者残留在焚烧的残渣里，如图 6-3 和图 6-4 所示。

目前世界上典型的废弃物焚烧工艺，一般炉内温度控制在高于 850℃，焚烧后体积比原来可缩小 50%～80%，分类收集的可燃性废弃物经焚烧处理后体积甚至可缩小 90%。如果把焚烧处理与高温（1650～1800℃）热分解、融熔处理相结合，可进一步减小废弃物的最终体积。理论上焚烧可以把废弃有机物的化学能转化为热能加以回收利用（energy recovery），然而这也受到若干限制。

首先，废弃物本身的净热值未必能够维持焚烧温度。在这种情况下，必须持续地注入补充燃料助燃——助燃剂一般是石油类产品或者天然气，这里又有一个成本的问题；其次，废弃物可能因为含水较多需要进行预处理，无论是机械脱水还是热脱水也都需要

图 6-3 英国罕布什尔郡的马奇伍德垃圾焚烧厂

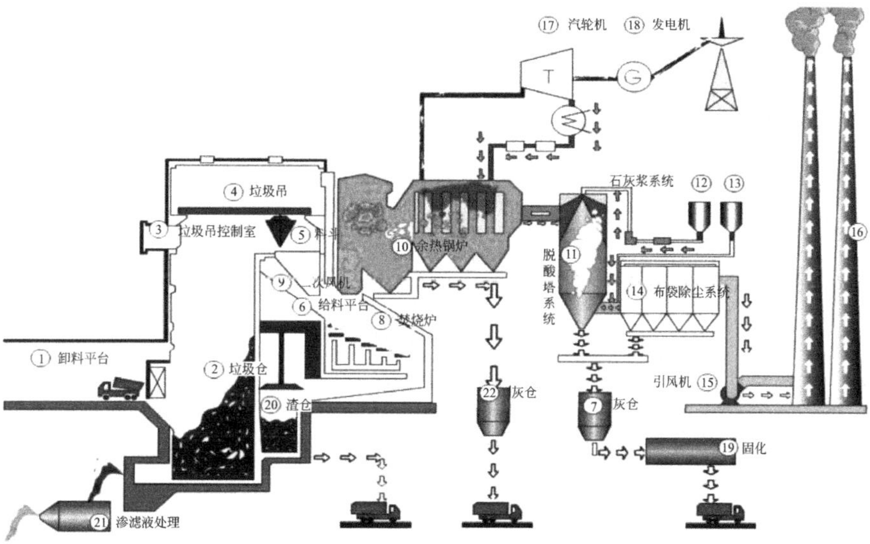

图 6-4 垃圾焚烧发电工艺流程

额外能量；再次，热量的回收效率很难得到保证，对焚烧发电设备运行的稳定性以及废弃物来源的单一性要求很高；最后，功率较小的焚烧发电设备并网也存在工程难度，需要一定的规模效应才有可能产生基本的经济效益。

即便是解决了以上诸多问题，废弃物焚烧工艺依然存在若干先天不足。

首先，混合固体废弃物（如市政垃圾等）的成分非常复杂，其中的氮元素和硫元素很容易被氧化为大气污染的主要成分——氮氧化物和硫氧化物，同时不能完全燃烧的碳元素也容易形成诸如二噁英之类的致癌致畸化合物；其次，燃烧产生的飞灰与不能一起燃烧的细小物质又成为大气中颗粒物（PM_{10}、$PM_{2.5}$ 等雾霾诱因）的主要来源；再次，由于含有氯元素或其他卤素的废弃物在燃烧的高温条件下会腐蚀焚烧炉以及其他金属设备，必须通过前处理尽量去除；最后，无论焚烧多么彻底多么完全总还是有炉渣产生，这些无法被氧化的物质仍然要走固化填埋这条路，并且填埋之前还要做溶出性毒理测试以保证无害化。

所以，建设一个废弃物焚烧项目是非常复杂的，其项目的环境评估也必然备受瞩目。不但焚烧炉设备要先进，还要有废气和颗粒物的捕捉处理装置，还要有就近的固化填埋场地；不但需要配备空气与水的 24 小时自动监测仪器，还要事先准备各种风险应急预案；作为环保设施本身要接受环保监督，还可能因为附近居民投诉而不得不停产搬迁……由此可见，焚烧技术可以作为其他各种废弃物转化技术末端的一个补充，而不应该作为废弃物转化的主要方向。

6.2.3 消除

消除的基本目的在于，对原先产生废弃物的工艺流程或管理流程进行优化，使得生产运营过程不再产生废弃物，也就是说消除了产生废弃物的机制。

要找到潜在的消除可能，就必须首先明白每一步工艺流程或者管理流程的意义所在。虽然通常说“存在即合理”，但这个“合理”也可能有一定的存在时间和存在空间。也许在某个历史阶段它的存在是必需的，也许在某个国家和地区它的存在是必要的，然而它未必时时处处都必需必要。如果不经大脑思考，盲目地生搬硬套所有工艺流程或者管理流程，往往就会产生一些不必要的废弃物。

举两个例子。一个例子是某日用化工厂的早期生产工艺中需要用到高盐液体，其反应釜中的不锈钢部件因为点蚀要定期更换而成为废弃金属；但是在工厂改变生产工艺而只使用有机液体之后，原先的点蚀情况已经不复存在，不锈钢部件几乎可以无限期使用下去，于是废弃金属的产生机制就被消除了，金属废弃物在这里也就被彻底消除了。另一个例子是某家具企业，其出口产品的纸板箱内部使用双层塑料膜包装，目的是海运防潮防腐，其国内销售产品亦如此，这些塑料膜在消费者那里毫无用处，就是塑料废弃物；后经研究发现，在中国北方大部分市场地区，气候干燥少雨，完全不用防潮防霉。在取消了不必要的包装塑料膜之后，该家具企业在消费终端做到了塑料废弃物的消除。

由此可见，消除的客观驱动是技术的革新。每当有新的生产制造技术出现，必然会消除一些废弃物；值得注意的是，人类的主观驱动也非常重要，否则会出现新技术消除了既有的废弃物，然而同时又带来了新的废弃物。只有技术客观和人类主观同时作用，才能真正实现消除。

6.2.4 回用

回用的基本定义是指将废弃物直接，必要情况下经过简单处理（不包括维修、翻新和再制造）后继续作为同等产品使用；某些情况下也包括将废弃物的全部或者部分作为其他产品的部件予以使用。

回用是循环经济的重要内容，其深层价值十分巨大：一方面，回用对废弃物减量有直接贡献；另一方面，由于再次使用又间接地减少了资源开采及加工制造的物耗和能耗。

在本书第 1 章中我们讲到，人类在工业社会生产制造的产品出于商业竞争的关系，有相对的耐用性——"相对"是指其物理寿命往往超过甚至远远超过其经济寿命。当一个产品的商业价值即经济寿命结束而因更新迭代被抛弃时，往往其使用价值即物理寿命仍未结束，仍然可以继续直接地或间接地使用。

这一点其实我们非常清楚，所以回用在很多生产制造型企业一直都有应用，例如折旧结束的设备只要不影响使用安全和产品质量，工厂不会轻易报废。然而问题的关键在于消费市场，如果社会上普遍回用商业价值结束的产品，势必会影响到更新迭代产品的市场需求，这是任何一家产品制造商所不愿意看到的情形；对于个人消费者来说，"回用"既不美观又失面子，只要经济条件允许，能买新房的不买二手房，能买新车的不买二手车，弟弟一般也不愿意穿哥哥的旧衣服——如果没有经济利益或者社会价值的驱动，回用的生存空间必然受到限制。

国家或者企业鼓励回用的实施和普及，也可以从经济利益和社会价值两个方面来驱动。从经济利益方面，国家可以采用税收杠杆，企业可以采用财务调节，通过对新产品加价加税或者对物理寿命仍未结束的产品补贴促销等方法，增加回用产品的市场竞争力；从社会价值方面，国家可以采用宣传教育，企业可以采用表彰奖励，通过对实施回用个体的认可，帮助大众认同回用，习惯回用。

6.2.5 减量

广义上的废弃物减量包括：a. 减少源头产生量——即从产品设计和生产阶段就开始充分考虑减少废弃物的产生；b. 减少过程清运量——即从废弃物产生伊始就将那些可以作为资源利用的废弃物尽量分流出来；c. 减少末端处理量——实质上是减少废弃物直接填埋量。

由于广义上的减量定义和其他废弃物转化方法有部分重叠，所以我们倾向于使用狭义上的减量，或者是更加通俗的减量，即在无法改变某指定废弃物产生机制，并且无法找到合理转化方法的情况下，尽可能地减少其产生量，以达到热处理或填埋最小化的目的。

无论对于企业生产还是对于人类生活，相对而言减量是最容易接受也是最容易实现的。减量容易被接受，是因为废弃物是谁也不愿意直接看到的东西，如果能减量，无论是减少其体积还是质量，大家喜闻乐见；与此同时，减量又意味着直接减少处理处置费用，节约了开支，既有环境效益又有经济效益。减量容易实现，是因为其没有强制考核指标，能减一点是一点，减多少都是绩效，如果减少到零了就“升级”为消除；同时减量的方法多种多样，环境管理人员或者环境工程师可以八仙过海、各显神通，不一样的方法交叉使用，可以达到长期减量的目的。

正因如此，企业可以创建一个明确的环境管理项目，制订废弃物减量的长期目标，力争每年减量几个百分点；然后由此寻求减量的具体方法步骤，通过成立废弃物减量行动小组来贯彻实施。

6.2.6 回收

有别于“回用”只对废弃物进行简单非破坏性处理，“回收”的过程必须包括一个非常关键的步骤，那就是通过物理化学等方法把废弃物从废弃的“产品”或“零部件”状态，返回到生产制造该产品或该零部件最初的“原料”状态（如果不是最初的“原料”状态，有可能会被归为再制造范畴），继而重新进入生产制造产业链。这一类的物理化学方法一般很难与生产制造企业的工艺与设备兼容，所以这就是为什么回收一般都需要外部专门从事这些业务的企业来协助完成的原因。

理论上所有的废弃物都可以回收，但实际上能够很好地被分拣回收的废弃物却只有屈指可数的几大类：金属、纸张、塑料和玻璃。这是为什么呢？

相对来说金属的价值最高，无论是铂、金、银等贵重金属，还是铜、铁、铝等常见金属，抑或镧、铈、钇等稀土金属，它们的回收价值都是相对较高的，回收工艺也是基本成熟的，回收产业也是比较完整的。很多金属回收企业最核心的业务，就是首先把废弃物中含有金属的部分拆解或分离出来，进而寻求它们的原料价值。

作为中国古代四大发明之一的造纸术，它本身的制造工艺就决定了它的可回收性：除了预处理，后续的工艺几乎一模一样！人类甚至发现，以废旧纸张去造纸，不但能够减少森林砍伐，甚至相较于原木加工，废旧纸张的初级处理更为简单——当然，前提是用于再生的废旧纸张种类单一，且不含其他杂质。此外，由于再生纸张的植物纤维已被破坏一次或数次，其品质通常不如原生纸张。

作为人类发明的新材料，塑料的化学结构使得它们当中的相当一部分都可以被回收再利用。类似于再生纸张，一般说来塑料的再生也是会降级的，也就是说，每再生一次其品质都要下降一点，即理化性能会不如同类型原生塑料。有别于再生纸张的是，再生塑料的市场价格波动相对较大，几乎完全取决于国际市场上的原油价格——石油贵了，原生塑料就贵了，再生塑料也涨价；石油便宜了，原生塑料就便宜了，再生塑料也就跌价。

玻璃的回收情况相对复杂。随着当代硅酸盐工业的发展，为了适应不同需求而开发的玻璃种类繁多。普通玻璃的主要化学成分是硅酸盐复盐，也有掺入了某些金属的氧化物或者盐类而显现出颜色的有色玻璃，以及通过特殊物理化学方法制得的钢化玻璃等。不同玻璃制品的可回收性是不一样的，一般的玻璃制品回收利用主要有几种类型：作为铸造熔剂，转型为建筑辅材，以及回炉熔融制造（玻璃容器或玻璃纤维）等，这里不作一一描述。

除了以上几种易于回收的废弃物，不能回收或者很难回收的废弃物，大致有以下几种情况：

① 复杂的混合物，无论是机械方法还是人工方法都很难将其中各种单一物质分离出来，或者分离出来的成本太高；

② 报废的特需材料，因为是用非常特别的原料经由特种化合加工而成，一旦到达使用寿命，无法分解；

③ 生化或辐射沾染废弃物，无论是实验室用于科学研究、医疗机构用于临床的废弃物，还是军事演习或者自然灾害产生的废弃物，只要有化学、细菌或辐射的沾染，都无法考虑回收。

一般来说，可回收的废弃物有两个来源，即第 4 章提及的消费前废弃物和消费后废弃物。相比较而言，消费前废弃物更容易回收，因为消费前废弃物基本上出现在工厂的生产制造端，材料种类比较单一，同时也易于收集分拣，很少含有其他杂质。显然，消费后废弃物由于高度分散且通常混有杂质，要把它们收集起来还有一定的物流成本，所以相对不易回收。

6.2.7 好氧堆肥

有机混合废弃物的深度资源化处理，主要还是要依靠自然存在的微生物。人类可以通过一定的条件和设施来强化这一过程，其中需要好氧细菌的处理工艺俗称好氧堆肥，通常简称堆肥。

好氧堆肥原本是一种古老的天然肥料制造工艺，农业上原来是指利用含有肥料成分的动植物遗体和排泄物，加上泥土和矿物质混合堆积，在高温、多湿的条件下，经过发酵腐熟、微生物分解而制成有机肥料的工艺。长期施用有机堆肥，不仅能获得高产，对改良土壤、提高地力都有显著的效果。由于好氧堆肥工艺同样适用于处理人类生产活动中产生的有机混合废弃物，于是它也快速工业化、专业化地发展起来，其处理废弃物的效益甚至已经超过了其制成肥料的需求。

现代好氧堆肥可以分为一般堆肥和高温堆肥两种，前者的发酵温度较低，后者的前期发酵温度较高，后期一般采用压紧的措施。好氧堆肥工艺对于自然条件的要求较高，通常选择地势较高、背风向阳、离水源较近、运输施用方便的地方为堆制地点。由于堆肥是好氧过程，相对产生的气味小，工艺也不算复杂（相比于厌氧消化）；不过废弃物好氧堆肥多数需要首先降低其含水率，在太阳照射不足的地区可能需要额外能源加热脱水，同时占用一定的土地，在高度工业化、城镇化地区其规模受限，所制成的有机肥料作为商品销售也存在一定的市场准入与监管问题。

生产制造型企业的废弃物中适合好氧堆肥的比例一般不是太高，主要还是工人生活区域的有机废弃物。当然即便是适合好氧堆肥的部分，也需要仔细分类，避免杂质的混入而无谓地增加堆肥制肥后产生的残渣。

6.2.8 厌氧消化

相对于依赖好氧细菌的好氧堆肥，由厌氧细菌对有机混合废弃物深度资源化处理的工艺一般被称为厌氧消化；更为专业的定义，是指有机质在无氧条件下，由兼性菌和厌氧细菌将可生物降解的有机物分解为 CH_4、CO_2、H_2O 和 H_2S 的消化技术。

厌氧消化技术是当今最重要的生物质能利用技术之一，通过水解、酸化、产氢产乙酸和甲烷化四个阶段，使固体有机物变为溶解性有机物，再将蕴藏在废弃物中的能量转化为沼气用来燃烧或发电，以实现资源和能源的回收；厌氧消化后残渣量少，性质稳定；同时反应设备密闭，可控制恶臭的散发。厌氧消化极大地改善了有机废弃物处理过程的能量平衡，在经济上和环境上均有较大优势。

较之好氧堆肥，厌氧消化缺点在于其投资成本一般要高 1.2～1.5 倍，设备运营的稳定性和安全性要求较高；而其优点在于占地面积小，几乎无需外部能源输入（实现能源自给自足）甚至并网发电，还直接减少了温室气体（CO_2、CH_4）和臭气的排放。

根据有机废弃物的不同来源和种类，世界各国发明了很多不同操作工艺的厌氧消化技术，例如湿式连续多级发酵系统和干式单级发酵系统等，其应用各有利弊，这里不作一一细述。同时，与好氧堆肥相结合的高效新工艺，诸如序批式厌氧堆肥工艺、干式厌氧消化＋好氧堆肥、半干式厌氧消化＋好氧堆肥、渗滤液床两相厌氧消化等，也都随着相关科学研究以及设施设备的提升而得到越来越多的普及应用。

与好氧堆肥所不同的是，生产制造型企业虽然很少直接产生适合厌氧消化的废弃物（一部分是餐厨废弃物），但是可能由于工厂的生化污水处理设施会产生大量的二次污泥，需要通过厌氧消化作进一步减量化或无害化处理。这一部分将在第 7 章有关二次废弃物的部分仔细描述。

6.2.9 生物燃料化

生物燃料（也叫生质燃料）泛指由生物质组成或萃取的固体、液体或气体燃料，可以替代由石油制取的汽油和柴油，是可再生能源开发利用的重要方向。这里生物质一般是指利用大气、水、土地等通过光合作用而产生的各种有机体（即一切有生命的可以生长的有机物质，包括植物、动物和微生物，不同于石油、煤炭等传统燃料）；在废弃物转化方法里所涉及的生物质概念，也包括由于人类生产生活所废弃的各种有机质。

其实自然界产生的有机质一部分在人类生产制造过程中直接变成了废弃物，典型的如制糖工业产生的甘蔗渣；一部分是在人类生活利用过程中间接变成了废弃物，典型的如餐饮废油脂。这两种有机质废弃物，前者等同于消费前废弃物，后者等同于消费后废弃物。

无论是消费前还是消费后有机质，既然它们都是生物质，那么都有可能按照天然生物质的路径来制造生物燃料，即生物柴油、生物乙醇和生物丁醇等。比起使用天然生物质，以废弃生物质来制造生物燃料，除了安全无污染，还有以下诸多优点：

① 无需改变农林业现状，不与粮食生产竞争水和土地资源；

② 原料多样，可利用作物秸秆、林业加工剩余物、畜禽粪便、食品加工业有机废水和废渣、城市垃圾等；

③ 成本低廉，仅需建立或完善分散式的原料收集运输体系；

④ 油脂类废弃物综合管理效益显著，特别是将厨余的潲水油、地沟油等废弃油脂有监管地加工成生物柴油，大大避免餐饮行业的不净用油风险。

所以，尽管以天然生物质制造生物燃料在世界上还有很多的争议和限制，但是以废弃生物质制造生物燃料，却是如今世界各国各地区大力鼓励与发展的一种废弃物转化方法。

6.2.10 维修

维修通常意义上是指维护、保养和修理，具体操作包括更换配件、维修配件、根据功能恢复或升级等。无论什么样的操作，A 产品经维修还是（已经出售的）A 产品，不涉及任何品质保证和知识产权的问题。

各种不同类别的终端用户型消费类产品，其维修的具体项目不尽相同。例如，对于手机而言，软件的更新升级也可以算是维修项目；对于汽车而言，撬铆喷漆也可以属于维修范围。

工业类产品的维修更为普遍常见，主要涉及工厂的设备修理——设备的运行状态劣化或发生故障后，为恢复其功能而进行的技术活动，包括各种计划内保养和计划外故障修理及事故修理。

所有的这些维修活动目的只有一个，就是把产品设备在其使用寿命结束或者即将结束而变成废弃物之际，重新转化为可以正常使用的东西。与回用所不同的是，维修一般不是简单的处理，需要专业的技术与工具，有固定的流程和标准，所以维修是有一定成本的。其大小取决于维修的复杂程度，简而言之就是要看维修的工时和需要更换的零配件价值。显然，维修时间越短，更换的零部件越简单，维修业务的效率就越高，维修活动的价值也就越高。

维修效率与维修价值还取决于属地维修和返厂维修两个截然不同的维修方法。

① 属地维修都发生在产品或设备的使用地。无论是把待修的产品送到指定销售门店进行修理，还是专业修理人员带着工具配件上门维修，原则上都不涉及产品或设备的售后物流（这里特指逆向物流，相关内容将在第 10 章另作讨论）。

② 返厂维修顾名思义，是指把产品或设备送回生产制造厂家（这里涉及逆向物流），利用该产品原始制造车间或者生产线上的资源来实施维修，因为一般只有原产厂家才能提供最为专业的修理服务，通常也是最为高效的修理服务。

无论是哪一种维修，都可以避免整个产品或设备无谓地沦为废弃物，哪怕仅仅是由于一个很小的零部件，甚至软件故障。当然，维修本身也会产生二次废弃物，如更换下来的零部件、维修作业使用的辅材等。相较于整个产品或设备不经维修完全变成废弃物，即便这些维修产生的二次废弃物不得不送去焚烧甚至填埋，也比前者减量很多（当然这些二次废弃物也有其他相应的转化方法，参阅本书 7.7 部分）。

6.2.11 翻新

翻新的定义非常微妙，可以近似地认为介于维修和再制造之间。虽然 A 产品经过翻新还是 A 产品，但是翻新后重新进入市场出售，将涉及翻新后“新品”的品质保证和知识产权等问题。

翻新最初仅限于有了磨损的产品经过特殊的加工使其外表或性能得以最大程度的恢复；随着相关技术的进步，后来也把财务报废的或者性能衰减的老旧产品改造成新产品归入翻新的范畴。

由于社会上长期存在的部分违规行为，长期以来翻新背负着比较负面的“名声”——不法分子在各种渠道收集已经成为废弃物的老旧产品（其中多数为相对精密的消费类电子产品），用专门的化学液体清理干净，更换外壳，配上电池、充电器和仿造或伪造的包装，冒充新的产品流入市场进行销售。

其实如果产品的原始制造商能够有效地提供老旧产品的回收渠道，把翻新产品的业务公开透明合规地做起来，社会效益和经济效益都很显著。原因如下：

① 能够送去翻新的老旧产品，一般都是由于人的主观因素（喜新厌旧）而无法得到回用，制造商的“官方”翻新恰好可以消除个人主观因素的制约；

② 翻新产品虽然也需要特定的工艺和流程，但是这些工艺和流程一般就在原始生产制造的工厂存在，无需企业额外投入设备和管理，经济上简单易行；

③ 可以翻新的产品虽然老旧，但其本身一般并没有大的故障损坏，所以翻新工艺中不会产生更多的二次废弃物，环境效益好。

具有一定社会责任的企业通常对于翻新产品都有严格的内部流程管控，其中包括产品的彻底清洁，配备全新的外壳和包装，并按照与全新产品同样严格的质量标准进行功能测试，使得最终用户手中的翻新设备可以真正地“焕然如新”。另外为了鼓励大家购买使用，翻新产品在价格上一般会有特别优惠，有时还会提供额外的质保服务。

总而言之，将翻新产品商业化、普及化和规范化，既需要国家市场监管部门出台相应的政策、法规、条例和标准，也需要通过宣传教育改变个人消费者的理念，让社会民众逐步接受正规的翻新产品，避免一些无谓的废弃。

6.2.12 再制造

再制造是在 21 世纪初近 20 年来高速发展起来的一个全新废弃物转化模式，也可以说是废弃物转化在新世纪科技力量支持下达到的最高水平，甚至完全可能在产业规模上大大超越维修和翻新。有别于维修和翻新，A 产品经过整体或零部件的再制造，可能回到 A 产品，也可能被制造成 B 产品，所以再制造产品进入市场销售时还要重新考虑作为新产品的品质保证问题；与此同时，如果回到 A 产品则涉及知识产权，制成 B 产品则不涉及（原来 A 产品的）任何知识产权。

在最初的概念中，再制造是一种对废弃产品实施高技术修复和改造的产业，它首先对废弃产品进行工业化拆解，再对拆分下来损坏或报废的零部件，在失效分析、性能评估等基础上，进行二次工程设计，并采用一系列相关的先进制造技术，使再制造产品质量达到或超过原始产品。后来，经过对再制造的理论研究和实践运作，再制造的概念被逐步扩大和深化，现已远远超越了最初拆解零部件生产制造新产品的狭义范围——再制造几乎无所不能，包罗万象。

那么为什么认为再制造是废弃物转化的最高水平呢？主要有以下几个方面的考量。

① 从理论上讲，如果忽略正常的损耗，只要有足够的能量输入，再制造可以无限进行下去，唯一的前提就是在产品的设计端要考虑再制造。设计越“绿色”越合理，末端对废弃物进行再制造就越简单，补充的能量输入也越少。反之，虽然再制造总是可以进行，但由于技术和经济的因素，这样的再制造就越不合理越难以实现。

② 从战略上讲，再制造是个系统工程，需要行业、国家甚至全球产业链的协调共进。通过再制造，产业的上下游、生产与监管、制造与服务的各个环节都会被打通。再制造的生态体系一旦形成，必然会长期稳定地持续下去，其综合效益会非常明显，参与方的积极性也不言而喻。

③ 从广义上讲，工业化之后人类实际上就是在对地球这个宇宙天体缓慢地进行再制造。虽然由于目前技术和经济的制约，这个“再制造”还主要集中在地球表面人类活动的区域（生物圈），然而伴随着人类改造世界的勃勃雄心，只要人类不因偶然天文事件而消亡，就一定会把地球上所有的资源，包括之前产生的所有废弃物，全部“再制造”成一个更加适合人类居住的世界。

当然，再制造并不能取代其他所有转化方法，而是再制造体系一旦形成，其他各种转化方法都会自动成为有效的补充手段而加入再制造当中去。目前再制造体系急需解决的一个问题是再制造的标准化，包括产品标准和供应链标准。只有把再制造的各项细节指标在其各自的行业内标准化，这个“高级的”转化方法才能逐步推进发展下去，并体现其强大的生命力。

6.2.13 总结

随着人类社会和科学技术的进一步发展，也许会出现更多更新的废弃物转化方法；然而各种转化方法的环境价值和经济效益是不一样的，环境价值主要是看转化效率以及转化过程中的额外能量消耗；经济效益主要看废弃物转化的投入与运营成本。最终，当然还要看环境与经济的综合效益。

企业可以按照自身的实际情况，优先选择短时间内容易实现的废弃物转化方法实施起来；然后再逐步考虑长远规划，分阶段向“零废弃”的目标前行。

7 废弃物的处理和处置技术

废弃物转化的策略与方法都找到了，这就为生产制造型企业实践它们的社会责任指明了道路；然而到了废弃物转化的操作层面，仍然需要这些产生废弃物的企业本身，或者委托有相应资质的其他企业，根据相应的转化方法去找到最为合适的废弃物处理和处置技术（waste treatment and disposal technology）。

不同的行业有着不一样的废弃物种类和特征，由于知识和篇幅所限无法一一列举。本章选取几种典型的工业废弃物，研究与分享它们的处理和处置技术。

7.1 化学废弃物

无论在世界上任何国家和地区，恐怕没有什么废弃物比起化学废弃物（chemical waste），即废弃的化学品，更能引起社会和民众的高度关注了。理论上讲，有多少种化学物质，就有多少种化学废弃物。

一般来说化学废弃物中是没有单质的，任何人都不会愚蠢到把单质当作废弃物，因为其可以直接当作化学工业原料去使用；通常所说的化学废弃物，都是指含有一定不易去除的杂质的化合物，或指不同化合物组成的混合物。这些废弃的化合物显然又可以分为无机废弃化合物和有机废弃化合物两种。

7.1.1 无机废弃化合物

无机废弃化合物（以下简称无机废弃物）的种类和来源不是太复杂，从产品全生命周期的角度看，主要来自初期矿产的采集和前端的物理化学加工。我们举两个例子，一个是尾矿，另一个是核废料。

7.1.1.1 尾矿

选矿之分选作业的产物中，目标组分含量较低而无法用于生产的部分称为尾矿。无法用于生产是指在当前的技术条件下，已不宜进一步分选；但随着科学技术的发展，尾矿中的目标组分还可能有其他回收利用的经济价值。所以说，尾矿也并不是完全无用的废料，往往还有潜在的综合利用的可能。实现无废料排放，是矿产资源得到充分利用和保护生态环境的需要。

不同种类和不同结构的矿石，需要不同的选矿工艺流程；而不同的选矿工艺流程所产生的尾矿，在各种物理化学性质上，尤其在颗粒形态和颗粒级配上，往往存在一定的差异。按照选矿工艺流程，尾矿可分为如下类型：手选尾矿、重选尾矿、磁选尾矿、浮选尾矿、化选尾矿、电选尾矿，等等。

由于人类经济的快速发展，各种工业对于自然资源特别是矿产资源的需求也成倍增加，随之矿业开发的规模也越来越大。与此相应的是，大规模选矿产生的尾矿数量也越来越多。如果不加以处理和处置，大量堆存的尾矿会给矿业生产本身，以及当地的环境和经济都造成极大的负担，如图 7-1 所示。

大量尾矿所面临的环境和经济问题，主要包括资源浪费，堆存占地，还有尾矿水的污染。

首先，尾矿作为“浪费”的矿产资源，其中仍然含有可再选的金属矿品和非金属矿品等有用组分；当主要的开采富集工艺取走了原矿中最有价值的矿品之后，尾矿直接丢弃着实可惜。

图 7-1 尾矿地貌

其次，尾矿的堆存占用大量土地，而且主要是露天地面堆存。这样一来矿区周边的水土流失、植被破坏等生态环境影响不容忽视；如果无法将矿区的环境恢复原样，各种潜在的生态风险会逐步显现出来。

另外，尾矿的某些成分及残留的选矿化学品也会对自然环境造成直接破坏，尤其是含重金属的尾矿，其中硫化物被氧化产生的酸性尾矿水将进一步淋浸重金属，如若流失将对整个矿区的土壤、地表水和地下水造成危害。

面对尾矿的这些问题，当前处理和处置技术主要集中在以下几个方面。

① 尽量做好尾矿资源中有用组分的综合利用，开发一些辅助的采矿或选矿工艺，获得相对价值较低的矿砂或其他建筑材料：使用不含有化学浸出物的矿砂直接修筑公路，或围海造田；使用可作为建筑材料的尾矿加工制造水泥、砖瓦、混凝土、玻璃、耐火材料等。

② 无法综合利用的尾矿可以做成水砂充填料或胶结充填料，对原有矿山地下开采的采空区域进行回填；或者在水土条件允许的情况下直接在尾矿堆积场上覆土造田，种植农作物或植树造林。

③ 因地制宜建造尾矿池，收集和处理尾矿水。尾矿池可以利用地形设置在峪谷、坡地、河滩或平地上，以堤坝围筑而成。池内设置排水井和排水管，或沿边缘开设排水沟，尾矿水在池内停留至少一昼夜后，池内澄清净化水溢流排出，原来的悬浮颗粒物沉淀在池底部储存，停留时间越长，处理效果越好。当尾矿颗粒极细以及部分呈胶体状态，可向尾矿水中投加混凝剂和絮凝剂，加速澄清过程和提高处理效果。

④ 尾矿池溢流水也可以循环使用，重选、磁选和单一金属矿的简单浮选，对水质要求不高，溢流水的循环利用率可达 80%，甚至完全不排水。无法回用的溢流水

如不能达标排放自然水体，则需进一步处理，如去除重金属可采用石灰中和法和焙烧白云石吸附法、去除浮选剂可采用铅锌矿石和活性炭吸附法（活性炭吸附更为有效，但价格昂贵）、去除氰化物主要采用化学氧化法、高浓度含氰废水亦可考虑回收氰化钠。

不难发现，尾矿的处理和处置还是有很大挑战的。当今人类工业发展对于矿产的需求与日俱增，由此产生的尾矿体积数量更是惊人；即便深度利用与资源化处理处置并举，也很难做到矿产废弃物的完全转化，而这正是需要人类深思的部分。从全生命周期的观点来看，采矿作为产品的“摇篮”阶段，废弃物转化的重要性不言而喻；与此同时，尾矿的处理处置难度也在促使人类更多考虑工业废弃物的回用和回收，以减少对原生矿产需求的压力。

7.1.1.2 核废料

核废料是个异常敏感的话题，同时核废料的处理处置也是人类科技发展，特别是人类对于能源需求到达特定阶段后的顶级挑战之一。

核废料泛指在生产制造核燃料过程中出现的，以及核反应堆使用终了的，仍然具有放射性的废料；也专指核反应堆用过的乏燃料，经后处理回收钚-239 等可利用的核材料后，余下的铀-238 等不再需要的并具有放射性的废料。需要稍作区别的是，这里论述的核废料并不包括一些使用放射性物质的部门单位，如医院、工厂、学校和研究所的各种由于照射或沾染而产生的低水平放射性废弃物（经检测在安全范围内可按照相应废弃物要求处理处置）。

核废料的特征非常显著和独特：首先在于它的放射性，核废料的放射性无法用一般的物理、化学和生物方法消除，只能依赖放射性核素自身的衰变而减少；其次在于它的危害性，核废料放出的射线通过物质时，会发生电离和激发作用而对生物体造成辐射损伤；最后在于它的热释放性，核废料中放射性核素通过衰变放出能量，当核素含量较高时，释放的热能会导致核废料自身温度不断上升，甚至固体自行熔融，液体自行沸腾。

基于核废料的这些特征，其与其他一般废弃物转化的原则不太一样。消除核废料至少目前看来没有可能，核废料的减量也无从谈起，核废料的回收基本不存在。勉强可以称得上“回用”的是作为核燃料副产品的贫铀，其主要成分是放射性相对较弱的铀-238，以及微量的铀-234 和铀-235。遗憾的是，各生产核燃料的国家目前能够为贫铀的利用找到所谓的“出路”，看起来还只有武器装备及战争应用：利用贫铀的高密度、高硬度、自锐性、易氧化性以及残留的放射性，制成攻击用的贫铀弹，或者防御用的贫铀装甲。显然，贫铀的放射毒性（主要是 α 射线）和化学毒性（重金属中毒），都使得贫铀武器的使用有悖于人类的核伦理观点，所以这样的“出路”完全不值一提。

其实，国际原子能机构（International Atomic Energy Agency，IAEA）对于核废料的处理和处置有严格的规定，要求各国遵照执行。几乎所有高放射性核废料的最终处置，因为通常不再考虑人工的管理，也不再考虑回取的可能，所以为了防止核废料对环境和人类造成危害，唯一的途径是将其尽可能长时间地与生物圈进行有效隔离。

目前国际上采用比较多的核废料处置方法，有海洋填埋和陆地填埋两种：先经过冷却、干式储存，然后再将装有核废料的金属罐投入选定海域4000m以下的海底，或深埋于建在地下厚厚岩石层里的核废料处理库中。美国、俄罗斯、加拿大、澳大利亚等一些国家因幅员辽阔，荒原广袤，一般采用陆地深埋法。为了保证核废料得到绝对的安全处置，各国在投放时必须接受国际监督，如图7-2所示。

图7-2 核废料处理库

7.1.2 有机废弃化合物

有机废弃化合物（以下简称有机废弃物）的种类和来源非常多，其主要是因为人类开发了太多的有机化学物质，特别是有机材料。我们举三个例子，分别是化纤、塑料和橡胶。

7.1.2.1 化纤

化学纤维（简称化纤）是用天然高分子化合物或人工合成的高分子化合物为原料，经过制备纺丝原液、纺丝和后处理等工序制得的具有纺织性能的纤维。因此，按照原料不同，化学纤维可分为合成纤维和人造纤维（再生合成纤维）两种。

(1) 合成纤维

合成纤维是个大家族，经过上百年的工业发展，合成纤维按照结构分类有碳链合成纤维，如聚丙烯纤维（丙纶）、聚丙烯腈纤维（腈纶）、聚乙烯醇缩甲醛纤维（维尼纶）等，以及杂链合成纤维，如聚酰胺纤维（锦纶）、聚对苯二甲酸乙二醇酯（涤纶）等。合成纤维按照功用分类有耐高温纤维，如聚苯咪唑纤维；耐高温腐蚀纤维，如聚四氟乙烯；高强度纤维，如聚对苯二甲酰对苯二胺；耐辐射纤维，如聚酰亚胺纤维；另外还有阻燃纤维、高分子光导纤维等。

（2）再生合成纤维

如果我们把废弃的合成纤维原料，包括生产制造过程中的消费前材料和经过必要处理的消费后回收材料，熔融或溶解再加工成新的纤维，就称作再生合成纤维。如图 7-3 所示。

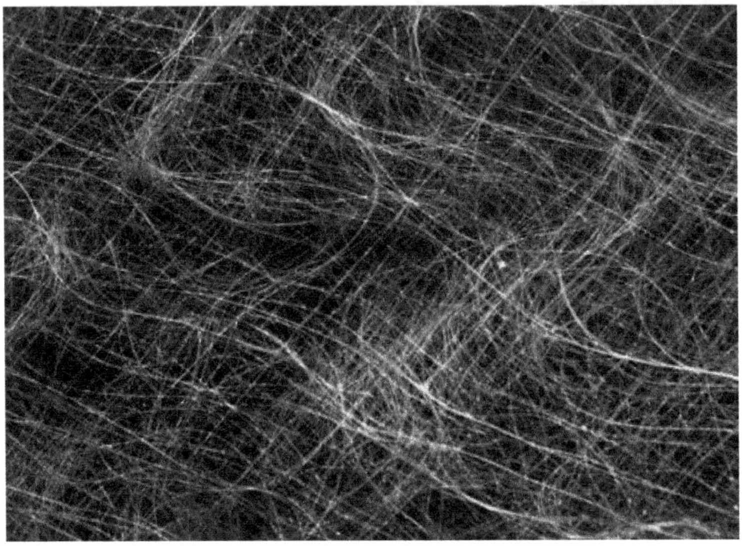

图 7-3 再生合成纤维

对于大部分废弃的纯化纤制品或边角料，通过对高分子材料进一步裂解获得高分子单体，重新聚合为达到纺织原料标准的再纺制纤维，可以进一步加工成地毯、绳索和渔网等产品。对于废弃的混合纺织品，一般其化纤杂质较多，不易重新分解和聚合，可以利用这些回收的纺织品加上树脂，制成地砖和路面填充物等。

再生合成纤维中特别值得一提的是再生涤纶的生产与利用。再生涤纶使用回收的聚对苯二甲酸乙二醇酯（简称 PET）作为原材料，将废弃的塑料、软饮料瓶再生为可利用的纺织纤维，也叫做 PCR（Post-Consumer Recycled）纤维，表示再加工之前，曾被消费者使用并丢弃。再生涤纶的工艺过程，首先是对回收废弃的塑料瓶颜色分类、消毒、切碎成小细片，再将小细片熔化后拉伸成长丝、放在热水中软化后，经过牵伸、卷曲、烘干，最后切断成短纤维，基本上同普通涤纶的生产过程一样。

PCR 纤维可纯纺，或与各种比例的涤纶混纺，制成平纹机织物和各种新颖织物，如行李布、包皮布、外衣、泳衣、滑雪衣、圆领针织衫等，其织物从手感、外观到内在质量同纯涤纶织物非常接近，甚至很难区分。这种再生循环利用，使得聚对苯二甲酸乙二醇酯的工业生命不止一次，既减少了废弃物的产生，又创造了新的产品价值。

7.1.2.2 塑料

塑料是以单体为原料，通过加聚或缩聚反应聚合而成的高分子化合物，可以自由改变成分及形体样式，由合成树脂及填料、增塑剂、稳定剂、润滑剂、色料等添加剂组成。根据单体的复杂程度以及添加剂的有无，塑料一般可分为通用塑料和工程塑料两大类；根据受热时行为的不同，塑料大致可分为热塑性塑料和热固性塑料。

通用塑料产量大、用途广、成型性好，价格相对低廉，其五大品种分别是聚乙烯（PE）、聚丙烯（PP）、聚氯乙烯（PVC）、聚苯乙烯（PS）及丙烯腈-丁二烯-苯乙烯共聚合物（ABS）。这五大类塑料占据了塑料原料使用的绝大多数。其余塑料基本可以归入工程塑料品种，如 PPS、PPO、PA、PC、POM 等，主要应用在工程产业、国防科技等高端领域，如汽车、航天、建筑、通信等。

由于单体的复杂性以及添加剂的功能性，热固性塑料在废弃之后相对难以回收利用，有的甚至焚烧都很困难，二次污染也不易控制。而热塑性塑料一般在废弃之后都可以有效地回收利用，与之配套的各种回收技术和工艺设备都已经发展成熟。如图 7-4 所示。

图 7-4　再生塑料颗粒

如果我们简单汇总一下五大通用塑料的再生特性，不难看出，即便它们都可以再生，但是再生后的品相还是有一定差异的，也就是说再生后很难再去做成与原生塑料一样的初级产品，只能做降级处理，而且再生到一定次数后可用之处就很少了。当然，能够再生总是好的，可以避免直接废弃物的产生并减少对石油化工的依赖。

① PE：再生后性能都有所下降，颜色变黄，经多次挤出后，高密度聚乙烯黏度下降，低密度聚乙烯黏度上升。

② PP：一次再生时，颜色几乎不变，熔体指数上升；再生两次以上颜色加重，熔体指数仍上升。再生后断裂强度和伸长率有所下降，但使用上无问题。

③ PVC：再生后变色较明显，一次再生挤出后会带有浅褐色，三次再生则几乎变为不透明的褐色，比黏度在二次再生时不变，再生两次以上有下降倾向。无论是硬质还是软质 PVC，再生时都应加入稳定剂；为使再制品有光泽，再生时常添加 1%～3% 的 ABS。

④ PS：再生后颜色变黄，再生料各项性能的下降程度与再生次数成正比，断裂强度在掺入量小于 60%时无明显变化，极限黏度在掺入量为 40%以下时无明显变化。

⑤ ABS：再生后变色较显著，但使用掺入量不超过 20%～30%时，性能无明显变化。

也正是由于通用塑料良好的加工性能，生产生活中各种各样的废弃塑料制品，如农用膜、打包带、食品袋、凉鞋、电线、线板、管、桶、盆等，都能经过破碎、造粒制成塑料原料；或者加入必要的添加剂，再经特殊工艺进一步制成工程塑料，用于制造功能性零部件和装饰性建筑材料。

7.1.2.3 橡胶

橡胶（生胶）是具有可逆形变的高弹性聚合物材料，在室温下很小的外力作用就能产生较大的形变，除去外力后能恢复原状。橡胶分为天然橡胶与合成橡胶两种：天然橡胶是从橡胶树、橡胶草等植物中提取胶乳后加工制成；合成橡胶则由各种单体经聚合反应制成。

随着橡胶制品广泛应用于工业和生活的各个方面，废橡胶的处理也逐渐变成了当今人类面临的严重问题之一。为了满足不断提高的材料性能要求，橡胶朝着高强度、耐磨、稳定和耐老化的方向发展，但是同时废弃后的橡胶长时间不能自然降解，大量的废旧橡胶不但浪费了宝贵的资源，更造成了比塑料污染更难处理的黑色污染。全世界每年有数百万吨废橡胶产生，为了减少堆放体积，世界各主要工业国家除了将废弃的橡胶制品当作燃料焚烧外，自 20 世纪初也纷纷开始研究更为有效的废橡胶再生处理技术。

通常的再生橡胶是指废旧硫化橡胶经过粉碎、再生（脱硫）和精炼三个主要工序，从弹性状态变成具有塑性和黏性的、能够再次硫化的橡胶。再生过程的实质是在热、氧、机械和再生剂的物理与化学综合作用下，将硫化胶网络部分破坏降解，使得断裂位置既有交联键，也有交联键之间的大分子，这是再生橡胶的关键原理和步骤，如图 7-5 所示。

图 7-5 再生橡胶块

除传统的橡胶再生方法以外，各种其他再生橡胶的工艺方法也层出不穷。例如仍在研究开发中的将废橡胶冷冻粉碎，制成不同颗粒大小的橡胶粉，然后直接用作橡胶填料的新方法等。

由于再生工艺所限，再生胶的各种物理化学性能不可能与生胶完全一致；在品质要求的范围内，再生胶部分代替生胶，既可以节约生胶及炭黑，同时也可以有针对性地改善橡胶制品的某些性能。

7.2 工程废弃物

7.2.1 工程废弃物的管理

大型工程建设项目由于占地面积大、施工周期长、参与人员多，所以项目过程中的施工作业以及工人生活会产生大量的固体废弃物，即工程废弃物（construction waste），包括各种建筑垃圾和生活垃圾等。其中生活垃圾相对体积较小，一般按照工程所在地的相关市政环保要求进行处理和处置即可；而建筑垃圾（泛指指人们在从事拆迁、建设、装修、修缮等建筑业的生产活动中产生的渣土、废混凝土、废砖石及其他废弃物）作为工程废弃物的主体，相对体积较大，种类复杂，无论是堆放、外运和处置都有特殊的要求。

首先，施工现场应设置符合规范的建筑垃圾临时堆场。

① 需安排建筑垃圾堆放场所的管理人员，监督建筑垃圾的规范堆放，确保运输车辆冲洗干净后驶离。

② 堆场应当有符合规定的围墙（通常高度不低于 2m）和经过硬化处理的出入口道路。

③ 配备喷淋或者其他抑尘措施，并保持防尘设施的正常使用。

④ 在出口处设置车辆清洗的专用场地，配备运输车辆冲洗保洁设施。

⑤ 划分堆放区域和道路界限，及时清除散落的物料，保持道路整洁，并及时清洗。

⑥ 堆场在正常气象条件下 2 天内不进行作业的，采取洒水措施；一周内不进行作业的，采取覆盖措施。

另外，建筑垃圾包括项目施工过程中产生的泥浆，外运和处置需要属地市政管理部门颁发的特别许可。虽然各个国家和城市的管理办法不尽相同，但通常需要申请办理的都是《工程渣土与建筑垃圾处置证》一类的许可。

7.2.2 建筑垃圾的来源

找到建筑垃圾的来源，对于建筑垃圾合理高效的处理和处置是至关重要的。工程废弃物中最常见，而且体量最大的三种为渣土、水泥混凝土和包装木材。

7.2.2.1 渣土

任何一个大型的工程建设项目，只要涉及开挖（大多数都会涉及开挖），就存在一个土方平衡的问题。工程建筑因为基本上都有地下的基础结构，于是地下结构的体积就是所需挖出来的“弃土”的最小体积；当然为了地下施工的方便，一般都会开挖得大一些、多一些，等到地下结构完成再把部分“弃土”回填到地下结构的四周。最终无法回填（开挖基坑）的“弃土”，就是我们常说的需要外运和处置的渣土，如图 7-6 所示。

图 7-6 工程渣土

7.2.2.2 水泥混凝土

水泥作为工程项目主要的结构支撑材料，使用十分广泛，除特殊用途水泥外，硅酸盐水泥是最常见的水泥类型，同时也是混凝土中最主要的胶凝材料。大型工程建设项目的施工过程中，施工现场需要使用大量临时构筑物，如施工临时运输道路、施工临时平整土地、施工临时仓库地基等。在施工的不同阶段，上述构筑物需要被破除或重建，从而产生废弃的水泥混凝土块，如图 7-7 所示。

图 7-7　水泥混凝土块

7.2.2.3　包装木材

大型的工程建设项目，特别是最终需要大量机械设备的项目，在其运输和存储阶段会产生数量巨大的包装材料，其中尤其以木制包装最为突出，如普通木箱、框架木箱、胶合板箱（桶）、纤维板箱、木制托盘等。这些木材在一次使用之后，由于其自身材质的不可复原性，通常将被工程项目的承包商直接作为废弃物处理，如图 7-8 所示。

图 7-8　包装木材

7.2.3 可回收材料的常见处理处置方式

7.2.3.1 渣土

严格意义上渣土还不能算是废弃物，因为土壤本身也是一种资源（前提是渣土中不含有其他工程废弃物，纯粹是“土”）。在项目规划时，首先应当进行土方平衡计算的工作。土方平衡其实也是一种物料平衡，正如前面第4章论述，物料平衡做的越好，废弃物产生的也就越少，土方平衡也是如此，即对项目所需要挖出的土方量和需要回填的土方量进行计算，尽量平衡进出，要对于工程项目最终会产生多少体积的“弃土”，也就是要外运处理处置的渣土量做到心中有数。

对于大型工程建设项目，由于可能涉及几家甚至十几家总承包商，故在项目初期，业主公司的施工管理部门应当和各家总承包商分别确认其施工片区的土方平衡；随着项目各标段的节点不同，有的总承包商仍然需要运出土方，而有的总承包商则已经开始进行土方回填，此时业主公司的施工管理部门应该就项目进展的实际情况，协调和管理各总承包商的土方作业，如有必要可以A承包商的出土优先供应B承包商的回填。好的土方平衡管理，有以下好处：

① 可以减少购入土方，其中包括外购土壤的检测费用、土壤本身的费用；

② 可以减少外运土方，其中包括办理渣土许可证、接受地消纳费用；

③ 可以减少渣土挖掘和运输的成本；

④ 减少工程车辆、挖掘设备的能源消耗；

⑤ 减少扬尘影响和道路保洁压力；

⑥ 优化施工现场的平面布置以及减少堆土对施工作业造成的影响。

对于已经结束的土方工程，则尽可能快地封土、喷水并使用覆盖网覆盖，控制土壤暴露的程度和范围。如土方长时间堆放，则可以适当考虑生长季节，种植植物。这样不仅可以有效地控制扬尘，还可以防止局部的水土流失，如图7-9所示。

7.2.3.2 水泥混凝土

（1）再生骨料混凝土

将废弃混凝土块经破碎、清洗、分级和按一定比例配合后得到的“再生骨料”作为部分或全部骨料代替天然骨料配置混凝土即为再生混凝土。再生骨料的加工方法大多都是将各种破碎设备、传送机械、筛分设备、清除杂质设备一体化，经破碎、筛分、去除杂质等工序，获得符合质量要求的再生骨料。一般生产工艺生产的再生混凝土与天然骨料相比含有30%左右的硬化水泥浆。

(a) 裸土覆盖

(b) 植草

图 7-9 裸土覆盖与植草

(2) 再生胶凝材料

废弃混凝土将骨料分离，生产出再生骨料，剩下的硬化水泥浆可用作地基改性材料，从而实现 100%利用废弃混凝土。目前利用废弃混凝土硬化水泥浆部分生产再生水泥的实际运用不多。亦有成功开发出从废弃混凝土中分离水泥的情况，据称每 100t 废弃混凝土就能够获得 30t 左右的再生水泥。这种再生水泥的生产成本仅为普通水泥的一半，而且在生产过程中不产生二氧化碳，更有利于环境保护。

7.2.3.3 包装木材

(1) 制备包膜材料

木材废料中含有丰富的木质素，可以利用木质素及各种生物质制备控释肥料的包膜材料。

(2) 提炼生物油

一般来说，2000kg 木料中可以产生 1500L 生物油燃料。使用生物油作为燃料燃烧的热效率高，也便于储存、运输和改性。但是该技术对设备的要求较高，目前尚未广泛地推广应用。

(3) 回收气化利用

木材废料还可以进行气化利用，该气化过程是一种特殊的燃烧方式，通过不完全燃烧（含燃烧、热解、还原三个阶段），把燃料中的能量转移到生成的可燃气体中。这些燃气包括一氧化碳、氢气、甲烷等气体。

(4) 压制木质压块

木质废料直接燃烧会产生大量的废气，而且燃烧效率不高，并不是合理利用的最佳方法。为了克服这一缺点，可将木材废料进行物理加工，产生木质压块，即密实化处理。通过压块机将松散的木料压制成块，在干燥环境中可存放很长时间，而且不会自燃、腐烂、发霉，是一种优良的大中型锅炉燃料。

7.2.4 各国建筑垃圾资源化规定及实例

根据相关统计，发达国家从 20 世纪 70 年代起在建筑垃圾资源化投入的力度很大，取得的一系列成果也得以广泛推广，因此建筑垃圾利用率也相对较高，部分国家和地区建筑垃圾资源化利用率如图 7-10 所示。

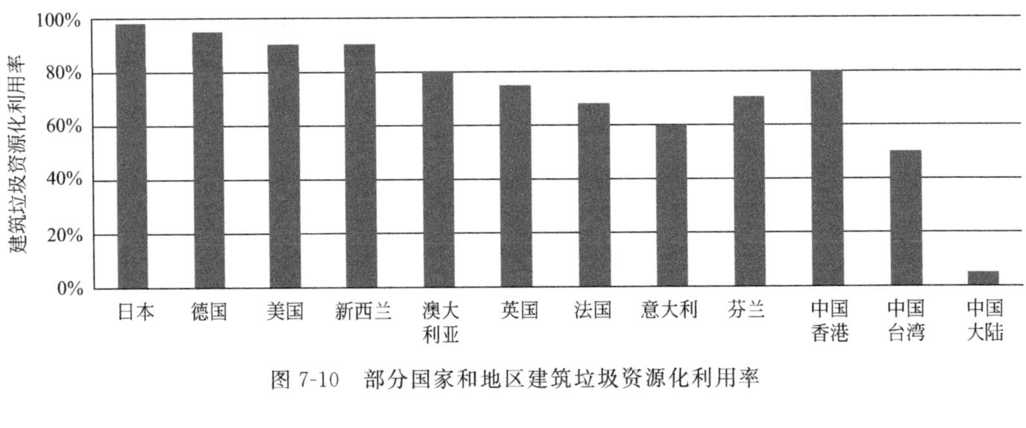

图 7-10 部分国家和地区建筑垃圾资源化利用率

7.2.4.1 日本

日本在各地建立了以处理废弃混凝土为主的再生加工厂。日本的再生骨料分为三个等级，分别为 H 级、M 级、L 级。H 级的由加热碾磨法制成，完全去除老砂浆，所以该再生骨料可以和天然骨料同时使用，不受任何限制；M 级的多由破碎方法制成，含有老砂浆，允许在基础垫层、施工道路等次要位置使用；L级的杂质含量更多，允许在回填标高等位置使用。

同样，日本对废旧木材回收利用有强大的法规支撑。目前，日本森林覆盖率已达到68%，废旧木材的回收利用率高达82%，其中，2004年建筑废旧木材的回收利用率高达89%。最关键也是最强有力的支撑是法规的支持。在日本有关废旧木材回收利用的法规有《环境基本法》《循环型社会形成推进基本法》《废弃物处理法》《资源有效利用促进法》《容器包装回收利用法》《建设回收利用法》和《绿色购入法》等，其中规定了产生废弃物的企业有回收所产生废弃物的责任，建筑废材必须由施工单位负责回收。

7.2.4.2 德国

德国的每个地区都有大型的建筑废弃物再加工综合厂，仅在柏林就有20多个，目前再生混凝土主要用于公路路面。德国钢筋委员会于1998年8月提出了“在混凝土中采用再生骨料的应用指南”，要求采用再生骨料配制的混凝土必须完全符合普通混凝土的国家标准。德国已经有了成功将再生材料应用于结构的范例，如德国达姆施塔特的ViblerWeg和Waldspirale建筑。

目前，德国将回收的废弃木料分成5类，根据木料的等级和含有杂质的种类来划分。A1、A2级的回收废弃木料可用来生产人造板。使用二级废弃木料加工技术，可经济有效地生产出满足不同应用的物料。采购这些物料的成本低，刨花板、中密度纤维板和定向刨花板生产企业在干燥这些含水率低的物料时还节省了能耗。经处理，有过污染的A3～A5级木料，是用于产生能源的好物料。

7.2.4.3 美国

美国地方政府在建筑垃圾的回收利用中充当重要角色，政府为企业提供技术支持，推广教育方案及指导手册，并举办研习会。政府还通过让企业交纳押金的方式，保障建筑垃圾的回收。设立专款用于建筑垃圾回收再利用的研究，为企业提供了经济支持。美国政府制定的《超级基金法》给再生混凝土的发展提供了法律保障，其中规定：“任何生产有工业废弃物的企业，必须自行处理，不得擅自倾卸。”20世纪80年代中期，堪萨斯州交通厅把回收的废混凝土作为骨料用于新建水泥路面，多年观察表明，废混凝土用于路面面层在技术上是可行的。

美国对于废旧木材回收再利用有很多的方法，除了再次做成建筑材料外，也通过提取的方式将一些废旧木材转化为液体燃料。20世纪60年代后期，美国Appell等将木片、木屑、纤维素和城市垃圾等放入碳酸钠溶液中，用CO回压至2.8×10^4kPa，使原料在350℃的条件下发生反应，得到40%～50%的液态产物。这就是非常著名的“PERC法”。

7.2.4.4 加拿大

以温哥华为例，目前的废混凝土与废沥青混凝土的回收率已达到 84.8%。而其他地区的建筑垃圾仍以掩埋或填湖处置。加拿大英属哥伦比亚及安大略等省份已经出台建筑垃圾回收再利用相关政策法规，其他省份也在计划实施中。

7.2.4.5 中国

(1) 废弃混凝土用于道路垫层

道路垫层的主要功能是隔水、排水、防冻及改善基层和土基的工作条件。因为垫层对材料的要求不高，所以废弃混凝土可用于道路垫层。混凝土本身有很好的耐水性，所以能够满足水稳定性的要求；混凝土破碎后产生的碎块有很高的孔隙率，因此能够满足垫层的隔热性要求。

(2) 废弃混凝土用于土石坝

在土石坝中土质防渗体是应用最为广泛的防渗结构，可用作防渗体的土料用量范围很广。对于废弃混凝土，这些性能大部分可以做到好于普通黏土，因此部分替代了传统用于土石坝的材料。但需要考虑经济成本，土石坝所用材料一般就地取材，使用非本地的废弃混凝土可能需要较高额的运输费用。

(3) 制作可重复利用的混凝土路

针对大型工程建设项目，由于复杂的施工工序而导致施工现场频繁地开挖和破路等，部分承包商选择预先特制的可循环使用的混凝土路面块。使用这些混凝土块既减少了原料商品混凝土和结构钢筋的使用量，还减少了拆除临时道路时建筑垃圾的产生量。理论计算生产 1m^3 混凝土的碳排放量为 240kg，由此看来可循环使用的混凝土路面块有很大的推广价值，如图 7-11 所示。

(a)

(b)

(c)

(d)

图 7-11 预制混凝土路面块

(4) 旧木材制造人造板

中国人造板的快速发展已经突破了原料制约的瓶颈问题，旧木材回收很好地解决了人造板生产的原料来源问题。在利用废旧木材加工中密度纤维板、刨花板方面，一些大型企业取得了显著的进展，无论是设备还是工艺都日趋成熟。

(5) 旧木材生产木塑复合材料

对于回收的碎料木材而言，可以与塑料一起加工制造木塑复合材料。北京化工大学开发了新一代木塑复合材料的生产技术，它向废旧木材和废旧塑料中添加特制的黏合剂，经过高温高压处理后制成结构型材，直接挤压制成产品或将型材重新装配成产品，如托盘或包装箱。这种新型木塑复合材料机械性能好，且98%的原料为废旧木材，价格便宜，维修简单，可锯、刨、钉等，该产品还可100%回收再利用。

7.3 电子废弃物

电子废弃物（electronic waste）又称“电子垃圾”（e-waste），通常也指所有报废的电子电器设备（Waste Electrical and Electronic Equipment，WEEE）。

电子废弃物种类繁多，大致可分为两类：一类是所含材料相对比较简单，对环境危害较轻的大件废旧电子产品，如电冰箱、洗衣机、空调机等家用电器以及医疗、科研电器等，这类产品的拆解和处理一般也不是很复杂；另一类是所含材料相对比较复杂，对环境危害较大的精密废旧电子产品，如电脑、显示器、手机、平板等，这类产品由于所含化学元素成分复杂且各种微小元器件集成度比较高，所以拆解和处理就相当困难。

7.3.1 电子废弃物中的有害物质

电子废弃物中的各种有害物质很难全面描述。在人类电子电器工业发展的早期由于技术水平所限并不确切知道其危害性。在各种环境污染及人类健康事件发生后，人类对于电子电器工业生产提出了限用物质的概念，其中最有影响力的是欧盟的RoHS标准，即《电气、电子设备中限制使用某些有害物质指令》（the Restriction of the use of certain Hazardous Substances in electrical and electronic equipment）。尽管这一标准在全世界各主要工业国家得到了广泛的采用和执行，但是由于功能性需要和历史遗留产品的问题，还是有相当一部分有害物质会出现在既有的电子废弃物中。其中最为常见的如下所述。

① 铅　铅能损伤人的中枢神经系统、血液系统、肾以及生殖系统，而且会对儿童的大脑发育有负面影响。电脑中的主要含铅部位有电脑显示器的玻璃荧屏（1.4～3.5kg每台显示器）、电路板及其他元件的焊接物。

② 镉　镉的化合物会在人体中积累，尤其是在肾中。镉含于以下元件中：SMD电阻器、红外线发生器、半导体等。镉还是塑料的固化剂，也存在于旧的阴极射线管中。

③ 汞 汞会造成很多器官的损伤，包括大脑、肾、卵巢。汞常用于温度计、传感器、阻滞器、转换器（如在电路板和测量装置中）、医疗设备、电灯、手机以及电池中；还用于纯平显示器荧屏，逐渐取代了原来的阴极射线管显示器。

④ 钡 即使是短期暴露于钡也会导致脑肿、肌肉无力，以及损伤心脏、肝脏和脾脏。钡通常用于电脑显示器阴极射线管荧屏上。

⑤ 铍 铍被认为是肺癌的致癌物，铍磨损产生的灰、雾容易导致“铍长期症”；长期接触铍的工人，即使是很小剂量，也容易导致皮肤病。铍被广泛用于电脑的主板和键盘底片（铍与铜的合金用于加强连接体弹性同时保持导电性）。

⑥ 六价铬 六价铬很容易穿过细胞膜然后被吸收，而后破坏损伤细胞中的DNA，是一种在环境中极毒的物质。六价铬被用于钢片的防锈以及坚化和美化处理。

⑦ 油墨 黑色油墨的主要成分是炭黑，吸入接触会强烈刺激呼吸系统。国际癌研究机构（the International Agency for Research on Cancer）将炭黑定为2B类致癌物，对人可能是致癌的；一些报告显示彩色油墨（蓝、黄和红）中也可能含有致癌重金属。电脑的外部设备如打印机中包含有黑色或彩色的油墨。

⑧ 包含PVC的塑料 PVC同很多其他的含氯化合物一样，废弃之后在不完全燃烧时也会产生二噁英。老式的电脑平均每台会有约6kg的塑料部件，而其中近1/4就是PVC，因其具有出色的防火性能可作为包裹线路和电脑外壳。

7.3.2 电子废弃物中的处理技术

不同电子废弃物中拆解出来的整块材料，无论是金属件还是塑料件，只要是能拆解出来的（详细参见本书9.2部分）且经检测不含有害物质，其回收利用都与普通废弃物并无二致；真正代表电子废弃物处理特色的，是针对线路板（也称电路板）和电池两种特殊零部件的回收与利用技术。

7.3.2.1 线路板

在废旧线路板中（图7-12），除去铅、汞、六价铬等重金属，以及作为阻燃剂成分的多溴联苯（PBB）、多溴二苯醚（PBDE）等有毒化学物质外，还包含有色金属和稀有金属近20种，回收具有很高的经济效益，是一座真正的等待开采的“矿藏”。为了开发这部分潜在的再生资源，目前世界上开发了一系列比较成熟的线路板处理技术，有物理法、化学法和生物法等。

（1）物理法

物理法是以机械的手段，利用线路板中各种物质的物理性能差异来实现回收的方法，一般有破碎和分选两个步骤。

图 7-12　废旧线路板

① 破碎　破碎的目的是使线路板中的金属尽可能地和有机质解离，以提高分选效率。研究发现当破碎颗粒在 0.6mm 时，金属基本上可以 100%解离，但破碎方式和级数的实际选择还要依后续工艺而定。

② 分选　分选是利用材料的密度、粒度、导电性、导磁性及表面特性等物理性质的差异实现分离。目前应用较广的有风力摇床技术、浮选分离技术、旋风分离技术以及涡流分选技术等。

（2）化学法

化学法是利用线路板中各种成分的化学稳定性差异进行提取的工艺。

1）热处理法

热处理法主要是通过高温的手段使有机物和金属分离的方法。它主要包括焚化法、裂解法、微波法等。

① 焚化法　焚化法是将废弃线路板等电子废弃物破碎至一定粒径，送入一次焚化炉中焚烧，将其中的有机成分分解，使气体与固体分离。焚烧后的残渣即为裸露的金属或其氧化物及玻璃纤维，经粉碎后可由物理和化学方法分别回收。含有机成分的气体则进入二次焚化炉燃烧处理后排放。由于该法会产生大量的废气和有毒物质，故而其工艺控制要求极高。

② 裂解法　裂解在工业上也叫干馏，是将线路板等电子废弃物置于容器中在隔绝空气的条件下加热，控制温度和压力，使其中的有机物质被分解转化成油气，经冷凝收集后可回收。与传统的焚烧处理不同，真空热解过程是在无氧的条件下进行的，因此可以抑止二噁英、呋喃的产生，废气产生量相对较少，对周边的环境污染也相对较小。

③ 微波法　微波法是先将线路板等电子废弃物破碎，然后用微波加热，使有机物受热分解。加热到1400℃左右使玻璃纤维和金属熔化形成玻璃化物质，这种物质冷却后，金、银和其他金属就以小珠的形式分离出来，剩余的玻璃物质可回收用作建筑材料。该方法与传统加热方法有显著差异，具有高效、快速、能耗低等显著优点。

2）湿法冶金

湿法冶金技术主要是利用金属能够溶解在硝酸、硫酸和王水等酸液中的特点，将金属从线路板等电子废弃物中脱除并从液相中予以回收。它是目前应用较广泛的处理线路板一类电子废弃物的方法。湿法冶金与火法冶金相比具有废气排放少，提取金属后残留物易于处理，经济效益显著，工艺流程简单等优点。当然，由于强酸的使用，化学品安全就显得非常重要。

（3）生物法

生物法是利用微生物在废弃物表面的吸附作用及微生物的氧化作用来解决金属的回收问题。微生物吸附可以分为利用微生物的代谢产物来固定金属离子和利用微生物直接固定金属离子两种类型。前者是利用细菌产生的硫化氢固定，当菌体表面吸附了离子达到饱和状态时，能形成絮凝体沉降下来；后者是利用三价铁离子的氧化性使合金中其他金属氧化成可溶物而进入溶液，而贵金属裸露出来便于回收。生物法提取金等贵金属具有工艺简单、费用低、操作方便的优点，但是浸取时间较长，浸取率较低，目前尚未大规模投入使用。

7.3.2.2 电池

电池指盛有电解质溶液和金属电极以产生电流的杯、槽或其他容器或复合容器的部分空间，能将化学能转化成电能的装置。电池的种类很多，与电子废弃物相关的主要有干电池（如锌锰电池、镍镉电池）和锂电池（包括金属锂、锂合金和锂离子、锂聚合物电池）两大类。如图 7-13 和图 7-14 所示。

图 7-13　废旧干电池

图 7-14　废旧锂电池

(1) 干电池

从干电池的主要品类锌锰电池和碱性锌锰电池来看，回收可以获得汞、锌、镉等金属，并彻底解决电池造成的污染。其回收利用技术主要有人工分选法、火法回收、湿法回收三种。

1) 人工分选法

人工分选法是将干电池分类成碳性电池和碱性电池后，通过机械剖开，然后用人工方法分离出锌皮、二氧化锰（需进一步脱汞）、炭棒、塑料盖等，这是着眼于全面循环利用的一种方法。

2) 火法回收

火法回收是将干电池分类、破碎后，送入高温炉。其中锌及氯化锌被氧化成氧化锌随烟排出，由旋风除尘器回收其粉末再进一步合成氧化锌制品；而残存的二氧化锰及水锰石进入残渣，视经济价值确定是否再回收锰粉。

3) 湿法回收

湿法回收主要是利用化学反应将干电池分成碳性和碱性电池后破碎，并将破碎物置于浸出槽中，加入100～120g/L的稀硫酸进行浸出，得到硫酸锌溶液，再由电解法得到金属锌；分离出铜脂、碳棒后，剩余的二氧化锰残留物和水锰石经煅烧后制得二氧化锰。

镍镉电池其实是一种碱性蓄电池，它的正极板为氢氧化镍，负极板为镉，电解质是氢氧化钾或氢氧化钠溶液。为了回收镍镉电池中的镉、镍、铁材料和塑料，一般采用如下处理程序。

① 机械拆卸和排出电解液　分离大电池的支架、壳体，排出的氢氧化钾酸中和成钾盐后弃去。

② 粉碎、筛分和物理分离　根据不同物料的粒度、磁化率进行筛分和磁选分离。获得细粒电极物料和粗粒不锈钢、铁废料及塑料。

③ 化学冶金处理　对活性电极材料进行化学冶金处理，以获得金属镉、镍或它们的化合物。

（2）锂电池

虽然锂电池可以反复充放电为设备提供电能，然而它的使用寿命还是有限的，最终还是不可避免地变成需要处理处置的废弃物。废旧锂电池含有大量贵金属和稀有金属，其中钴占5%～20%、镍占5%～12%、锰占7%～10%、锂占2%～5%，完全可以被回收再利用。

废旧锂电池的回收方法主要有物化法、化学法和生物法三大类。与其他方法相比，湿法冶金因其能耗低、回收效率高及产品纯度高等优点被认为是一种较理想的回收方法。

1）物化法

物化法利用物理化学反应过程对锂离子电池进行处理。常见的物化处理方法主要是破碎浮选法和机械研磨法。

① 破碎浮选法　利用物质表面物理化学性质的差异进行分选的一种方法，即首先对完整的废锂电池进行破碎、分选后，将获得的电极材料粉末进行热处理去除有机黏结剂，最后根据电极材料粉末中钴酸锂和石墨表面的亲水性差异进行浮选分离，从而回收钴锂化合物粉体。破碎浮选法工艺简单，可使钴酸锂与碳素材料得到有效分离，且锂、钴的回收率较高。但是由于各种物质全部被破碎混合，对后续铜箔、铝箔及金属壳碎片的分离回收造成了困难；且因为破碎易使电解质 $LiPF_6$ 与 H_2O 反应产生 HF 等挥发性气体造成环境污染，所以需要特别注意破碎方法。

② 机械研磨法　利用机械研磨产生的热能促使电极材料与磨料发生反应，从而使电极材料中原本黏结在集流体上的锂化合物转化为盐类的一种方法。不同类型的研磨助剂材料的回收率有所区别，较高的回收率可以做到 Co 回收率 98%、Li 回收率 99%。机械研磨法也是一种有效的回收废旧锂电池中钴和锂的方法，其工艺较简单，但对仪器要求较高，且易造成钴的损失及铝箔的回收困难。

2）化学法

化学法是利用化学反应过程对锂离子电池进行处理的方法，一般分为火法冶金和湿法冶金两种方法。

① 火法冶金　又称焚烧法或干法冶金，是通过高温焚烧去除电极材料中的有机黏结剂，同时使其中的金属及其化合物发生氧化还原反应，以冷凝的形式回收低沸点的金属及其化合物，对炉渣中的金属采用筛分、热解、磁选或化学方法等进行回收。火法冶金对原料的组分要求不高，适合大规模处理较复杂的电池，但燃烧必定会产生部分废气污染环境，且高温处理对设备的要求也较高，同时还需要增加净化回收设备等，综合处理成本较高。

② 湿法冶金　用合适的化学试剂选择性溶解废旧锂离子电池中的正极材料，并分离浸出液中的金属元素的一种方法。湿法冶金工艺比较适合回收化学组成相对单一的废旧锂电池，可以单独使用，也可以联合高温冶金一起使用，对设备要求不高，处理成本较低，是一种很成熟的处理方法，适合中小规模废旧锂电池的回收。

3）生物法

生物法目前也在研究进行中，是利用微生物菌类的代谢过程来实现对钴、锂等金属元素的选择性浸出。生物法能耗低，成本低，且微生物可以重复利用，二次污染很小；但培养微生物菌类要求条件苛刻，培养时间长，浸出效率低，工艺有待进一步改进。

7.4 医疗废弃物

7.4.1 医疗废弃物的种类与危害

医疗废弃物（medical waste）俗称医疗垃圾，是指医疗机构在医疗、预防、保健以及其他相关活动中产生的具有直接或间接感染性、毒性以及其他危害性的废弃物，具体包括以下几种类型。

① 感染性废弃物　感染性废弃物是指携带病原微生物，具有引发感染性疾病传播危险的医疗废弃物，包括被病人血液、体液、排泄物污染的物品，传染病病人产生的垃圾等。

② 病理性废弃物　病理性废弃物是指在诊疗过程中产生的人体废弃物和医学试验动物尸体，包括手术中产生的废弃人体组织、病理切片后废弃的人体组织、病理腊块等。

③ 损伤性废弃物　损伤性废弃物是指能够刺伤或割伤人体的废弃的医用锐器，包括医用针、解剖刀、手术刀、玻璃试管等，如图 7-15 所示。

④ 药物性废弃物　药物性废弃物是指过期、淘汰、变质或被污染的废弃药品，包括废弃的一般性药品、废弃的细胞毒性药物和遗传毒性药物等。

⑤ 化学性废弃物　化学性废弃物是指具有毒性、腐蚀性、易燃易爆性的废弃化学

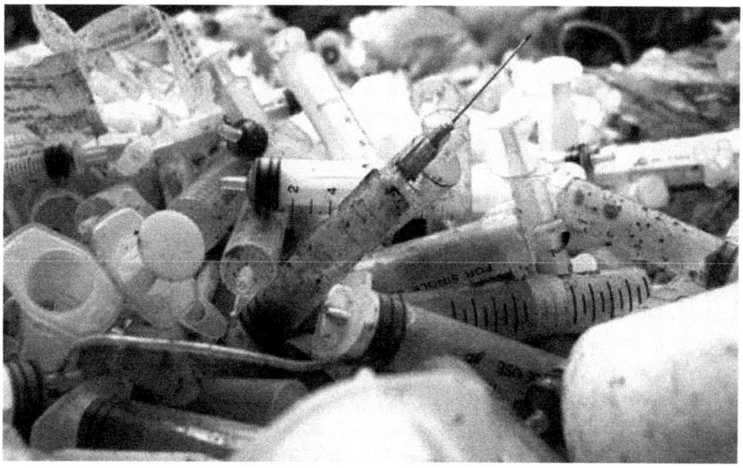

图 7-15　医疗废弃物

物品，如废弃的化学试剂、化学消毒剂、汞血压计、汞温度计等。

这些废弃物含有大量的细菌性病毒，而且有一定的空间污染、急性病毒传染和潜伏性传染的特征，如不加强管理、随意丢弃，任其混入生活垃圾、流散到人们生活环境中，就会污染大气、水源、土地以及动植物，造成疾病传播，严重危害人的身心健康。

7.4.2　医疗废弃物的处理处置方法

根据处理原理不同，医疗废弃物的处理技术一般可分为灭菌消毒法、高温焚烧法、等离子体法、热解法和卫生填埋法等。

(1) 灭菌消毒法

灭菌消毒处理方法较多，可采取高温高压蒸汽灭菌法、化学消毒法、微波消毒法等。灭菌消毒法主要是通过高温、高压、化学试剂、一定频率或波长的微波等技术，破坏微生物及病毒的生存环境，降低医疗废弃物对人体健康及环境的危害程度。灭菌消毒法需针对不同的医疗废弃物选择不同的灭菌方法，然而灭菌效果限制因素较多，且各种医疗废弃物形态差异性较大，因此有时可能无法达到最佳的灭菌效果。由于灭菌消毒不会明显改变废弃物的体积和重量，一般可用于焚烧前的预处理，在某些情况下也可以作为最终填埋前的处理手段。

(2) 高温焚烧法

根据研究，医疗废弃物中占总重量 92% 的组分为可燃性成分，不可燃成分仅为 8%，在一定温度和充足的氧气条件下，可以完全燃烧成灰烬。焚烧处理是一个深度氧化的化学过程，在高温火焰作用下，焚烧设备内的医疗废弃物经过烘干、引燃、焚烧三个阶段转化成残渣和气体，病原微生物和有害物质在焚烧过程中也因高温而被有效破坏，还能有效实现减容和减重。焚烧法适用于各种传染性医疗废弃物，是医疗废弃物处理领域的主流技术。

（3）等离子体法

等离子体法是处理医疗废弃物的一项创新技术，其消毒杀菌的原理是：用等离子体电弧炉产生的高温杀死医疗废弃物中的所有微生物，摧毁残留于细胞的毒性药物和有毒的化学药剂，并将金属锐器及无机化学品熔融，使其彻底销毁。

（4）热解法

热解法是利用有机物的热不稳定性，将医疗废弃物中有机成分在无氧或缺氧的条件下高温加热，用热能使化合物的化合键断裂，使大分子有机物转变为可燃性气体、液体燃料和焦炭的过程。这种处理技术与高温焚烧法相比温度较低，无明火燃烧过程，重金属等大都保持在残渣之中，可回收大量的热能，较好地解决了医疗废弃物焚烧处理技术的各种问题。

（5）电弧炉技术

电弧炉是以电弧加热的批次式反应炉，其燃烧温度为1650～3300℃，停留时间为8～10min。电弧炉的电极棒通过交变电流产生强大磁力搅拌作用，废弃物与钢液能充分混拌，在极高温情况下可燃性废弃物被裂解氧化成CO_2和H_2O，从而传染性病菌能在极短的时间内被完全破坏；不可燃的注射器、玻璃瓶等非金属废弃物形成残渣浮在钢水表面，而针头、器械等金属废弃物则被一起熔化成钢水。

（6）辐照技术

辐照技术利用电子束杀灭微生物和细菌。电离辐射源（如^{60}Co）激发出来的电子与处理对象分子结构中的电子发生相互作用，所积累的能量可以破坏有机化合物的化学键，从而将微生物加以裂解破坏。但是辐照技术不能用来处理放射性物质，另外还需要加强对操作人员的防护。

（7）液态合金处理法

该技术是将Sn、Bi等特殊的低熔点合金加热到400℃左右成为液态，然后将医疗废弃物投入液态合金中，在杀死细菌和病毒的同时可以实现水分的蒸发，而挥发出来的气体被加热至800℃，其中挥发性有机物完全燃烧后排出。

（8）卫生填埋法

在进行了其他必要的预处理之后，如果已经满足相应的法律法规和技术指标要求，则可以对残留废弃物进行卫生填埋——采用底层防渗，分层填埋，压实后顶层覆盖土壤，使废弃物（有机物质）在可控条件下厌氧发酵，以达到无害化处理的目的。

7.5 餐饮废弃物

7.5.1 餐饮废弃物来源与种类

餐饮废弃物（kitchen waste）主要是指在餐饮企业进行食品预加工、食品制作和餐饮服务过程中产生的，含有较多的油类、淀粉及动植物纤维的废弃物。根据其形态可分为如下几类。

（1）餐饮废水

餐饮废水主要构成是剩余食物和水。其成分包括淀粉类、食物纤维类、动物脂肪类等有机物，具有营养成分高、含水率高、油脂和盐分含量高、易腐发酵发臭等特点，如图 7-16 所示。

图 7-16　餐饮废水

（2）餐饮废气

餐饮废气主要构成是在烹饪过程中产生的油烟和高温蒸汽，其中包括可沉降颗粒物、细颗粒物及烃类物质等。其成分包括含氧有机物，也包括部分的乙醛、甲醛和丙酮，造成的影响是高温和异味，如图 7-17 所示。

（3）餐饮固体废弃物（俗称餐厨垃圾）

餐饮固体废弃物主要构成是食物废料和食物残余，含有丰富的有机物和营养元素，含水率高、易腐烂、容易产生臭气和污水等。主要成分包括蛋白质、脂肪和碳水化合物，造成的影响是腐败发酸后产生有害物质，间接影响地下水和大气，如图 7-18 所示。

图 7-17　餐饮废气

图 7-18　餐厨垃圾

虽然餐饮废弃物不会对环境造成突发性污染，但是由于其富集营养物质，如不妥善处理，将会对环境产生持久的和大面积的负面影响，而且也会造成病原体的滋生和传播，间接对人群造成伤害。根据不同形态的餐饮废弃物的特点，处理处置方法也不尽相同，尤其是餐饮废水和餐饮废气。

7.5.2　油水分离

(1) 物理法

① 油水分离器　使用专门的油水分离装置来进行含油废水的油水分离。废水由进

水口进入分离器，经滤网除去固体残余物，水中的油由下至上经破乳、吸附后，部分油浮至水面，再经滤油槽收集，清水则由底部出口处排放。

② 粗粒化法　根据粗粒化滤料具有亲油疏水的特性，当含油废水通过时，微小油珠便附聚在其表面形成油膜，达到一定的厚度后，在浮力和水流剪力的作用下，脱离滤料表面，形成大颗粒油珠浮升至水面。

（2）化学法

由于洗涤剂的使用造成含油废水中的油呈乳化状，一般油水处理设备难以进行有效的油水分离，化学法是使用破乳剂对乳化油进行破乳处理，使油水迅速分层。

（3）电絮凝法

电絮凝的反应原理是以铝、铁等金属为阳极，在直流电的作用下，阳极被溶蚀，产生 Al^{3+}、Fe^{3+} 等离子，再经一系列水解、聚合及氧化过程，发展成为各种羟基络合物、多核羟基络合物以及氢氧化物，使废水中的油水分离。同时，带电的污染物颗粒在电场中泳动，其部分电荷被中和而脱稳聚沉。

7.5.3 废水处理

（1）混凝法

采用混凝剂，将餐饮废水经过混凝沉淀、砂滤以及活性炭吸附等深度处理后，达到排放标准，再经过消毒处理还可作为生活杂用水。

（2）生物法

使用活性污泥处理法、生物接触氧化法、膜生物反应法对餐饮废水的污染因子，主要包含油类的 COD、BOD 等进行生物降解处理。

7.5.4 废气处理

（1）冷凝法

常用来净化和吸收有机类废气，是利用物质在不同温度下具有饱和蒸汽压这一物理性质，采用降低系统温度或提高系统压力的方法，使处于蒸气状态的污染物冷凝并从废气中分离出来的过程。当较高温度的油烟通过某个封闭的通道，油烟在通道上升过程中相互碰撞，温度逐渐降低，当降到某一温度时，油烟开始凝结成油滴；油滴不断增大，依靠重力向下运动，下设集油池，静置一段时间后，将上层浮油撇出。

（2）旋风分离法

利用旋转气流产生的离心力使油烟中的颗粒物分离，旋风分离器的主要优点是设备简单，缺点在于对小粒径的颗粒去除率低。由于油烟颗粒物黏度很大，清洗维护工作繁琐，一般仅作为多级处理设备的初级设备使用。家用脱排油烟机大多为此类方法。

(3) 活性炭吸附法

该种方法是指油烟在净化器中通过大面积的活性炭吸附，以达到去除其中有害气体的目的。这一方法的优点是占地面积小，净化效率高，能够有效去除油烟、异味以及致癌致畸的各种有害物质。但是活性炭容易饱和，活性炭再生也比较困难，由此造成运行费较高，因此在应用中一般作为多级油烟净化中的最后一级。

(4) 静电去除法

利用直流高压电场产生的电晕放电原理，对流经净化器的油烟进行过滤后排放。油烟经烟管送入净化器内部所产生的直流高压强电场电离，油烟被分解，形成微小的荷电颗粒。由于抽引风作用，这些荷电小颗粒在经过净化器内平板集尘器时被吸附，而被吸附的油、烟、水、尘粒子，最终沉积到净化器的底部储油室内。同时直流高压在净化器内电晕放电产生的臭氧对流经净化器的油烟也有除异味和杀菌的作用。

(5) 液体洗涤法

油烟气通过排烟管道引导先经过一层填料，洗液从装置上方通过布水板均匀淋下，在填料的孔隙处形成大面积的液膜，油烟在填料层上和洗液充分接触，其中含有的亲水性物质和高极性物质会在此发生物理吸收和化学反应。通过填料层未被截留的残余油烟又与上方淋洗下来的洗液发生作用，相互混合吸收，同时不断补充填料层处的液膜。洗液最后回到蓄水池中，通过泵循环反复使用。装置停用时，含油烟的净化液在水箱中油水分离，液面的油污溢流排出，油烟得以净化。

7.5.5 固废处理及资源化

(1) 厌氧发酵

利用不同微生物厌氧菌的新陈代谢作用，通过成熟稳定的厌氧发酵技术，将餐厨垃圾中有机物在一定的温度条件下，于密闭空间（容器）中发酵，产生沼气。发酵后产生的沼渣可生产有机肥料，沼液可用于生产液态肥料。

(2) 好氧堆肥

依靠专性和兼性好氧细菌的作用降解有机物的生化过程，将要堆腐的有机料与填充料按一定比例混合，在合适的水分、通气条件下，使微生物繁殖并降解有机质，从而产生高温，杀死其中的病原菌及杂草种子，使有机物达到稳定化。在好氧堆肥的过程中，有机废物中的可溶性小分子有机物质透过微生物的细胞壁和细胞膜而被微生物所吸收和利用。其中的不溶性大分子有机物则先附着在微生物的体外，由微生物所分泌的胞外酶分解成可溶性小分子物质，再输入其细胞内为微生物所利用。通过微生物的生命活动（合成及分解过程），把一部分被吸收的有机物氧化成简单的无机物，并提供活动中所需要的能量，而把另一部分有机物转化成新的细胞物质，供微生物自身繁殖所需。

(3) 饲料化处理

饲料化处理是利用微生物菌体将餐厨垃圾发酵，利用微生物的生长繁殖和新陈代谢，积累有用的菌体、酶和中间体，经过烘干后制成蛋白饲料。通过杀毒灭菌，在达到饲料卫生标准的前提下，最大限度地保留营养成分，充分开发餐厨垃圾的饲用价值，前景非常光明。

7.6 实验室废弃物

实验室由于功能的多样性和物质的不确定性，其产生的废弃物（laboratry waste）种类也具有多样性和可变性——不同行业的实验室，在不同的时期会有完全不一样的废弃物。唯一不变的是，根据废弃物的形态，实验室主要关注的还是废气、废水及固体废弃物。

7.6.1 实验室废气

实验室废气，主要需考虑局部废气处理和区域废气处理，如图 7-19 所示。

图 7-19 实验室废气

局部废气处理主要是指实验室操作台，或者含有化学生物等操作的、需在防护条件下操作的实验，如生物安全柜、通风橱等设施。其主要的污染因子有：粉尘颗粒物、燃烧烟气烟尘、异味气体、有毒有害气体等。鉴于实验室的规模和实验的不稳定性，适用于实验室局部废气处理的主要技术有吸收法、吸附法和催化转化法。

(1) 吸收法

吸收法是指用溶液或溶剂吸收实验室废气中有害物质，使之与洁净气体（空气）分离的传质过程。吸收法是减少或消除实验室有害气体流向大气环境的主要方法。

(2) 吸附法

吸附法是利用多孔性固体物质表面上未平衡或未饱和的分子力，把实验室废气中的一种或几种有害组分吸留在固体表面，将其从气流中分离而除去的净化操作过程。

(3) 催化转化法

催化转化法是指实验室废气通过催化剂载体发生催化反应，使废气中的污染物转化为无害物质或易于处理与回收物质的方法。

区域废气处理，主要是针对在实验室操作过程中，整个实验室（或实验楼）为了维持一定的实验条件，在大空间内排放的气体。该废气内的污染因子较为复杂，但是污染物浓度比较低，一般采用吸附法和高空排放。

7.6.2 实验室废水

实验室产生的废弃液体，因实验室的不同工艺，可能会含有高浓度化学品，或者含生物危害的成分，如超出了实验室本地废水处理设施的设计能力，应按照此类废液的特点，制订相应的废液处理处置管理流程。

即便是实验室产生的低浓度废水，包括实验室工艺上产生的液体、实验室设备产生的液体（如制备纯水设施、冷却水设备及其他相关的实验室设备产生的液体）和实验室辅助性流程产生的液体（如清洗、冷却过程中产生的液体）。由于此类液体和普通生活废水之间的差异，也需按照既定的处理处置流程管理，如图 7-20 所示。

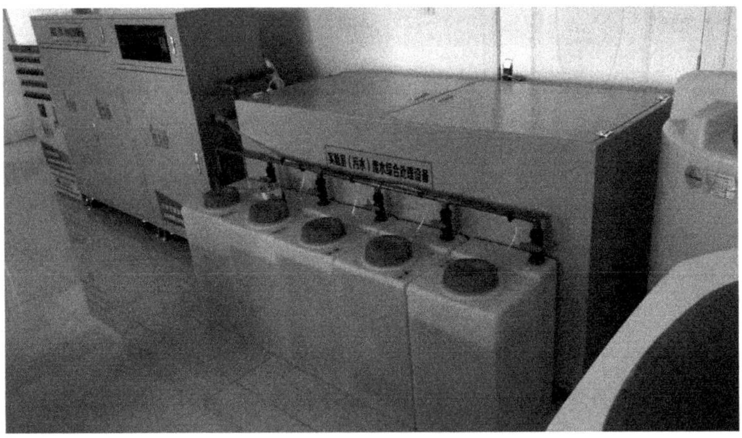

图 7-20 实验室废水

从根本来说，实验室废水处理还是要根据其污染物的性质（不溶态污染物、感染性生物污染物、溶解状态的有机污染物、溶解状态的无机污染物、重金属污染物），使用以下工艺或工艺组合来处理处置。

（1）重力分离处理

废水物理处理法的一种，利用重力作用原理使废水中的悬浮物与水分离，去除悬浮物质而使废水净化的方法。可分为沉降法和上浮法两种：悬浮物密度大于废水者沉降；小于废水者上浮。影响沉淀或上浮速度的主要因素有颗粒密度、粒径大小、液体温度、液体密度和绝对黏度等。实验室废水的预处理多用重力分离法。

（2）厌氧生物处理

又称"厌氧消化"，是利用厌氧微生物以降解废水中的有机污染物，使废水净化的方法。实验室废水水量较小且水质不稳定，使用厌氧生物处理法的情形很有限。

（3）好氧生物处理

利用需氧微生物（主要是需氧细菌）分解废水中的有机污染物，使废水无害化的处理方法。如同厌氧生物处理法，由于实验室废水水量较小且水质不稳定，使用好氧生物处理法的情形也非常少。

（4）化学处理

指通过化学反应改变废水中污染物的物理性质或化学性质，使之从溶解、胶体或悬浮状态转变为沉淀或漂浮状态，进而从水中除去的废水处理方法。实验室废水处理使用化学法非常普遍，由于其水量较小而易于实施。

（5）消毒处理

消毒处理指利用物理或化学方法消灭停留在废水中的病原体的处理过程。即便不是医学实验室，一些普通实验室废水中也还是存在着大量的细菌和病毒，通过一般的废水处理过程还不能被完全灭绝。例如大肠杆菌，一般废水处理系统中使用普通生物滤池只能除去80%～90%，使用活性污泥法也只能除去90%～95%。为了防止疾病的传播，大部分实验室废水都需要进行消毒处理。常用的消毒处理法有加氯消毒、臭氧消毒、次氯酸钠消毒、二氧化氯消毒等。

7.6.3 实验室固体废弃物

实验室的固体废弃物，是指在实验过程中产生的对环境有影响的固态或高浓度液态及半固态的废弃物，主要包括实验室的一般性废弃物，如包装材料、检测样品等，也包括一些研发过程中的半成品，如图7-21所示。

实验室固体废弃物中可能含有燃烧性、爆炸性、腐蚀性、反应性、高毒性、放射性、传染性与致病性的各种有害污染物，其中很多物质非常难以降解或处理；再加上实验室固体废弃物的种类与数量具有很大的不确定性与隐蔽性，很难再次资源化利用，所以产生固体废弃物的实验室一般会依照相关法规条例，将其全部认定为危险废弃物进行处理处置，方法通常包括焚烧法和热解法两种。

图 7-21　实验室固体废弃物

（1）焚烧法

焚烧法是固体废弃物高温分解和深度氧化的综合处理过程。对于实验室废弃物来说，焚烧法的好处是可以把大量有害的物质，特别是危害性不明的有机物合成中间体分解成无害物质。

（2）热解法

热解法是将有机物在无氧或缺氧条件下高温（500～1000℃）加热，使之分解为气、液、固三类产物。热解法也非常适用于实验室中混杂在一起，然而又不适合使用焚烧法的有机废弃物。

7.7　二次废弃物

7.7.1　二次废弃物来源与特点

二次废弃物（secondary waste）是各种废弃物在正常处理和处置工艺过程中不可避免产生的，与原有废弃物成分比例及理化性质不尽相同的废弃物，主要包括以下几种。

（1）分拣废弃物

主要包括机械或人工分拣废弃物后的杂质，以及好氧堆肥和厌氧消化的残留物等。

（2）焚烧废弃物

主要包括废弃物（垃圾）焚烧后的残留物，如底灰、炉渣、粉煤灰等。

（3）矿化废弃物

主要包括将各种废弃物固体化、玻璃化或稳定化过程中，无法避免产生的矿物质。

（4）转化废弃物

主要包括来自危险废弃物经物理化学处理而产生的非危险废弃物，或各种有机废弃物经生物化学处理而产生的活性污泥，也包括各种垃圾填埋渗滤液等。

一般说来，只要废弃物分类得当，相互沾染不严重，是不会产生太多的分拣残留物的，行业内分拣残留物不超过总重量的1%也是正常和可接受的；只要热处理（焚烧）工艺合理，废弃物种类和来源稳定，焚烧废弃物，即不能被氧化分解的部分也不会很多（通常在10%以内）且已被无害化。底灰、炉渣等既可在工程建筑中应用，亦可合规地去填埋或填海；矿化废弃物中形形色色的矿物质虽然质量比例不一定，但其总含量非常有限，稳定化之后也不存在危险物质迁移等问题，故而对生态环境无甚影响。

真正值得一提的是转化废弃物。危险废弃物转化为普通废弃物之后必须按照目标废弃物的特性再去处理处置；生物化学工艺产生的活性污泥也必须进一步脱水或焚烧处理；垃圾填埋渗滤液应在填埋场设计时就有所考虑并合规收集处理。

目前以废弃物体量来看问题最大的是城市废水处理产生的活性污泥。本节将以此为例，深入研究城市污泥的处理处置技术，从这个角度来探讨二次废弃物带来的机遇和挑战。

7.7.2 城市污泥

城市污泥是城市污水处理的衍生物，通常含有病原微生物、寄生虫卵、有害重金属以及大量难降解物质，如果处理不彻底，会对环境造成二次污染，如图7-22所示。因此业内有“治水不治泥、污染大转移”的说法。随着城镇化水平的提高和污水处理设施建设高速发展，城市污水处理能力在不断提升，而污水和排放标准也进一步提高，随之而来的是污泥这个衍生物的产量逐年提高。以中国为例，截至2018年6月底，全国设市城市累计建成污水处理厂5000多座，污水处理能力达1.90亿立方米/日，年产生含水量80%的污泥5000多万吨（不含工业污泥4000多万吨）。据统计，中国城市污泥年总产量到2020年将达到6000万～9000万吨。中国的“水十条”规定，地级及以上城市污泥无害化处理处置率应于2020年年底前达到90%以上。

污泥组分复杂，不仅含有机物，还包括源自生活污水、工业废水的微生物和重金属等有害物质。作为污水处理的第一大副产物，若处理不当，会给环境造成较为严重的二次污染。近年来，尽管世界各国污水处理厂都在努力降低污泥处理处置成本，然其依然高达污水处理厂综合运营成本的50%。仍以中国为例，污水处理厂所产生的污泥有70%没有得到妥善处理，污泥随意堆放及所造成的再污染问题已经凸显出来。由于含有大量的有机物质和营养成分，污泥又被认为是一种可回收利用的资源。因此，如何实现污泥的无害化、稳定化、减量化、资源化，成为社会关注的焦点和业内研究的热点。

图 7-22 城市污泥

目前，经过浓缩、脱水、干燥后，污泥的处理方式主要有填埋、堆肥、自然干化、焚烧、厌氧消化、好氧消化、建材化等方式。其中在很多国家和地区，填埋占了很大的比重。

不同经济发展水平的国家，其城市污泥的性质也有很大区别。发达国家的 VSS/SS（挥发分比）一般为 60%～70%，发展中国家的 VSS/SS 要低一些，一般为 30%～50%。重金属含量会直接影响到污泥资源化的可行性；而有机值和低热则会影响到污泥资源化的经济效益。根据污泥产量及性质，发达国家的城市通常以资源化利用作为污泥处理处置主要目标，而发展中国家和不发达国家的城市通常以稳定化、无害化作为污泥处理处置近期优先目标。

7.7.2.1 污泥减量

从物料平衡的角度来看，城市污泥的产生是将碳元素从分散的液相（废水中的 COD 和 BOD）转移到相对集中的固液混合相（活性污泥），进而通过各种方法再把碳元素稳定到固相（肥料、建材或填埋物等）或气相（氧化为二氧化碳）中。由于三相中给环境带来潜在污染的实际上是中间相——固相，那么我们在考虑减量的时候一个很自然的、也是优先的选择，便是想办法将碳元素直接从液相转移至气相，从而跳过好氧、厌氧及焚烧等中间步骤。

目前在城市污水处理过程中污泥减量化主要是基于解偶联生长的方法。这种方法通过添加解偶联剂增大污泥中微生物的分解代谢和合成代谢之间的能量水平差异，从而减少用于合成代谢的能量，降低合成代谢，使污泥微生物的生长率下降，达到减少剩余污泥量的目的。由于这种污泥减量化方法通常不需要对现有污水处理工艺作大的调整或改进，只需增设加药装置即可，投入成本非常低。因此，该方法具有深远的环境和经济意义。

通常研究中应用的解偶联剂包括硝基苯酚［如2,4-二硝基苯酚（DNP）、对硝基苯酚（p-NP）、间硝基苯酚（m-NP）等］、氯基苯酚［如对氯苯酚（p-CP）、间氯苯酚（m-CP）、五氯苯酚（PCP）等］、3,3′,4′,5-四氯水杨酰苯胺（TCS）、氨基苯酚等，这些解偶联剂一般都是脂溶性弱酸，对水体存在或多或少的污染。

某些解偶联剂，如20世纪80年代被发现的四羟甲基硫酸磷（THPS）——一种水溶性的季磷盐，只有一个碳原子长短侧链的特殊四元结构，决定了它具有季铵盐杀菌剂广谱、高效和快速的优点；同时使用后能迅速被氧化成无杀菌活性、几乎无毒的三羟甲基氧化磷，而三羟甲基氧化磷又很容易被进一步生物降解成正磷酸盐。正是由于这些特点，THPS除了被广泛应用于冷却水系统、油田水系统、消防喷洒系统和造纸等领域之外，也有使用THPS适当控制水溶液系统中的细菌生物量，以减少城市污水生物处理过程中剩余污泥产生量。

使用THPS的主要工艺环节是在传统的城市污水处理系统中，把沉淀池底部排出的一部分污泥经污泥泵引入混合罐，在此与储罐中引入的THPS混合均匀后，混合液体再回流到曝气池中与污水和原污泥一起继续曝气；而沉淀池底部排出的另一部分污泥作为剩余污泥正常排放，如此循环进行，如图7-23所示。

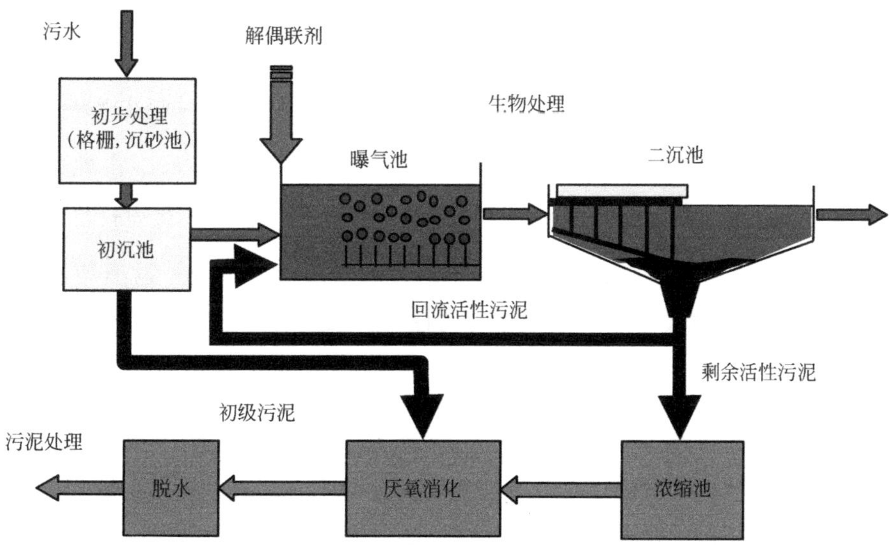

图7-23　城市污水处理中使用解偶联剂的活性污泥减量工艺

该方法通过对传统的活性污泥工艺进行改进，可以减少污水处理过程中产生的剩余污泥量20%～60%，同时可以显著提高污泥沉降性能5%～20%。该工艺对污水中其他污染物的去除效率几乎没有影响（包括COD、BOD_5、SS、TN、TP、NH_4^+-N等），而且具有设备简单、投资较少、运行管理简便、运行成本低等优点，可广泛应用于各种城市污水和工业污水的处理。

7.7.2.2 污泥浓缩

污泥浓缩包括重力浓缩法、机械浓缩法、气浮浓缩法等。在中国，目前污泥重力浓缩方法使用占71.5％、机械浓缩法使用占21.4％、气浮浓缩法使用占7.1％。

（1）重力浓缩法

目前重力浓缩法仍是很多发展中国家城镇污水处理厂污泥浓缩的重要手段，对于有机物含量高的剩余污泥来说，采用重力浓缩法效果较差，但是初沉污泥用重力浓缩法处理最为经济。重力浓缩工艺技术、构造和运行管理方式较简单，不过存在占地面积大、卫生条件差、停留时间长，浓缩池中污泥易发生厌氧消化而上浮，影响浓缩效果等缺点。另外，重力浓缩会导致磷的二次释放，由于近年来很多国家和地区的城镇污水总磷排放标准提高，导致传统重力浓缩工艺受到极大挑战。

（2）机械浓缩法

机械浓缩法使用离心、带式转鼓和螺压等类型的浓缩机。机械浓缩具有浓缩效率高、周期短、运行高度连续化、定量化等特点，并可避免污泥二次释磷，现已成为当今污水厂污泥处理设备的大方向。但是该技术电耗较高。其中，带式、转鼓和螺压浓缩机在使用前通常需要先添加化学药剂进行污泥调理。

（3）气浮浓缩法

气浮浓缩法是依靠大量微小气泡附着在污泥颗粒的周围，减小颗粒的比重而强制上浮。根据产生气泡方式的不同，气浮工艺可分为压力溶气气浮、生物溶气气浮和涡凹气浮等。气浮浓缩法具有浓缩速度快（处理时间仅为重力浓缩的1/3）、占地少、刮泥较方便和操作简便等优点；但是气浮浓缩法的基建和操作费用较高、管理较复杂、运行费用高（运行费用为重力浓缩的2～3倍）、运行中同样有一定臭味，并对污泥沉降性能（SVI）敏感。适用于剩余污泥产量不大的活性污泥法处理系统，尤其是生物除磷系统的剩余污泥。

7.7.2.3 污泥稳定

污泥稳定化的目标是减少污泥中易生物降解有机质的含量，杀死病原菌，同时降低含水率以减少污泥体积。通过人为的有序的生物、化学等“污泥稳定化技术”，将污泥中的有机物逐渐转化为CH_4及CO_2、H_2O等无机化合物，最终实现遏制微生物反应的发生或者对其进行有效的控制。也就是说，使得污泥在经过稳定化处理后能在后续处理处置过程中不再引发恶臭，改善后续处置过程的卫生条件，或者更适合农业、园艺或者林业生产等的利用。因此，污泥稳定化的过程能同时实现污泥减量化、无害化与资源化。其中，无害化处理为基本要求，减量化处理为基础，稳定化处理为核心，资源化利用为终极目标。

从污泥处理处置全链条角度分析，如果污泥稳定化处理不善，将导致其后续处理中各种污染物质的释放，并使得后续处理的制约条件增大。目前，污泥稳定化方法包括厌氧消化、好氧消化、污泥堆肥、湿式氧化、超临界氧化、固化、等离子体处理、氯氧化等。

(1) 厌氧消化

厌氧消化是污泥中有机物在厌氧条件下被微生物矿化成CH_4、CO_2、H_2O、H_2S和NH_3-N等的过程。由于厌氧消化可以实现污泥中污染物的降解转化，同时可以从污泥中回收能源和营养物质，实现污泥稳定化、能源化、减量化等目标，因此是大型污水厂最为经济的污泥处理方法。污泥厌氧消化过程非常复杂，通常认为需要经过三个阶段：水解酸化阶段、乙酸化阶段和甲烷化阶段。各阶段之间既相互联系又相互影响，且都有各自的特色微生物群体。目前改善污泥消化性能和提高厌氧消化效率的方法包括与有机废物协同厌氧消化技术、中温和高温联合厌氧消化技术以及高含固率厌氧消化技术等。

(2) 好氧消化

污泥好氧消化是污泥中的微生物有机体的内源代谢过程，通过曝气充入氧气，活性污泥的微生物有机体自身氧化分解，转化为二氧化碳、水和氨气等。污泥好氧消化能够灭活污泥中的致病菌，同时消除最终产物的臭味，上清液中COD和BOD_5均比较低(BOD_5可达到10mg/L以下)。

当然污泥好氧消化也存在着消化时间长、设施占地面积大、运行费用高和处理效率低等问题。然而，由于管理方便、操作灵活、投资不大、产出稳定等优点，好氧消化对于负荷较小($\leqslant 20000m^3/d$)的污水处理厂是一种有效实用的污泥稳定技术。

好氧消化又有普通好氧消化和高温好氧消化两种。普通好氧消化与活性污泥法相似，主要靠延时曝气来减少污泥的数量。高温好氧消化利用微生物氧化有机物时所释放的热量对污泥进行加热，将污泥温度升高到40～70℃，在高温条件下对污泥进行消化。与普通好氧消化相比，高温好氧消化反应更快，停留时间更短，而且几乎可以杀死所有病原体，基本不需要进一步消毒处理。

(3) 污泥堆肥

污泥堆肥是在一定条件下通过微生物的作用，使污泥中的有机物不断被降解和稳定，并生产出一种适于土地利用产品的过程。污泥堆肥技术在实际应用中可达到“无害化”“减量化”“资源化”的效果，具有不需外加能源、不产生二次污染等特点。一般堆肥可以分为好氧堆肥和厌氧堆肥两种，目前污泥堆肥基本上采用的是好氧堆肥，该过程由升温阶段、高温阶段、降温阶段和腐熟阶段4个阶段组成。

实际应用中污泥堆肥有多种方式，根据物料的状态，可分为静态和动态两种；根据堆肥过程中的机械化程度，可分为露天堆肥和快速堆肥两种；根据堆肥技术的复杂过程，堆肥有可分为条垛式、强制通风静态垛式和反应器系统。条垛式的垛面可以是梯形、三角形或不规则的四边形，通过定期翻堆来确保堆体中的有氧状态；强制通风静态垛式是在条垛式的基础上，不是通过物料的翻堆而是通过强制通风向堆体中供氧，其堆肥时间较短，温度和通风条件能得到较好的控制，操作费用较低；反应器系统实际上是密闭的发酵仓或塔，占地面积小，可对臭气进行收集整理，但投资和运行费用较高。

(4) 湿式氧化

污泥湿式氧化（WO法）包括水解、裂解和氧化等步骤，是将污泥置于密闭反应器中，在高温、高压条件下通入空气或氧气作为氧化剂，按浸没燃料原理使污泥中的有机物氧化分解，将有机物转化为无机物的过程。湿式氧化可使剩余污泥中80%～90%的有机物被氧化，故而又称为部分焚烧或湿式焚烧。

湿式氧化法是目前世界范围内新兴的一种污泥处理方法，能够使污泥中几乎所有的有机物都被氧化分解，不但分解程度极高，而且还可以根据处理目标的需要不断进行调节。由于湿式氧化过程中污泥的结构和成分被改变，处理后的污泥主要成分变成矿质化无机物，所以污泥比阻小，脱水性能大大提高（通常可直接过滤脱水且滤饼含水率低）。其缺点是对设备要求耐高温高压，一次性投资费用大，运营成本高，设备较易腐蚀。

(5) 超临界氧化

超临界氧化是指利用水在超临界状态下反应速度快、反应完全和换热效率高的特性，对高含水量含碳污泥在超临界反应器内进行处理的过程。超临界氧化的工艺，首先按一定比例将污泥与水混合，制成含碳料浆并加热加压至临界点温度及临界点压强以上（通常为374.3℃，22.1MPa），使得含碳料浆中的水转化为超临界水，进而通过超临界氧化反应对污泥中的有机污染物进行氧化并加以去除。

污泥超临界氧化工艺中，碳被转化为二氧化碳、氢被转化为水、氮被转化为氮气、硫被转化为硫酸盐在灰分中稳定，相较于传统的污泥处理处置完全没有二次污染。经超临界氧化处理后的污泥有机质转化率超过99%，减容率超过90%，出水清洁，如检测达标可向自然水体排放；此外，污染物氧化产生的热量亦可回收。

7.7.2.4 污泥气化

污泥气化是将干燥污泥在高温（700～1000℃）下部分氧化，使有机物转化为合成可燃气体（主要由H_2、CO和CH_4组成）的过程。污泥气化包括四个阶段：干燥、热解或脱挥发分、燃烧、炭气化还原。根据气化条件，污泥气化又可分为空气气化、蒸汽气化、超临界气化。气化可以减少污泥体积，并将污泥中的重金属固定在残留物中，浸出毒性低，处理成本也相对较低。

污泥气化作为一种高效清洁且在一定程度上可以实现能量自给的污泥处理技术，正日益受到学术界和工业界的关注；相较于传统的污泥气化工艺，污泥的超临界水气化、等离子气化和催化气化等技术，由于对污泥的能量利用率更高亦引起研究人员的极大兴趣。

目前关于污泥气化焦油性质的研究还不够深入，关于污泥气化残渣的利用还需进一步挖掘；此外，设计高效廉价、操作简单的气化炉，建立污泥气化评价指标体系，以及确定操作范围内的最佳气化条件，都是污泥气化技术的开发重点。

7.7.2.5 污泥热解

污泥热解是利用热化学在缺氧或无氧的环境下，把有机物质转换成生物油、烧焦物、合成气体和反应水的过程。该过程通常在双重反应系统中进行：第一个反应器中，60%以上经过脱水的污泥（含固量在90%～95%）在450℃下挥发；第二个反应器中，产生的气相成分和烧焦物在一起，发生各种反应，获得生物油产品。污泥热解是非常复杂的化学反应过程，其中包括了大分子断裂、小分子聚合以及异构化等复合反应。

一般将污泥热解分为三个阶段：第一阶段污泥中含有的水分析出；第二阶段污泥中含有的挥发分析出；第三阶段为焦炭燃尽阶段。热解的温度不同，产物的产率也会不同。与污泥焚烧相比，污泥热解的主要优点如下：

① 污泥的减容率虽然不及焚烧，但仍可达到50%以上（视污泥性质而定），同时污泥热解产生的飞灰更少；

② 污泥热解在缺氧或无氧条件下进行，不会产生二噁英等有毒物质，而且对污泥中含有的重金属起到了很好的固定作用；

③ 污泥热解产物可以实现资源的有效回收——残渣可以制成吸附材料或固体燃料，液体可以作为燃料油，气体可以作为燃气储存；

④ 污泥热解设备占地小、投资省、适应性更强。

7.7.2.6 污泥资源化

（1）建筑材料

由于污泥中含有20%～30%的无机物，尤其是混凝法处理废水的污泥中更含有大量的铝、铁等成分，经焚烧后灰渣可替代部分水泥原料；若添加一定量的石灰，经高温焚烧还可制得质量符合相应标准的生态水泥。污泥制水泥技术成熟、管理简单、操作方便，符合循环经济和可持续发展战略。

将污泥经过一定处理筛选后，与其他原料混合（如黏土、页岩、煤矸石、粉煤灰），加压成型、焙烧后可以制得污泥砖。该方法不仅能够在坯料中杀死有害病菌，同时充分利用了污泥的热值，减少了烧砖能耗；经过条件优化，污泥砖的主要指标不但能够达到普通烧结砖的相应标准，而且空隙多、砖质轻，还具有一定的隔声隔热效果。常见的污泥制砖有两种工艺方法，分别为污泥焚烧灰制砖和干化污泥直接制砖，目前市场上以干化污泥直接制砖为主。

污泥制轻质陶瓷是用污泥做主要原料，以黏土和炉渣做辅助原料，经过焙烧、成球（常用回转窑焚烧）形成具有一定硬度的污泥陶粒。但是利用污泥制陶粒有一定的要求，即污泥的化学成分和基本指标要保持稳定，例如 SiO_2 含量为 52.0%～60.0%、Al_2O_3 含量为 16.0%～17.5%、Fe_2O_3 含量为 6.9%～9.0%、CaO 含量为 0.9%～1.8%、MgO 含量为 1.2%～1.9%等。

（2）纤维板

由于污泥中含一定数量的细菌蛋白，利用活性污泥中所含粗蛋白（有机物）与球蛋白（酶）能溶解于水及稀酸、稀碱、中性盐水溶液这一性质，可将污泥制成生化纤维板。首先将污泥在碱性条件下加热、干燥和加压，使其发生蛋白质的变性作用，制成活性污泥树脂（又称蛋白胶），然后与漂白、脱脂处理的废纤维压制成板材。该种纤维板的品质要优于某些硬质纤维板，同时又减少木材的砍伐。

（3）黏结剂

城市污泥中含有大量有机物，有一定的黏结性能与热值，可制备成型煤黏结剂。城市污泥替代白泥可以改善高温下成型煤的内部孔结构，提高成型煤的气化反应性，降低燃烧后灰渣中的残炭，提高碳转化率；同时污泥在高温气化炉内被处理，潜在的二次污染亦被消除。

（4）吸附剂

活性炭是一种高效吸附剂，理论上任何含碳物质都能成为活性炭的制备原材料，而城市污泥中含有丰富的有机碳，以此为原料在一定温度下可以通过化学途径将其制成类活性炭吸附剂，反过来又可用于各种污水处理。

（5）饲料

因城市污泥中含有蛋白质、维生素和痕量元素，利用已净化的城市污泥加工成蛋白质饲料喂鱼，或与其他饲料混合喂禽，可提高鱼禽产量（肉质稍差）。但是如果城市污泥未经预处理而直接制成污泥饲料，部分有毒有害物质可能会在动物体内累积带来潜在危害，其风险还有待于进一步研究和评估。

7.7.2.7 最终处置

正如所有其他废弃物一样，无论以何种技术转化，污泥总有无法被彻底转化的部分需要进行最终处置。污泥最终处置方法包括高温焚烧、卫生填埋、土壤利用等。

（1）高温焚烧

高温焚烧是一种常见的城市污泥最终处置方法，是指污泥中的有机物在高温条件下与充足的氧气发生燃烧反应后彻底转化为CO_2和H_2O等产物，从而实现污泥减容、减量和无害化的技术。要达到良好的处理效果，应满足"3T"原则，即保证合适的焚烧温度（temperature）、可燃质和氧气的充分混合（turbulence）以及反应完成所需的停留时间（time）。

通常，提高焚烧温度有利于废弃物中有机毒物的分解和破坏，并可抑制黑烟的产生。但是在高温条件下，污泥的升温速度快，水分和挥发分的析出速度也越快，会使污泥在焚烧初始阶段易破碎，增加飞灰损失；同时过高的焚烧温度不仅增加了燃料的消耗量，而且会使氧化氮增加，重金属的挥发性提高，引起二次污染。合适的温度是在一定的停留时间下由试验确定的。

空气是影响城市污泥焚烧的另一个重要因素。污泥焚烧时必须有氧气助燃，氧气则由空气提供。空气量不足则燃烧不充分，空气量过多则加热空气反而会消耗额外能量，一般以50%～100%的过量空气为宜。

城市污泥的焚烧一般有两种不同的投泥方式。采用间断式投泥，投加周期和投入量决定了污泥在炉内的停留时间，停留时间越长焚烧的处理效果越好；采用连续式投泥，投入量和在炉内的停留时间决定了污泥的焚烧量，停留时间越长焚烧处理效果反而越差。

焚烧可迅速、有效地将城市污泥无菌化和减量化，通常热能可以自给，甚至可以从焚烧排气中获得剩余能量用于并网发电，其燃烧产物也可以得到有效的后续处理处置。当然，污泥焚烧也存在一些问题：初级污泥含水率较高（多在60%以上）而净热值较低，导致预处理设施投资大，能耗及维护费用高；污泥焚烧也容易产生细小颗粒物和有毒有害气体，为避免二次污染必须处理排放的烟气，等等。这些问题也都是值得关注和需要解决的。

（2）卫生填埋

卫生填埋是指把城市污泥运到限定的区域内（山间、峡谷、平地和废矿坑等）铺开压实为薄层，至一定厚度再覆盖惰性土壤；已封闭的填埋场加以由黏性土壤组成的最终覆盖层，上面可以种植绿色植物。

卫生填埋可分为混合填埋和单独填埋。混合填埋指城市污泥与生活垃圾充分混合、平展、压实，一起填埋处置；单独填埋指城市污泥经过简单灭菌，在专门的填埋场地进行填埋处置，并进行必要的生态修复。

卫生填埋操作简单，污泥无需高度脱水（自然干化），无毒无害化综合成本较低。

但同时卫生填埋也存在许多问题，如处理周期过长（污泥稳定化时间为 2～7 年）、侵占土地严重、填埋坑的渗滤液可能导致土壤和地下水污染等。正是由于这些缺点，导致填埋方法受到限制，所以有些国家和地区明文规定，只允许不具备任何综合利用条件的污泥才可以采用卫生填埋处置。

（3）土壤利用

城市污泥中含有丰富的有机质、氮、磷、钾等有益成分，同时具有强黏性与强吸水性，能明显改善土壤的理化性质，有利于形成土壤团粒、增强保水能力、减少水土流失，显著提高土壤肥力与生物活性，实现农业生态环境的良性循环。因此土壤利用也是城市污泥处置的重要潜在途径之一，确保稳定化和无害化处理后可以应用于农田、菜地、果园、市政绿化，以及局部地区的土壤修复与重建等。

8 零废弃的理论与实践

第 7 章对于典型的几种工业废弃物，我们探讨了它们的处理和处置技术，这是从物质的角度出发来看零废弃；然而不同的废弃物由不同的社会行业产生——可能一个行业产生多种废弃物，也可能一种废弃物来自于不同的行业——所以有必要从行业的角度来研究相关废弃物的管理和控制，找到不同行业下零废弃的理论与实践（zero waste theory and practice）。

8.1 化工行业

化工行业（chemical industry）在国民经济中占有重要地位，是国家的基础产业和支柱产业。化工行业的发展速度和规模对社会经济的各个部门有着直接影响，据不完全统计，世界化工产品年产值已超过 15000 亿美元。

由于化工行业门类繁多、工艺复杂、产品多样，从而在加工、储存、使用等环节都有可能产生种类多、数量大、毒性高的各种废弃物。要想在化工行业实现零废弃，绿色化学的概念十分重要。

8.1.1 绿色化学

虽然业界有着不一样的各种定义，但是绿色化学一般可以从化学物质和化学工艺这两个方面来考虑对生态环境的影响。

（1）化学物质方面

从化学物质角度来说，绿色化学提倡尽量使用天然原料或者生物原料进行后续加工。使用天然原料的好处是主原料可以从自然中直接获取，从而避免由于消耗辅助原料而产生废弃物，如采矿过程中产生的尾矿以及对矿物质提纯加工过程中产生的废弃物；另外，无论是使用天然原料还是生物原料，无论其工艺转化率高低，加工的剩余原料也还是天然物质或者生物物质，要么无需处理，要么易于降解，总而言之不会产生难以处理的废弃物——这本身就是零废弃。

天然原料的例子不胜枚举，因为自然界可直接利用的化工原料本来就很多，一般都是因地制宜就地开发；生物原料近年来也得到了长足发展，以乙醇生产为例，虽然直接使用粮食制造乙醇等在国际学术界仍有争议，但是利用农林副产品如甘蔗制糖后的糖蜜废水发酵制造乙醇，或者利用部分粮食植物的秸秆发酵制造乙醇，都是毫无争议的零废弃实践。

（2）化学工艺方面

从化学工艺角度来说，绿色化学要求同等条件下更低的能耗和不同条件下更高的物质转化率。同等条件下更低的能耗可以减少二氧化碳的排放，虽不能直接减少固体废弃物的产生，然而其对环境也是友好的；更高的物质转化率将直接有助于废弃物减量，尽管转化率不可能达到 100%，实在无法转化的几个百分点就交给回用或者回收去解决。

那么如何改变条件来提高物质转化率呢？

首先是选择更好的工艺设备，做好物料平衡，不能无故浪费参与反应的原料。前面第 4 章曾提到，浪费的物料变成了废弃物是最可惜的，既有经济损失又有环境代价。所以设备的配套一体化以及连续密封性都对提高转化率有帮助。

其次是选择更好的工艺路线，例如通过催化剂的使用来影响反应平衡，或减少反应步骤。每一步反应都有它的转化率上限，因此反应步骤越多则意味着最终转化率越低。合理的催化剂使用由于降低了反应的活化能，以热平衡的改变去影响反应终点来达到更高的单级转化率，或者以不同的反应机理去改变目标产物的生成路径，从而以更少的反应步骤来提高多级反应的整体转化率。

最后反而也是最重要的条件改变是优化生产管理。绿色化学需要一个绿色工厂，绿色工厂来自高水平的生产管理。拥有完整的质量体系，以及与之相对应的标准工作程序(Standard of Operation，SOP)，是确保非技术性损耗的必要前提。工厂的实践告诉我们，通过体系内的培训可以明显提升一个生产单元的转化率。

8.1.2 处理工艺选择

然而即便是实现了绿色化学，也不能完全消除化工废弃物的产生。一个制造化学产品的工厂采用技术合理，成本合适的废弃物处理工艺（包括配套设施以及外部服务）还是非常重要的。

无论是从政府的管控层面，还是从经济利益角度，化工厂一般会选址在特定的工业园区（关于园区的整体废弃物处理处置方案将在 8.7 部分详细讨论）。化工厂要充分利用园区既有的配套资源和服务来实现零废弃：

① 如果是同一产业类型的化工园区，那么园区一般会按照产业规模设计建设与之配套的废弃物处理处置设施或工厂；

② 如果是上下游一体化的综合园区，那么园区里面一般可以“找到”（本来应该就有）废弃物循环利用的其他企业；

③ 即便园区内没有对废弃物处理处置或循环利用的配套服务，一般也会提供诸如行政审批、配额协调、统一物流等便利条件，使得园区各种废弃物可以与外部处理处置的资源合理对接。

在充分考虑和利用各种内部外部资源后，处理工艺的选择就相对清晰和明确了。尽管废弃物处理的工艺方案有很多种，专业的处理企业也很多，然而其选择无外乎于以下几个大方向。

（1）流动相到固定相

分散于气相（载体多为空气）或者液相（载体多为水）的废弃物细微颗粒一般不太容易直接处理。

① 对于气相的情况，采取各种颗粒物捕捉的方法（可以参考各种工业除尘工艺），先把废弃物颗粒从空气中收集下来再进一步处理；

② 对于液相的情况，需要通过混凝、絮凝、沉降、过滤、脱水甚至干化等方法，

先把废弃物颗粒（包括分散度极高的胶体）从含有废弃物的“废水”中分离出来再进一步处理；

③ 对于总量不太大的气液相废弃物，偶尔也会使用物理手段，通过压力与温度的改变使废弃物由气相和液相直接变为固相，以便后续的转移或处理。

（2）有机到无机

在第 7 章的论述中我们不难发现，相对于种类繁多、处理复杂且环境危害难以评估的有机废弃物，无机废弃物相对简单，也较容易资源化。所以，化工废弃物处理的一条重要原则便是将有机废弃物无机化，其主要方法如下：

① 在气相中通过氧气以高温焚烧的方法将有机物中的碳直接氧化为二氧化碳排放；

② 在液相中通过强氧化剂（双氧水等）的作用打断有机物的碳链，将大分子有机物分解为小分子有机物以利于进一步分解为无机物，同时某些小分子有机物也被直接无机化成为二氧化碳或碳酸盐（取决于液相中的其他阳离子以及溶液的 pH 值）；

③ 固相中的有机物废弃物，没有回收价值的可以直接焚烧处理，有回收价值的则可以借助冶金工业的高温熔炉将有机物无机化，同时将其中所含的各种金属进行回收。

（3）危险到无害

无论是从管理的难易度来看，还是从处理处置的成本来看，任何一个化工企业都希望减少危险废弃物，即危险废弃物的无害化。因为危险废弃物的储存、转运和处理处置都需要特别的资质、工艺和许可，且由此而带来的处理处置成本通常是同类废弃物（无害废弃物）的 10 倍以上。危险废弃物的无害化通常有以下途径。

① 化学法　选用常见的化学药剂和简单的反应路径将危险废弃物转化为其他废弃物，甚至变成可另作它用的化工原料。此法经济合算，是首选。

② 生物法　某些危险废弃物可被特定生物（主要是微生物）部分降解，虽然既不消除也不减量，但是通过生物作用，危险废弃物中的有害成分可被转化成其他成分。尽管生物反应的时间比较长，转化也不十分彻底，却也不失为一种选择。

③ 物理法　物理法基本上都是采用热分解，即在一定的高温下（必要时施以催化剂以降低分解所需的温度）使危险废弃物中的有害成分得以分解。有别于高温焚烧，这里所采取的策略并非将危险废弃物完全氧化，而是最低限地把其中的有害成分分解为无害成分即止；不过有一点类似于高温焚烧，物理法无害化对设备和能耗有要求，乃不得已而为之。

8.2　机械行业

我们一般所说的机械行业（machinery industry）是指狭义上的机械工业，即机器制造工业，主要包括农业机械、矿山设备、冶金设备、动力设备、化工设备以及工作母机等制造工业。机械行业素有“工业的心脏”之称，是其他经济部门的生产手段，也可说是一切经济部门发展的基础。机械行业的发展水平是衡量一个国家工业化程度的重要标志。

8.2.1 行业特点

机械行业是产生废弃物的“大户”和“困难户”，为什么这样说呢?

其一，机械行业从原料到产品基本上都是体积大、质量大的东西，无论是制造的哪一个过程所产生的废弃物，以体积和质量计算都会在工业废弃物中占有很大的比例，无论如何后续处理都需要很大的人力物力以及能源消耗。

其二，机械行业中的成型加工比较多，当原材料的形状尺寸不符合最终要求的时候(因为初级制造和物流等原因，原材料的形状一般规整，尺寸往往偏大)，切割、打磨、钻孔等作业必然会产生相对于原材料细小、分散、混杂（含有辅材辅剂)，且难以处理的各种废弃物。

其三，机械行业以离散为主、流程为辅、装配为重点。基于这个行业特性，机械行业在生产经营过程中又具有以下几个对废弃物产生和处理影响极大的特点。

① 生产计划的制订与生产任务的管理相对繁重。一般离散型机械制造业企业由于主要从事单件、小批量生产，产品的工艺过程经常变更，由于主要是按订单组织生产，很难预测订单在什么时候到来，因此，废弃物的产生时间和量也就非常不确定。

② 自动化水平相对较低。机械制造业企业由于主要是离散加工，产品的质量和生产率很大程度上依赖于工人的技术水平，自动化主要在单元级，例如数控机床、柔性制造系统等。因此，操作的技术水平差异导致废弃物的产生率（原材料的转化率）也不确定。

③ 生产设备的布置一般按照工艺进行而非按照产品进行。由于每个产品的工艺过程都可能不一样，需要对所加工的物料进行复杂的调度，并且中间品需要进行跨车间或跨区域的转运。因此，转运过程中所需的保护和标识等也会产生各种各样的废弃物。

8.2.2 相应对策

由于机械行业的这些特点，其零废弃的方向也必须要有针对性地，从以下三个方面去考虑。

(1) 化零为整

既然废弃物产生的时间和量都不确定，那么各个产生废弃物的单位也就无需花大力气去处理处置这些“瞬间”产生的废弃物；可以分门别类地将废弃物存放于仓库，等积累到一定的量再由专门的物流公司送至专门的废弃物处理处置企业集中完成。

（2）平衡供需

回顾第 4 章的物料平衡，由操作和工艺所决定的原材料利用率问题，是机械制造过程产生废弃物的主要因素。如果能通过上下游供需平衡的有机连接，将下游客户所需要的机械尺寸直接对应到上游供应商的原料订单，不但可以节约整个供应链成本，更能减少离散加工过程中的无谓损耗，也就是实际上出自原材料的废弃物。

（3）规模配套

由于复杂的中间过程所带来的同一工厂内部以及跨工厂的转运是包装、保护和标示类废弃物产生的根源，所以整个产业的规模化和协作化对于废弃物减量就显得尤为重要。可以通过建设规模化或协作化产业园区来降低单位生产总值（GDP）的废弃物产生量。8.7 部分将对此展开讨论。

其实，作为历史悠久的传统行业，机械行业在废弃物转化的方法上很早就有各种积极的探索。

机械设备特别是大型机械设备，由于其价格昂贵，一般在企业的财务报表里都是作为固定资产进行折旧，无论是五年还是十年，一旦折旧结束，财务上设备可以报废。然而该设备的本体很有可能并未彻底损坏，仅仅是由于零部件的磨损，或者是客户需求的升级而导致的物理报废着实可惜。所以，对于“废弃”机械设备维修（包括软硬件的升级）成为首选。

机械设备的回收体系在各主要工业国家建立较早，且比较完善。大型机械设备在彻底报废后，其中绝大部分金属材料可以很好地回收，经过重新冶炼成为新的金属原料，这里不再赘述。

另外近年来发展较快的再制造，其实也是从机械行业最早开展起来的。当报废的机械设备无法维修或升级，而直接送去炼铁又“心有不甘”时，再制造的想法自然而然就出现了。前面第 6 章讲到，再制造最初是一种对废弃产品实施高技术修复和改造的产业，高技术修复和改造不同于使用原有的工艺修理和升级，大型设备中的关键零部件得益于新兴工艺技术的支撑，完全可以用不同的方法使其恢复原有功能。非常典型的例子如精密轴承的表面，最初是通过精密机床的切削打磨来达到平整度的要求，而如今可以通过离子镀层覆盖的方法达到同样的效果，且可以重复修补。

当然，利用废弃的机械设备，通过对其原有零部件的拆解和组合，配以其他必要的零部件而制造成全新的另外一种机械产品，当前在各发达工业国家也得到了大量的应用。其实追根溯源，这一思路可能最早出现在苏联，据说第二次世界大战后很多报废的坦克车被拆掉了炮塔和装甲，加装了其他辅助机械结构后变成了结实可靠的拖拉机，又勤勤恳恳地为西伯利亚的农业耕作服务了好几年。

8.3 汽车行业

汽车制造在发达工业国家的经济发展中，起着重要支柱的作用：在产值和销售收入中，汽车制造占较大比重；汽车制造的发展必然会推动许多相关工业部门的发展；汽车制造是高度技术密集型的工业，集中了许多科学领域里的新材料、新设备、新工艺和新技术。

虽然广义上的汽车行业（audomotive industry）除了汽车的制造，也包括汽车的销售、维修和金融等，但是本书所讨论的汽车行业的零废弃，则聚焦在汽车制造这一层面。所以下面针对汽车制造的过程——主要是汽车生产线的四大车间，来探讨如何减少废弃物，以及废弃物的回收利用的各种途径。

8.3.1 产生源头

无论是传统能源汽车制造厂，还是新能源汽车制造厂，都有为人所熟知的四大车间：冲压车间，按要求生产各种车身钣金零部件；焊接车间，将各钣金件按要求焊接在一起形成白车身；涂装车间，将白车身进行表面电泳、面漆处理，防止车身锈蚀；总装车间，完成整车所有零部件装配及整车下线检测，最终形成可销售的商品车。很显然，这四大车间都会产生各种不同的废弃物；而且基于如今的汽车制造厂为了降低单位成本生产线的规模都很大，所以四大车间分别产生的废弃物总量也是极其巨大的。

（1）冲压车间

在冲压车间可以看到各种大型机械加工设备，诸如行车、开平机、展平机、滚压机、折弯机、剪板机、液压机床、冲床等，而其中剪板机与冲床的作业则是该车间废弃物的主要来源。

汽车制造厂从钢铁制造商购买的汽车用钢板（主要是不同规格的钢铁卷材，也包括铝合金板材等），由于钢铁厂锻造设备的限制，其尺寸一般都是固定的，所以到了汽车制造厂以后要按照具体车型的尺寸进行切割和裁剪（部分中小型汽车制造厂也会将此工序外包），而经过切割和裁剪，主要是宽度裁剪下来的金属板材边角料就成了该车间废弃物的一大部分。

与此同时，不同的车型所需要的钢板也不是铁板一块，而是在必要的部分开窗、开孔和开槽，以便安装各种零部件——这又需要各式冲床的冲压工艺。冲床所冲出的金属料块一般也无法在汽车加工厂内部二次利用，它们将和裁剪的边角料一起成为金属废弃物。

当然，如同其他机械加工工厂，冲压车间因为车款改型而定期报废且无法回用的各种模具本身也是一部分金属废弃物；另外车间里还有各种废弃的润滑油和切削油（液），根据相应的法律法规，通常将其认定为危险废弃物。

（2）焊装车间

焊装车间的设备主要有行车、锯床、切割机、弧焊机、CO_2 保护焊机、弯管机、蒙皮张拉机、电阻焊机、等离子切割机、可调节合装平台等。除了锯床和切割机会继续产生一小部分与冲压车间相似的金属废弃物外，大量的焊装作业（主要是弧焊机和点焊机，不包括激光焊接）会产生焊渣飞溅物——金属氧化物的颗粒；同时，无论是焊接防溅液还是在焊装车间使用的密封胶，含有残留液体和残留胶水的来料桶也是很大一部分固体危险废弃物。

此外，生产线上会产生一定的金属烟尘，主要成分为氧化铁、氧化锰、二氧化硅、硅酸盐等。这部分烟尘经过静电除尘或过滤除尘设备，收集下来细小的金属氧化物颗粒（比焊渣更小）也是焊装车间的一部分废弃物。

（3）涂装车间

涂装车间一般有移栽行车、纯水制备系统、电泳系统、高温烘干房、稳压储气罐、喷漆房、低温烘干房、打磨间、升降平台、液压吊栏、地面输送链、平移车、调漆系统、自动喷涂机、空调系统、CO_2 消防系统、污水处理系统、车间换气泄压系统，等等。与冲压和焊装两个偏机械和物理工艺的车间有所不同，涂装车间引入了大量的化学和电化学工艺，所以其废弃物的种类也与车间冲压和焊装大为不同。

汽车的金属件在涂装之前必须进行有效的清洗，若使用典型的清洗工序，脱脂后残留的表面活性剂会以 COD 的形式出现在车间外排的废水中；磷化工序后残留的锌、锰、铁、镍和磷酸根也会流入废水；同样，上漆后的纯净水清洗也会将残留的电泳漆带入废水，所以喷涂车间会产生大量高 COD 甚至带有金属离子的废水，而废水的处理又会把这些污染物转化为物化污泥和生化污泥，这是涂装车间固体废弃物的一大来源。

当然这些废水在离开涂装车间之前，为了减轻废水处理设施的压力，还会采用一道去除水中较大漆渣的工艺。如果使用湿法文丘里水吸附，从水幕上刮掉的和从循环水中滤掉的漆渣，经压滤机过滤后成为固体危险废弃物；如果使用干式石灰粉吸附，由生石灰（粉）吸附的漆渣，尽管含有微量金属成分（源于漆色添加剂），但氧化钙和（漆体）树脂的混合物却一般被认定为普通废弃物。

此外，由于各种溶剂的使用，电泳烘干、涂胶 PVC 喷涂、中涂喷漆线、中涂烘干、面漆喷涂线、面漆烘干、塑料件喷涂线、塑料件烘干等环节都会产生 VOCs。为了保证车间工人的健康又不污染大气，喷涂车间的各类排风装置一般会配备 VOCs 的处理设施。根据涂装车间的排气量通常都很大这一特点，常用的 VOCs 处理工艺如沸石转轮加蓄热式热力焚化炉（Regenerative Thermal Oxidizer，RTO），其 VOCs 的处理效率可达 90%以上，甚至达 99%，但是在使用了一定年限后报废的沸石也会成为危险废弃物。

除了以上各种工艺废弃物，其实涂装车间还有大量的废油漆桶和废胶桶产生。这些废桶大部分无法回收利用，于是也都成为有害废弃物。工厂新车的日产量越大，废油漆桶和废胶桶的产生量也越大，基本上与新车日产量成正比。

（4）总装车间

设备总装车间主要涉及的设备基本上都与各种零部件的装配有关，如行车、手动滚压机、型材切割机、电锯、电刨、CO_2 保护焊机、板式输送链、转盘、电动送料车、手动铲车、管路密封检测机、车辆检测线、同步举升机等。到了总装车间理论上整车装配已经不会产生很多废弃物，只是由于汽车行业是供应链高度成熟分化的行业，这里会有大量有包装的零部件从厂外送达，以及大量有保护的零部件从其他车间送来，于是各种各样的包装材料将在总装车间（包括从其仓库）拆包后，其中不能返回零部件供应商回用的部分，将被作为包装废弃物处理。

此外，最后的总装车间也还是有一些工序（诸如玻璃贴膜）需要涂胶，所以总装车间也还是会产生一些废胶桶之类的危险废弃物。

8.3.2 零废弃机遇

从前面的描述可以看到，即便是不考虑汽车的销售、维修和金融，也不考虑汽车的产业链，仅仅是汽车制造工厂的四大车间，每天都会产生大量的废弃物——行业平均数据显示每生产 1 辆汽车，大约会产生 1t 废水、200kg 固体废弃物、20kg 危险废弃物和 0.5kg VOCs 排放。当然，越是废弃物多的地方，其消除、减量、回用和回收的空间也就越大，由此零废弃的驱动以及效益也就越大。

（1）冲压车间

由切割、剪裁和冲压产生的金属边角料，除了在车间沾染了一些机油或切屑油（液）之外，从材质上来说完全等同于汽车用金属板材的原料，所以完全可以直接送回钢铁制造商的工厂重新冶炼做成新的同材质产品。在钢铁厂的高炉内，熔融带温度大约在 1350～2000℃（燃烧带火焰温度理论值可达 2000℃以上），已经远远高于一般危险废弃物的焚烧控制温度（大于 1100℃），也高于对多氯联苯类危险废弃物的焚烧控制温度（不低于 1200℃），所以金属边角料所携带的少量油污和液体，可以在炼铁高炉内被彻底氧化和无害化。

当然如同其他各种废弃物，完全依赖冶炼回收并不是首选。如何减少汽车板材尺寸与车体设计尺寸之差，如何将切割、剪裁和冲压下来的边角料用于细小金属零部件的制造，才是冲压车间、联合汽车设计部门以及原料采购部门需要一起来优先考虑的问题。

至于不得已定期报废且无法回用的各种模具，也需要从优化车体结构设计、共享车型制造平台、延长车款市场寿命的角度，来避免和延缓此类金属废弃物的产生。对于各种机械设备运行所不可缺少的润滑油和切削油（液），可以在成本允许的条件下尽可能选用品质好且寿命长的品牌以减少其使用量；也可以考虑选用一些生物基的润滑油和切屑油（液），它们通常具有可生物降解性、无（低）毒性和可再生性。

（2）焊装车间

在焊装车间，无论是焊渣飞溅物中颗粒相对比较大的金属氧化物，还是由静电除尘或过滤除尘从烟尘中收集下来颗粒相对比较小的金属氧化物，都可以送至钢铁制造商的工厂高炉中还原成金属。

含有残留防溅液和残留密封胶的废桶，一般来说只能作为危险废弃物送至有资质的处理商处置。这部分要想做到零废弃，一方面在可能的情况下应尽量使用较大的桶包装，例如市场上的焊接防溅剂既有25kg/桶包装也有200kg/桶包装，同样的防溅剂消耗量，使用后者所产生的废桶总重量更少；另外可与原料供应商深度合作，将废弃的桶包装送回原料供应商处循环装料使用；再者，如今市场上也有很多包装桶的专业清洗商，无论是几十到几百千克甚至吨包装桶，也无论是各种塑料桶或者金属桶，都有相应的工艺在其自动流水线上将这些包装桶彻底清洗干净，其中绝大部分可以直接回用，破损无法回用的也可以去做塑料或金属回收，也不再是危险废弃物了。

（3）涂装车间

从涂装车间水处理系统产生的污泥，无论是减量、浓缩、稳定，还是资源化，基本上和城市污泥处理处置技术相似，参见7.7部分，这里不再赘述。

至于漆渣的减量化，还需通过喷涂工艺的提升来解决，也就是说，尽量提高各种喷漆工艺的着漆率，最大限度地把油漆固定在料件的表面而不是浪费在废水废渣里面，减少油漆浪费的工艺改进项目会带来很大的投资回报。

由于VOCs处理工艺而产生的沸石等废弃物总量并不大，而且会随着VOCs处理工艺的不断革新进一步减少甚至消除；至于涂装车间大量的废油漆桶和废胶桶，其零废弃的出路基本上是和焊装车间的废液桶和废胶桶一样，即总体减量、直接回用，以及清洗无害化后回用或回收。

（4）总装车间

由于总装车间产生的废弃物主要是各种各样的包装材料，所以如何减少包装将是总装车间，或者准确地说是整个汽车制造工厂实现零废弃要重点考虑的问题。其实包装废弃物的减量化是个很大的话题，不单单是汽车行业，下面要讨论的消费电子行业和零售行业都有这样的压力和挑战。

关于包装废弃物的处理处置技术，根据包装材料的种类而异。包装塑料主要去回收造粒，包装纸主要去回收造纸，包装金属去回收冶炼，而包装玻璃（主要是玻璃容器类）也可以去回收玻璃。相对不太好办的是复合包装材料，由于其功能性的要求而将两种或两种以上的不同材料加工复合在一起，往往因为无法分开所以无法回收，只能焚烧处理。

其实，所有涉及包装的行业，其包装材料的零废弃都必须考虑以下三点：均质化、通用化以及耐久性。

① 均质化　唯有采用单一材质，包装废弃物才有可能被很好地回收利用。无论使用哪一种复合材料，或者包装材料在实现包装功能的过程中被其他物质所沾染且难以去除，都会因为分离出或清洗出单一材料的成本过高而使得企业被迫放弃包装废弃物的回收利用。

② 通用化　无论物品所需要的包装有多少种，如果它们都采用了相同的材质，例如都是聚丙烯薄膜或者都是瓦楞原纸，那么无论它们以什么形状用在何处，废弃之后都可以收集起来统一回收到塑料厂去造粒或者造纸厂去造纸，这样一来包装废弃物的综合处置成本将大大降低。

③ 耐久性　工业产品和消费商品越耐用，生命周期越长，一定时期内产生的废弃物总量就越少；同样道理，包装材料如果结实耐用，那么二次包装、过度包装的必要性就会大大降低，而且结实耐用的包装材料甚至可以在拆包后直接回用，继续作为下一工序或者其他物品的包装。虽然结实耐用的包装材料其基础成本高于简易的一次性包装材料，但是对于大量长期使用的企业来说，考虑到日渐增长的废弃物处理处置费用，其综合成本说不定反而更低。

8.4 消费电子行业

消费电子行业（consumer electronic industry）是最为新兴的、最为高端的，也是最为复杂的行业。之所以这样讲，主要是因为该行业所涉及的产品，即消费电子产品（consumer electronics）虽然出现较晚，但却集中体现了人类的最高智慧。

简单地说，消费电子产品是指供日常消费者生活使用的电子产品，然而实际上消费电子产品在不同发展水平的国家和地区有着不同的定义，在同一国家和地区的不同发展阶段也有着不同的范围。

最初消费电子产品是指用于个人和家庭与广播、电视有关的音频和视频产品，主要包括：电视机、影碟机（VCD、SVCD、DVD）、录像机、摄录机、收音机、收录机、组合音响、电唱机、激光唱机（CD）等；在一些发达国家，也把电话、个人电脑、小型打印机、电子保健设备、车载电子产品等归在消费电子产品中。随着技术发展和新产品、新应用的出现，数码相机、手机、掌上电脑（PDA）等产品也成为新兴的消费电子产品。进入21世纪以后，电子与信息科技的飞跃，通过小型化和智能化，又使更多的电子产品由工业和商业用品变成个人生活消费品；与此同时，传统电子产品的各项功能高度集成化、一体化、便携化，很多产品趋于人手一台（如智能手机），甚至向穿戴化和植入（人体）化发展。

8.4.1 行业特点

林林总总的消费电子产品，以及消费者对新产品的不断追求，将这个行业推到了产业界相当受瞩目的高度；同时，消费电子行业的废弃物，也远比第7章描述的电子废弃物要广泛得多、复杂得多。主要原因如下。

（1）零部件繁多

普通电子电器产品的零部件就非常多，而消费电子产品出于小型化和便携化等目的，其零部件不仅种类繁多，而且高度集成。越小越复杂的电子元器件，在其使用功能结束后所变成的废弃物（其实是各种金属、非金属和半导体材料的混合物）越难以分离和分拣，会变成数量巨大和体积庞大的电子废弃物（参见7.3部分）。

（2）供应链复杂

当今世界的产业分工非常之细，即便是在同一个行业，最终产品的零部件也都由各个供应商分别和逐级提供；消费电子产品的众多零部件更是由一个巨大的供应链一层一级地传递组装（这些供应链企业本身就涵盖了许多行业），最终在品牌商自己工厂或其代加工工厂完成成品的测试与包装，随后再通过特定的物流体系经仓储和零售到达消费者手中。如此巨大和交错的供应链，在每一次的转运、组装和包装（包括中间生产环节的保护性包装和最终销售环节的商业性包装）中都会产生不同数量、不同尺寸和不同材料的废弃物。这些废弃物在各个工厂的分类管理，本身就是很大的挑战。

（3）材料全球化

制造消费电子产品需要很多种特殊原料，其中的一些稀有金属和贵金属，全球产地和产能非常有限。全球化的原料开采、加工以及物流，其过程中产生的废弃物同样全球化、异地化，因此必然要遵守相应的国际法和国际公约的管控和限制，这进一步加大了废弃物处理处置的综合难度。

（4）劳动力密集

虽然电子零部件，特别是微电子零部件的生产制造自动化程度很高，但其最终的装配和测试，以及部分包装环节，还是非常依赖人的手工劳动，所以消费电子产业总体上还是属于劳动密集型产业。很多消费电子生产工厂或者代加工工厂，一线工人人数上万，乃至十几万甚至几十万。如此巨大的工人基数使得厂区的生活废弃物，包括餐厨废弃物数量巨大。为了更好地组织生产和管理工人，很多工厂还设有员工宿舍生活区，如此一来综合废弃物的产生量，堪比一个小城市。可以说，市政废弃物的处理处置难度有多大，此类大型工厂处理处置废弃物的难度也就有多大。

8.4.2 来源去向

如果我们将消费电子产业供应链最前端的原矿开采和材料制造，以及产品物流销售的商业环节略去，仅仅研究产品的零部件生产和最终组装包装两个部分，大致可以将消费电子行业的废弃物种类、来源和一般去向归结为表 8-1。

表 8-1 消费电子行业生产组装废弃物一览

项目	种类	来源	一般去向
制造原料	金属板边	金属材料切割	金属回收
	金属碎屑	金属材料打磨	金属回收
	塑料碎屑	塑料成型料头	塑料回收
	次品原料	原料检验不合格	原料供应商处理
	不良部件	部件检验不合格	维修或拆解
	……	……	……
生产辅料	塑料托盘/周转箱	厂内或厂间物料转运	塑料回收
	塑料瓶/桶	液体原料存储	塑料回收
	包装泡棉	包装防护	泡棉回收
	纸袋纸箱	原料及成品包装	再生造纸
	木栈板	叉车转运	焚烧
	报废模具	冲压铸造成型	金属回收
	办公家具	办公室升级改造	拆解回收
	文件纸张	办公用纸	再生造纸
	建筑垃圾	厂房新建、改造	填埋
	普通污泥	水池、管道底泥	填埋或制砖
	……	……	……
危险废弃物	废油废液	润滑、切削、清洁等	提炼或焚烧
	废活性炭	过滤吸附	再生或焚烧
	废油桶	燃料用油	清洗回用
	废滤芯	废水、废气过滤	再生或焚烧
	废灯管	厂房照明	破碎填埋
	废电池	各种用电设备、仪器	拆解回收
	废油漆罐	涂装	金属回收
	废焊锡罐	焊接	金属回收

续表

项目	种类	来源	一般去向
危险废弃物	生化污泥	水处理设施	无害化填埋或焚烧
	……	……	……
生活废弃物	生活垃圾	个人杂物	焚烧
	生活用纸	洗手间	焚烧
	玻璃瓶	饮料	玻璃回收
	塑料瓶	饮料	塑料回收
	易拉罐	饮料	金属回收
	工作服	破损、换季	焚烧
	瓜皮果屑	个人零食	好氧堆肥
	菜叶鱼骨	食堂备餐	好氧堆肥或喂猪
	废油脂	食堂用油	酯化制皂或生物柴油
	潲水泔水	剩菜剩饭	厌氧消化或喂猪
	……	……	……

8.4.3 流向分析

通过观察消费电子行业中常见废弃物的工厂来源和材料类型，以及仔细研究这些废弃物的一般去向之后，我们可以对照前面第 6 章的各种废弃物转化方法，总结出消费电子行业废弃物的基本流向，大致可以分为以下几种情况。

8.4.3.1 内部回用

因为消费电子产品的制造工厂用到很多的细小零部件，这些零部件在仓库以及各个产线和车间之间的存储或转运都会用到大量的托盘、周转箱——一般为各种材质的塑料制品。与其使用廉价的一次性或易损耗的塑料托盘、周转箱，不如采用相对结实耐用的塑料甚至金属材质的托盘、周转箱，使其能够相对长时间地反复利用。虽然不可避免最终破损，或者因为产品改型而不得已报废，但其环境影响低于每天产生大量的塑料废弃物。

8.4.3.2 外部回用

消费电子行业的上下游供应商之间也要使用大量的转运器具，大的包括包装箱、包装桶、栈板、托盘一类；小的也如同工厂内部的托盘、周转箱一样。这些转运器具通常也是一次性的，供应商给了客户之后就不再收回了（成本已经包含在商品总价之中），而下游工厂在取出零部件之后，就会将这些转运器具作为废弃物处理。如果也能够采用相对结实耐用的器具，并在添加必要的清洁流程之后使得这些转运器具能够在上下游工厂之间反复使用，不但能够减少此类废弃物的产生，还能够降低一部分成本。

8.4.3.3 材料回收

消费电子行业中规模比较大的工厂一般都设有物料回收部门，其主要任务之一就是将可回收的材料统一收集，再送至有资质的专业公司进行回收。可回收，或者说有回收价值的材料包括金属（特别是稀土元素、贵金属和有色金属）、塑料、纸张、玻璃等；与此相配套，这些工厂的附近，甚至就在厂区里面，通常也都有物资回收企业提供从分拣（驻厂或厂外）、打包、物流直至回收和销售的“一条龙”服务。

个别超大规模的消费电子产品装配工厂，其内部就设有塑料回收加工的车间或分公司，直接对本厂的废弃塑料进行挤压、拉丝和造粒，制成再生塑料原料；有的也进一步加工成再生塑料产品对外销售获利。

8.4.3.4 好氧和厌氧

餐厨废弃物中的瓜皮果屑、菜叶鱼骨、废油脂以及潲水泔水，对于家庭或是小餐馆来讲是个麻烦，因为量太小无法规模化处理；而大型装配工厂可以利用其规模优势集中进行处理。

餐厨废弃物中相对含水率较低的瓜皮果屑和菜叶鱼骨等，工厂一般可以找到附近的合作企业进行好氧堆肥处理，经过一定时间的反应这些有机肥料在相关部门鉴定检验合格后可以直接农用施肥；相对含水率较高的废油脂和潲水泔水，工厂一般可以与市政配套的餐厨废弃物处理企业合作，将其运输过去统一厌氧消化，生成沼气用于发电以获取能源。

8.4.3.5 生物柴油

前面提到的餐厨废弃物中，如果油脂的量比较大且油水分离做的又比较好，那么这些废油就可以通过特定的工艺加工为生物柴油，以不同的比例与普通柴油相混合，既可以补充柴油机车和重型机械的原料来源，又可以相对减少污染排放，还降低了这些废油脂作为“地沟油”重回餐桌的风险。

8.4.3.6 牲畜饲料

在市政配套相对薄弱的地区，所有的餐厨废弃物当然也可以去喂养牲畜，在大部分国家和地区主要是喂猪。不过所有餐厨废弃物在喂养牲畜前必须经过高温蒸煮处理，消毒杀菌之余将各种肉类残余分解为蛋白质再作为饲料使用。这也是出于动物权利主义的考量，如果不经分解直接让猪去吃猪肉，是非常不合适的。

8.4.3.7 焚烧发电

如同普通的城市废弃物，大型工厂的生活废弃物也可以在尽可能地分拣减量之后送去焚烧发电；为了减少物流成本，可在厂区或生活区的内部设立小型垃圾压缩站，以减少废弃物存放占地和运输体积。

8.4.3.8 固化填埋

消费电子产品制造工厂所产生的废弃物，不得已而必须要填埋的主要有以下几种。

(1) 建筑垃圾

如同市政建筑垃圾，在获得必要的填埋消纳许可后厂区的建筑垃圾可在指定地点填埋，也包括填海（造田）。

(2) 普通污泥

不含化学物质的普通污泥主要成分是泥沙，因为没有任何环境污染的风险，在满足当地法律法规的情况下可以填埋。

(3) 废灯管等

此类废弃物由于存在薄薄的金属镀层，既无法回收金属也不能简单填埋，所以一般是通过破碎（玻璃成分）后以水泥混凝土固化封存，在政府指定地点填埋。

(4) 生化污泥

含有一定化学物质和微生物细胞的生化污泥来自工厂的水处理设施，不同于市政污水处理厂的污泥，此类污泥也不能直接填埋；在尽可能脱水后于政府指定地点稳定化填埋。

8.4.4 零废弃实践

8.4.4.1 消费电子行业实践零废弃的优势

虽然消费电子行业所产生的废弃物极其复杂，然而在零废弃的实践上该行业却是走在各行各业前列的。尽管前面说到有种种困难与挑战，但是消费电子行业同时具有几个先天优势。

(1) 品牌商意识

当今世界上消费电子产品发展的趋势，是越来越向为数不多的大品牌商所集中；而作为消费类商品，各大品牌商非常重视自身品牌形象的建立与维护。当零废弃成为环境管理的一个高级选项时，品牌商倡导零废弃，既可以确保合规，又可以宣告可持续发展，一举两得。

(2) 价值观引领

消费电子行业作为当今世界上高科技行业的典型代表，整个行业的价值观远远领先于其他传统行业，甚至是在谋求对传统行业的颠覆。在传统行业来看，零废弃这种似乎很难实现的理念，消费电子行业却一定要早早获得成功。

(3) 供应链顶端

消费电子产品面向全球所有消费者，市场巨大；又处于供应链的最顶端，影响力很强。所以消费电子行业可以把零废弃作为可持续发展的要求传递到供应链下游的每一层级，直至初级原料供应商。如此一来，仅仅几个全球品牌企业就能直接影响到几千家形形色色的生产制造型企业。

（4）利润率保障

绝大部分消费电子产品的制造企业都在现代工业化和信息化的快速发展中获得了一定的品牌溢价，而总体相对较高的利润率正是消费电子行业能够拨出充足预算来推动整个供应链来尝试零废弃的一个重要保障。

8.4.4.2 消费电子行业实践经验

事实上，几个全球著名的消费电子品牌商，以及数个消费电子行业代工厂，已经有步骤地实施了他们的零废弃项目，并取得了一定的实践经验。总结下来有以下几个方面。

（1）确定企业的零废弃战略方针

虽然零废弃不属于合规性要求，是可持续发展的理念，但是企业也要像实施合规性要求一样，认真地制订自己的零废弃战略方针——既可以和国家的废弃物管理法律法规相结合，也可以单纯从企业自身特点出发，确定可以达到的目标，授权有执行力的团队，制订能够操作的计划，以及相应的时间表。

（2）准备一定的项目预算

尽管一些实践证明，企业全面实施零废弃有潜在的投资回报率，但是作为项目的启动和推广，必要的软硬件配套以及咨询认证等，每个财政年度还是需要一定的预算来支撑的。

（3）做好各方面宣传、培训和动员

和所有的可持续发展项目一样，零废弃不是自发可以实现的。企业需要有计划地组织宣传工作，开展培训活动，并辅以其他可能的动员手段。这些不仅是对内的，也是可以同步对外的，毕竟零废弃项目的实施需要外部上下游供应商和市政服务的支持。

（4）寻求废弃物转化的工艺技术支撑

企业再好的理念也离不开工艺和技术，而所有废弃物的转化都直接或间接地需要一定的工艺方法和技术手段。通过寻求内部的工艺改造或技术革新，以及外部先进的处理处置路径，把可消除的废弃物归零，不可消除的废弃物在减量后尽可能转化掉。

（5）酌情导入项目的咨询和认证

任何一个企业的技术和经验总是相对单一的，此时在预算允许的情况下，可以根据不足之处合理引入第三方咨询公司，以他们在不同行业和不同客户项目中的交叉经验来作为参考；同时可以考虑对照成熟的零废弃国际标准，以标准认证为手段达成企业的零废弃战略方针。有关标准认证参见第 13 章。

（6）由点及面推广总结

无论是公司的全球部门还是整个供应链，同时同步实施零废弃的确有相当大的难度；比较合理的方法是先选取一个或几个工厂来作为试点，当取得阶段性和区域性的成果之后，结合试点过程中的经验，再向全球部门或者整个供应链推广出去。这样做一来风险较小，二来预算可控，三来阶段性和区域性的结果也易于总结汇报，从而获得各方的进一步支持。

（7）结合品牌的市场运作

再好的项目也离不开必要的市场运作。既然消费电子行业的品牌意识和价值观引领全球，那么在客观事实的基础上做一些市场宣传就理所当然。企业的市场部门或公共关系部门可以通过各种媒体渠道发布企业零废弃的理念、战略目标以及阶段性和区域性的成果，从而直接或间接地提升品牌的价值与企业的社会形象，也有利于提升公司的知名度。

综上所述，消费电子行业很有可能在一个相对较长的时期内继续引领和推动整个工业社会的零废弃理论和实践。

8.5 零售行业

分析零售行业（retail industry）的废弃物，也离不开讨论与之配套的物流行业废弃物。其实零售行业和物流行业本身就有着密不可分和千丝万缕的联系；而且相对于其他行业，零售行业及其背后的物流行业要实现零废弃，并没有太多的经验办法，也最具挑战。

8.5.1 行业特点

零售行业是指通过买卖形式将工农业生产者生产的产品直接售给居民作为生活消费用或售给社会集团供公共消费用的商品销售行业。零售的行业形态有很多种，不同形态的零售有着不同的废弃物来源。要找到零售行业零废弃的机会点，就必须从它每一个形态（业态）的特点去分析。

依据零售的选址、规模、目标顾客、商品结构、店堂设施、经营方式、服务功能等，传统的零售业态根据其产生的历史大致可以分为八种，包括百货店、便利店、超级市场（超市）、大型综合超市、仓储式会员式商店、专业店、专卖店和购物中心。

（1）传统零售业态

① 百货店　是指在一个大的建筑物内，根据不同的商品设立销售区，开展订货、管理、营运，满足顾客对时尚商品多样化选择需求的零售业态。上海的市百一店（Shanghai No. 1 Department Store）、永安百货（Wing On Department Store），日本的八佰伴（Yaohan）和高岛屋（Takashimaya），美国的梅西百货（Macy's）和法国的老佛爷（Galeries Lafayette）都是其中代表。这种大家最熟悉、发展最成熟的零售经营方

式，因其商品种类齐全，所以不同商品的包装废弃物种类也很多，很难实施分拣；因其客流量大，顾客带来的各种个人垃圾也复杂多样；因其注重购物环境和商品陈列，各种货架和辅助设施升级更新后也存在废弃物的处理问题。当然，几乎所有大的百货公司本身就是一个品牌，由于重视商誉和企业形象，一般不会将诸如零废弃这样的社会责任拒之门外。

② 便利店　是以满足消费者便利性需求为目的的零售业态。主要在小的区域范围内提供便利商品和便利服务，其价格水准要高于一般超市的价格。亚太地区消费者常见的有全家（FamilyMart）和7-11（7-Eleven）等。这个业态的定位决定了它不会带来太多的废弃物，无论是后台仓储还是店内消费，甚至顾客会把在便利店商品所产生的废弃物带到店外（市政垃圾箱或家庭垃圾桶）去丢弃。

③ 超市　是指采取自选销售方式，以销售基本食品、生鲜食品、副食品和生活用品为主，是顾客每日需求的零售业态。中国的华联（Hualian）和联华（Lianhua），还有农工商（NGS）都是其中典型。虽然此类超市部分取代了传统的"菜市场"（在某些国家和地区完全取代），但是由于生鲜食品的存在，所以还是会在其后台工作区域产生大量的餐厨废弃物（餐前垃圾）；另外为了达到规格化和条码化，各种商品运输包装和二次包装也是纸类废弃物的一大来源。

④ 大型综合超市　同样是指采取自选销售方式，以销售大众化实用品为主，满足顾客一次性购买需求的零售业态。法国的家乐福（Carrefour）和欧尚（Auchan）是全球知名的典型代表。它与超市的不同之处不仅在于营业面积更大，更主要在于商品之全，从某种角度来说是结合了百货商店和超市的特点且加大规模。所以大型综合超市的废弃物来源也相当于综合了百货商店和超市两方面的来源。

⑤ 仓储式会员式商店　是指会员制的仓储式商店，沃尔玛（Walmart）和麦德龙（Metro）都属于这一类型。不过虽然都是会员制，但是方式不一样：以沃尔玛为代表的仓储式商店直接面向个人和家庭消费者；以麦德龙为典型的仓储式商店则类似三级批发商，面向社会团体、中小商户。无论是哪一种方式，因为其货仓面积很大，基本上是把制造商的产品连同出厂或物流包装直接销售给终端消费者，所以单位货品产生的包装废弃物较少（由于出货量大，所以废弃物绝对量并不小）；又因为采用会员制来锁定客户，所以固定的消费者常常自备各种耐用的包装物来购买无包装或简易包装的商品，于是间接地减少了商家的包装废弃物。

⑥ 专业店　是指以经营某一大类商品为主，并且备有丰富专业知识的销售人员和适当的售后服务，满足消费者对某大类商品选择需求的零售业态。典型的有经营体育类商品的迪卡龙（Decathlon）、经营电子电器商品的国美（Gome）和经营建材家居商品

的百安居（B&Q）等。此类商店在某一类产品上品牌齐全可供消费者挑选，所以无论是产生何种废弃物（取决于商品），其种类会相对比较单一。

⑦ 专卖店　是指专门经营或授权经营制造商的品牌，适应消费者对品牌选择需求的零售业态。这种专卖店常常以连锁店的形式出现，经营的商品虽然是同一品牌，但是常常有很多类别，例如世界闻名的奢侈品牌爱马仕（Hermès），它的经营范围涵盖了马具、皮具、香水、服装、丝巾、餐瓷、钟表、珠宝等；还有深受小朋友们喜爱的迪士尼（Disney），其专卖店里销售有服装、文具、玩具、书籍、音像制品等。这些专卖店一般营业面积不大，客流也不太多（个别地区的旗舰店除外），日常产生废弃物的总量不是很大（尤其是奢侈品专卖店），然而废弃物种类却相对繁多。

⑧ 购物中心　是指企业有计划地开发、拥有、管理和营运的各类业态、服务设施的商业结合体。与百货公司不同之处在于其三权分离，物业、管理、经营形成独立三方。比较典型的代表如上海环球港（Global Harbor）和港汇恒隆广场（Grand Gateway 66），还有起源于美国的大小奥特莱斯（Outlets）。购物中心的废弃物总量大、种类多，还有巨大客流带来的各种生活垃圾，这些都依赖于其商业化运作的物业方向经营方和管理方统一收费来处理处置。

（2）无实体店铺零售业态

除了以上传统的 8 种有实体店铺的零售业态，一直以来我们也能接触到另外 4 种无实体店铺的零售业态。

① 上门推销　企业销售人员直接上门，挨门挨户逐个推销。国际著名的美容化妆品牌雅芳（AVON）就是这种销售方式的典范。

② 电话电视销售　这是一种相对新颖的无店铺零售形式。其特点是利用电话、电视作为沟通工具，向顾客传递商品信息，顾客通过电话直接订货，卖方送货上门。在上海有大家熟知的东方 CJ（OCJ）。

③ 自动售货　利用自动售货机销售商品。第二次世界大战以来，自动售货已被大量运用在多种商品上，如香烟、糖果、报纸、饮料、化妆品等。与实体店铺相似的是，一部分自动售货机由品牌商直接运营，自动贩卖同一品牌下的各种商品；另一部分由物业或物流公司等运营，自动贩卖不同品牌的各种商品。

④ 购货服务　零售商通过物流渠道直接服务于学校、医院、政府机构等大型单位特定用户。通常零售商也给这些特定的签约“会员”单位一定的价格折扣。

以上 4 种零售方式因为没有实体店，仅在后台的仓储和物流环节产生废弃物，所以从某种角度来讲，这样的经营模式已经做到了局部的零废弃；至于物流所产生的废弃物，则是和传统业态基本一样，无法避免。

（3）网店

随着互联网以及随之而来通信技术的发展，21 世纪应运而生了一个比较新的零售模式——网上商店，俗称网店。因为它是通过互联网在线运营的，所以也称为“线上”零售（之前各种零售业态，由于不需要互联网连线运营，所以也称为“线下”零售）。无论是初期通过电脑上网浏览商家的产品页面，还是后来依托移动互联通信的智能手机接入商家的应用程序，网店购物的便捷性远远超过了以往的任何一种零售业态。

专门在网络商店从事零售业务的企业叫做电商，其网络零售平台也被称为电子商务平台。世界知名的电商有亚马逊（Amazon）、阿里巴巴（Alibaba）等。虽然网络商店本身不直接产生任何废弃物，但是最终其经营的零售商品还是要依赖，甚至完全依赖传统的仓储和物流，特别是物流。这是因为，理论上完美的网上购物可以将商品直接从制造商的生产线直接送到最终消费者，从而不再需要仓库；但是任何一种物流还是需要商品的包装，所需包装产生的废弃物不但无法避免，甚至有时还要比传统零售业态来得更多。

（4）新零售

近年来还有一个不能不提的零售业态，叫做“新零售”（new retailing），即个人、企业以互联网为依托，通过运用大数据、人工智能等先进技术手段并运用心理学知识，对商品的生产、流通与销售过程进行升级改造，进而重塑业态结构与生态圈，并对线上服务、线下体验以及现代物流进行深度融合的零售新模式。

“新零售”业态下的废弃物又是怎样的情况呢？未来电子商务平台即将消失，线上线下和物流结合在一起，才会产生新零售。线上是指云平台，线下是指销售门店或生产商，新物流消灭库存，减少囤货量。由此可以看到，库存基本消灭了，仓储废弃物将不复存在；而线下的销售门店又“复活”了，依旧会产生传统零售业态下的各种废弃物。所以说，“新零售”对于制造业和零售业的整合，对于促进消费的便捷性是大有裨益的；然而对于废弃物的减量，可预见到的贡献却是非常有限的。

8.5.2 零废弃实践

8.5.2.1 零售行业实践零废弃的限制

零售行业对于零废弃，哪怕是最基本的废弃物减量，当下绝大部分企业并没有很高的积极性。究其原因，可以归纳为以下几点。

（1）影响力有限

零售行业作为生产制造的末端，对于上游制造业特别是大宗商品的品牌企业影响力不强，同时对于下游个人消费者（顾客是上帝）也无任何约束力，有关零废弃计划或方案的实施难度都较高。

（2）预算不充裕

零售行业的利润率普遍不高，零售商很难拿出一定的预算来实施对于零售业来讲几乎没有任何投资回报率的项目。即便是在全球财富五百强榜单中的零售企业，也不太可能同时开展旗下所有门店的零废弃行动。

（3）依赖性较强

零售的各种业态基本上都坐落于人口集中的地方，要么在城市，要么围绕在城市的周边，这就导致了它们依赖于市政服务，属地市政废弃物分类收集循环利用的水平直接影响着当地零售行业废弃物的处理处置水平。

8.5.2.2 零废弃实践案例

尽管如此，几个全球化规模的著名企业，在其传统零售门店以及物流供应链，也还是进行了一些积极的探索。下面列举几个企业作为代表，看看他们是如何思考和实践的。

（1）苹果公司（Apple）零售店

最具代表性的例子是苹果（Apple）的零售店，如图 8-1 所示。从苹果公司 2019 年发布的环境责任报告可以看到，苹果公司除了继续在他们的供应链工厂推进废弃物零填埋项目之外，也在他们全球的多处企业设施、几百家零售店和几个数据中心内，致力于实现废弃物零填埋这一宏伟目标。而其中的苹果零售店，正是这一宏伟目标中的重要一环，具体可以从其环境责任报告中的几个方面来仔细解读。

图 8-1　苹果零售店

① 尽心维修，让材料物尽其用　如果设备能够维修而不是直接换掉，其中的材料便能得到更好的利用。众所周知，无论多么可靠的产品，也难免会因为外部因素出现故障或破损。苹果公司在全球设立了逾 5000 家 Apple Store 零售店和 Apple 授权服务提供商，致力于提供安全优质的维修服务。特别值得一提的是，苹果公司还推出了面对所有苹果产品的电池更换服务，并且确保换掉的电池能够以负责任的方式回收利用，同时通过电池的更换也进一步增加了其产品的使用寿命，延长了产品的生命周期。

② 产品翻新，重获新生　经久耐用的产品往往可以在第一个用户正常使用到一定的时间后，再流通到第二个、甚至第三个用户手中——苹果公司通过 Apple Trade In 换购计划，不同国家和地区的用户可在线或于苹果零售店内折抵换购他们的设备。如果这些设备可以经过必要和专业的维修或翻新，在下一任主人那里继续发挥余热，而并非依靠制造全新产品来满足不同用户的需求，将切实减少材料消耗和碳排放。

③ 减少使用塑料　过去 3 年内苹果公司在美国销售的产品，包装中使用的塑料减少了 48%之多。从 iPhone 7 和 iPad Pro 开始，苹果公司将包装中的塑料托盘改为全部采用模塑纤维的托盘。这一改变使得在制造 iPhone XS、iPhone XR、iMac Pro、MacBook Air、iPad mini 和 iPad Pro 时，能够使用以纤维为主的材料来进行产品包装。截至 2019 年 3 月，苹果公司所有的零售店都已转用 100%纤维材质的购物袋。这种新型的包装袋甚至采用了纸质编织手柄，并含有 80%的再生纤维。

④ 使用再生纸　苹果公司希望在包装中尽可能多地使用再生纸。2018 财年，苹果公司使用再生纸的平均比例达 58%之多。如果确实需要使用原生纸，苹果公司也要求供应商采购的木纤维来自负责任管理的森林或受森林管理委员会（FSC）管控的木材。苹果公司所有的包装供应商均已连续两年以负责任的方式采购纸张，苹果公司还会定期进行审查，确保供应商做到这一点。

由此可见，苹果公司借助他们零售店强大的综合能力，不但针对其产品提供各种维修服务，以及作为翻新服务的一个窗口，来避免、减少和延缓已售出产品成为电子废弃物；同时也通过减少使用塑料包装，以及大量使用再生纸，来提高包装废弃物的转化率。

（2）星巴克咖啡店

知名咖啡连锁企业星巴克（Starbucks），如图 8-2 所示。作为全球最大的咖啡连锁公司，星巴克在全球范围内已经有近 21300 间分店，遍布北美、南美洲、欧洲、中东及太平洋区，下面来看看他们如何构建并运营可能是全球规模最大的绿色零售业务。

① 更环保的店面　星巴克已经在 20 个国家和地区开设了超过 1200 家拥有能源与环境设计领导者 LEED® 认证的店面，在全球拥有 LEED® 认证的零售项目中占 20%。

图 8-2 星巴克咖啡店

LEED®认证中零售店有关条款涉及了门店在建设和拆除过程中的废弃物管理，事实上是从建筑工程的本身首先作了零废弃的要求。

② 创造性地研发更环保的杯子　星巴克已经在研发更环保的杯子方面取得了重大进展，并认识到还有很长的路要走。星巴克是第一家为自带可重复使用杯子的顾客提供折扣的公司，率先将10%的消费后纤维（PCF）纳入他们的热饮杯中，并且一直在引领行业，倡导增加回收利用的基础设施。星巴克2022年的目标是加速实现更环保的杯子的进程，计划包括将热饮杯中的可回收物质的含量增加1倍，并探索冷饮杯的替代材料；将继续致力于回收利用，并努力将使用杯子回收利用的店面和社区数量增加1倍；将宣传和鼓励“在店内饮用”和可重复使用的杯子。这一切行动都旨在减少用于餐饮包装的废弃物。

③ 打破资源回收利用的藩篱　星巴克全面回收利用方案中，店面回收是重要的一环。2014年，星巴克在超过760家门店中增加了面向消费者回收环节，占全美和加拿大公司直营店的47%。目前星巴克的绝大部分营业额都通过门店创造，但与此同时，他们也在不断努力，将环保设计融入星巴克自有的生产加工体系中，包括烘烤机、咖啡机和榨汁机。特别值得一提的是，星巴克宾夕法尼亚州约克烘烤机装备和发送中心于2014年度荣获美国保险商实验室100%废弃物填埋转移率（UL 2799 Zero Waste to Landfill，参见本书13.2部分）的认证。

(3) 宜家

另外一个勇气可嘉的是全世界最大的家具零售企业宜家（IKEA），如图8-3所示。宜家在全球多个国家拥有分店，贩售平整式包装的家具、配件、浴室和厨房用品等商品。宜家的可持续发展理念中包括了价值为先和变废为宝，并由此注重循环。

宜家一直努力寻找各种途径，力求以更少的资源制造更多的产品。他们重新考虑每件事情，包括使用的材料，以及如何才能通过维修、再利用和回收的循环模式延长宜家产品的使用寿命。在宜家的整条价值链中，他们都致力于尽可能高效地利用资源，确保创造出来的是有价值的产品而不是废弃物，并力求到 2030 年实现所有产品都使用可再生或回收材料的目标。具体做法如下。

图 8-3　宜家卖场

① 从一开始就做正确的事　在设计阶段，宜家就开始为产品的回收利用做规划，争取赢在起跑线上。为了以更少的资源制造更多的产品，宜家使用来自可持续来源的可再生和回收材料，使得所有产品都易于护理、维修、重复利用、改变用途重新利用和回收利用。

② 给产品第二次机会　宜家希望顾客能够尽可能长时间地爱护他们的产品，即使顾客没有做到，宜家自己也努力做到。例如在比利时，为了让家具得到回收利用，向顾客提供了五种选择：a. 在商场售卖旧宜家家具；b. 通过重新刷漆或重新组装改造家具；c. 提供替换零件进行维修；d. 通过运输服务将旧家具退回；e. 捐赠给社会组织。在全球范围内，宜家也为所有顾客提供替换零件，例如在大多数宜家商场都实施了床垫回收计划，即顾客可以在购买新床垫时退回旧床垫等。

③ 努力实现运营零废弃物　宜家决定减少所有运营产生的废弃物，与供应商和合作伙伴共同改善整条供应链，以最高效的方式生产和分销宜家的产品。其中包括尽可能减少供应链中的废弃物，并将生产制造过程中产生的废弃物加工成新产品，实现变废为宝。

8.6 大型活动

大型活动（grand event）很难归属于哪一个行业，因为这些活动可能是娱乐演出，也可能是体育赛事；既可能在一个固定地点发生，也可能在不同地点举办，甚至分布全球各地；有的可能一天之内结束，有的可能延续数日甚至数月。从某些角度来说，大型活动有些类似于一个项目（所以有时也称大型活动项目），不过这个项目也许是跨行业、跨地域和跨时间的。

一次或者一系列大型活动虽然有限定的空间和时间范围，然而它也足以产生数量巨大的废弃物，而且往往不为人所重视，也很少有人专门去针对大型活动做废弃物减量。其实，尽管大型活动不属于某一个行业，我们仍然可以用分析活动组织运营特点的方法来找到大型活动实施零废弃的机会。

8.6.1 大型活动项目特点及其废弃物管理

准确地说，大型活动项目是在一定活动时间、一定活动领域内的具体活动任务，而这一具体任务的确定、内容、范围、可支配资源和完成途径等，是由相关机构或企业根据活动所涉及行业发展在特定阶段和特定领域的具体要求来决定的。考虑到大型活动项目的组织社会影响面广、涉及部门多、跨越时间长、专业跨度大，我们从以下几个特点来探讨零废弃管理的要点。

（1）管辖关系复杂

大型活动项目一方面主题类型众多，涉及各个行业和领域；另一方面同一主题项目又包含多种类型的活动，同样涉及各个行业和领域。此外，大型活动项目对举办地正常的社会、经济、文化秩序有较大影响，必须得到属地公安、工商、行业主管部门的批准，对于国际性和全国性大型活动还要得到国家政府或联邦政府的批准，才能获得立项。

在这一系列的行政审批手续中，一定不能忽视负责管理市政废弃物处理处置部门的介入。因为大型活动项目不比平时，市政相关部门是按照属地正常的人口和工商业活动来安排废弃物处理处置的。大型活动项目在相对集中的空间和时间内会产生大量的废弃物，往往超过正常的市政处理处置能力。让市政相关部门介入审批，是为了更好地提前做好准备工作：若预计废弃物产生量在处理处置能力的上限范围内，则无需周折，适当调配人力即可；若超出，则应当在审批意见上要求活动组织方做好预案及预算，在活动期间补充必要的人力和物力来处理处置所产生的废弃物；若极端情况下远远超出属地可承受的废弃物消纳能力且缺口很难弥补，管理部门在专家论证后可以提出反对意见，以避免该大型活动项目结束后无法及时处理处置的废弃物对当地的生态环境造成不可逆的影响。

（2）组织关系复杂

各种大型活动项目在客观上都在一定程度上影响着举办地社会经济的整体形象，在主观上又需要一定程度借助举办地政府部门的权威或名义以增强活动吸引力。因此，大型活动组织关系都较为复杂，既有活动的主办单位，又有活动的协办单位，同时还有活动的承办与赞助单位。国际性和全国性大型活动一般由国家主管部门或机构主办，地方级大型活动一般由相应级别的地方政府或政府主管部门主办，相关政府部门或行业组织一般为大型活动的协办单位，而具体策划、组织大型活动的企业或机构则以承办单位的角色出现，为大型活动提供资金、实物或劳务赞助的单位或企业、参展商和广告商等一般被列为赞助单位。

这里面每一个“单位”都有可能给活动“制造”各种废弃物，当然也完全有可能在自己的职责范围内“减少”废弃物的产生，从而为整个活动的零废弃做贡献。关键在于，活动的主办单位最好能够把零废弃作为活动的目标之一，如同企业的环境管理目标，特别是政府部门和行业组织应该提出这一口号，同时利用政府的和行业的行政主管力量去引导实施。活动的协办单位应当提前做好该活动产生废弃物的评估，预判其种类及数量，类似建设项目的环境评价，配合市政相关部门准备应对废弃物必要的人力物力。活动的承办单位必须从活动计划的方方面面去寻找并切断废弃物的产生的源头，以及在活动过程中去实施执行预定的废弃物的减量计划，并最终将不可避免产生的废弃物收集转运到指定地点处理处置，或按计划对资源性废弃物回收回用，好比公司的环境管理部门，在活动项目废弃物处理处置合规的基础上更进一步做到可持续性。而活动的赞助单位则可以把预备提供的资金、实物或劳务尽可能优先地用在活动废弃物的减量甚至零废弃上，这样既可以起到一些预想的商业效果，也能够对大型活动项目本身的可持续性承担相应的一部分社会责任。

（3）协调关系复杂

大型活动在项目管辖、项目组织、项目投入和项目利益分配等方面涉及众多部门、行业、企业和个人，因此在项目组织实施过程中必然会产生十分复杂的协调关系。归纳起来，这些关系主要有外部协调和内部协调两大类。其中，外部协调关系包括与政府有关部门之间的行政管理协调关系，与相关行业组织之间的行业协调关系，与赞助商、供应商和广告商之间的经济协调关系，与所在社区之间的社会协调关系，与目标市场之间的市场营销协调关系，等等。内部协调关系包括项目主办、协办、承办、赞助之间的权利与义务协调关系，项目组织机构（组织委员会）内部的管理层次协调关系，专门委员会之间的职能与专业分工协调关系，与项目分包商的经济合同协调关系，与活动参与者（特邀嘉宾、新闻记者）的公关协调关系，与活动参加者（消费者）的商品交换协调关系，等等。

这些复杂的关系不处理好，都有可能导致大型活动所产生的废弃物变成主办单位、协办单位、承办单位和赞助单位“四不管”的混乱局面，也就更不用提什么零废弃了。要避免这种局面的发生，有关废弃物的管理必须事先协调好，最好是能够有专人负责，协调各种关系。

具体说来，对内对外的协调工作要各司其职。对外要以主办单位和协办单位为主，主办单位要利用书面文件等方法把零废弃的目标提前与所有外部涉及该活动的单位和人员进行行政沟通，使其有所准备；而协办单位则要借助对于活动可能产生废弃物情况的评估，来明确外部所需配合活动的单位和人员的职责（可成立协调工作组，定期召开协调会）。对内要以承办单位为主，直接分配各项废弃物减量或零废弃的工作，落实到活动参与的每一个团队，甚至落实到人（可成立检查工作组，定期开展检查工作）。当然赞助单位则首先要把自己赞助物资所产生的废弃物管好，不能因为提供了赞助反而增加了承办单位的负担。

8.6.2 组织运行与零废弃

与相对固定的企业组织结构不同，大型活动项目的组织结构具有临时性的特点，一旦项目完成，临时机构自动解散。所以在活动期间必须要有清晰、明确、高效的组织架构，才能在相对较短的时间内完成大型活动所设定的目标，例如零废弃。

为了突出大型活动项目的重要性和权威性，除了前面提到客观上原本就存在（只是因为特定活动而走到一起）的主办、协办、承办、赞助等单位以外，大型活动项目还会在活动周期内组建具体负责项目运作的临时组织机构——组织委员会和各级专门委员会。要想在活动项目中实现零废弃，组织委员会和专门委员会又应该如何运作呢？

（1）组织委员会

大型活动一旦立项，统筹组织和实施项目计划即交由临时组建的组织委员会负责运行。大型活动组织委会主要由主办单位和承办单位指定的代表构成，同时也吸收少量协办和赞助单位代表参加。其主要职能中可包括以下零废弃相关内容。

全面负责大型活动项目的组织与管理工作：将零废弃写入管理目标；

制订和组织实施大型活动项目实施方案：提出废弃物减量具体方案；

制订和执行筹资计划和财务预算：确保零废弃专项资金和预算；

制订和组织实施宣传与市场营销计划：负责宣传零废弃的理念；

制订和组织实施各类主题和分主题活动计划：确保其中包含废弃物减量措施；

制订和组织实施招商与招展计划：负责向展商传递零废弃的要求；

制订和组织实施有关商贸活动和旅游活动：商贸和旅游活动中的废弃物管理；

制订和组织实施场馆设计、租用（含建设）与装潢计划：考虑工程废弃物；

制订和组织实施人力资源（含志愿者）开发计划：考虑废弃物管理专职人员；

制订和组织实施服务接待计划：考虑服务（含餐厨）废弃物；

制订和组织实施客货运输计划：考虑物流废弃物；

制订和组织实施安全卫生计划：考虑医疗废弃物。

(2) 专门委员会

专门委员会是大型活动组委会下设的专业职能机构，负责制订和组织实施特定专项业务的具体实施方案。专门委员会的数量取决于大型活动的性质、规模、时间跨度和组织工作的复杂程度，但其主要工作类型和职责可以概括在以下几个典型的专门委员会之中，而这几个专门委员会也应该将零废弃纳入其主要职能。

① 宣传委员会　在负责制订和执行宣传与市场促销实施方案时，考虑减少一次性的各种公众宣传和商业广告，减少大型活动的各类纸质文件（图片、海报、招贴画、传单等），将活动日程表、节目单、邀请信和感谢信等电子化，发布大型活动新闻和公告时提及零废弃理念。

② 工程委员会　在负责制订和执行场馆设计与施工方案时，尽量选择和预订基础设施完备的活动场所或场馆，以减少搭建一次性临时建筑产生的废弃物，组织交通与停车场管理时优先考虑废弃物清运车辆，制订各种应急预案时考虑瞬时超量废弃物的清理预案，保持与政府废弃物管理部门的及时和有效沟通。

③ 财务委员会　在负责起草和执行预算时，预留必要的废弃物处理处置合规性管理费用（如有可能增加零废弃实践的额外预算），监督和控制废弃物管理相关费用的支出，确认各参加活动单位的废弃物处理处置费用的合理分摊。

④ 餐饮委员会　在负责制订和执行餐饮服务实施方案时，确保不使用或少使用一次性餐具，确保预估就餐人数的准确性，以减少餐厨垃圾的量；考虑餐厨垃圾的清运时间，如有必要，对于持续时间较长的的大型活动现场，考虑安置临时餐厨垃圾减量或压缩的设施和设备。

⑤ 接待委员会　在负责制订和执行接待服务实施方案时，尽量选择定点饭店和家庭接待点以减少露天用餐而带来的临时餐厨垃圾，招募志愿者时就对志愿者做好项目零废弃的相关培训，如有庆典仪式尽量不铺张浪费，减少一次性材料的使用，如有评奖活动也可将参与单位的废弃物减量成果计入评奖方案。

⑥ 票务委员会　在负责制订和执行门票销售计划时，尽可能采用电子门票，并在有可能的情况下于门票销售的同时借助电子购票平台（或纸质门票），宣传推广零废弃的理念以及本次活动零废弃的各项举措。

⑦ 舞台与展览委员会　在负责制订和执行舞台表演与展览活动实施方案时，协同工程委员会一起，以最小的废弃物可能来选择搭建和布置舞台、展台等，尽量让展览内容电子屏幕化。

⑧ 主题与装潢委员会　在负责制订和实施大型活动主题设计方案时，尽量简化主

场馆和分场馆的装潢，以减少各种装修废弃物，同时考虑装修材料的回用和回收。

⑨ 交通委员会　在负责制订和组织实施交通运输计划时，尽量使废弃物清运车辆能够优先通行、随时清运，特别注意餐厨垃圾的清运问题（因为隔夜存储会带来极大的环境影响）。

8.6.3 不同阶段的零废弃要求

大型活动项目的运作也可以分为发起论证、立项规划、实施控制和收尾总结四个阶段；把这四个阶段的废弃物管理工作做扎实了，才能有机会实现零废弃。

（1）发起论证阶段

活动项目发起阶段，无论是依据客户的直接需求或者按照市场分析得到的间接需求，都可以把活动项目的可持续发展目标考虑进去，其中最为直观的也许就是零废弃；在提出整个活动项目设想之后，要进行一定的调查和研究，这同时也可以就零废弃的实施做可行性的分析。在这个阶段，分析同类活动项目的废弃物情况，收集必要的数据，预测可能的资金投入，再结合本活动项目的特点加以论证。

（2）立项规划阶段

通过可行性研究之后，形成活动项目建议书，建议书中就必须包括零废弃的相关描述；随后申请（政府或公司）立项的同时，也确定专有的活动项目启动资金，其中必须包括零废弃实施的预算。如果获得审批通过，就要进行活动项目的具体规划。大型活动项目的规划中，需要清晰明确地把零废弃的目标和方案导入，对什么人用多少钱做什么事达到什么效果，作一一阐述。

（3）实施控制阶段

活动项目实施控制就是按照活动项目规划，一步步把活动项目策划的内容变为现实，包括零废弃的设想。这里有很重要的两点：一是零废弃实施要坚决，既定的方针和措施必须到位，必须得到贯彻执行，不能由于人为因素而改变计划的实施；二是零废弃的实际结果可以适当变通，由于客观情况的变化而导致方针和措施即便百分之一百贯彻执行了，但是没有达到预想的效果，其实也是可以接受的（当然原因要另行分析）。

（4）收尾总结阶段

活动项目收尾总结是很重要的一个阶段，对于零废弃来说就是要有一个数据和经验的总结。数据的总结可以知道该活动项目零废弃完成到了什么程度，将来横向、纵向都可以去对比提高；经验的总结可以回过头来看当初的论证、规划和实施在哪些地方将来有提高的余地和潜力。

8.6.4 零废弃案例

8.6.4.1 2010年上海世界博览会

如果以大型活动的历时长短和参与人数来计算，2010年上海世界博览会（简称上海世博会）当属首屈一指，如图8-4所示。其间零废弃的诸多实践，值得其他所有大型活动作参考。

图8-4 2010年上海世博会

其实上海世博会期间，“众多参观者的生活垃圾如何处理”“废弃物如何最大限度实现循环利用”都是大家一直关注的问题。据估计，上海世博会约有7000万人次的参观者，平均每天进场人数约40万人。假设每个游客带一瓶水入场，就有7000万个塑料瓶，但世博会期间的废弃物何止7000万个矿泉水瓶！事实上，生活垃圾产量达160t/d，餐厨垃圾产量约30t/d。其中，一般生活垃圾以各类塑料、金属、饮料和食品的纸制容器以及各类广告宣传本等为主，约占总量的40%～50%，可回收组分比例较高。

上海世博会组委会通过专家团队仔细研究生活垃圾源控制技术，及生活垃圾处理处置和资源化循环利用设施，最终很好地实现了园区生活垃圾减量化、资源化和无害化，且达到了物质循环利用的目标。我们就来看一看其中到底有哪些值得称道和借鉴的做法。

(1) 园区废弃物收集系统

世博会园区的生活垃圾按可回收物、可燃垃圾和有害垃圾三类进行分类收集，其收集方式分为气力输送系统、移动式压缩收集站和小型压缩式收集站。垃圾气力输送系统承担分类收集转运垃圾的职责，服务区域主要为“一轴四馆”，总覆盖面积约0.5km^2，真空输送管道总长4230m，每天能够收集生活垃圾60t；移动式压缩收集站和小型压缩式收集站等则主要为临时场馆、世博村、城市实践区和建设协调区等服务。

压缩式收集站附建有分类回收功能，将收集到的可再利用物资，在站内进行简单的分选、压缩等初步处理，然后再分类外送至相应的专业回收公司、再生利用厂或处理处置厂。

(2) 废弃物处置途径及资源化利用集成技术

为体现变废为宝的理念，2010 年上海世博会将有机垃圾和无机垃圾同时转变为建材，如路基材料、人行道砖以及砌块、防浪石等，垃圾处理率达到 100%，实现了垃圾处理的减量化、无害化和资源化。通过前瞻技术和成熟技术相结合，可再生能源利用率达到 50%以上，固体废弃物再生材料使用率达到 100%。

可回收物，如塑料瓶、易拉罐等，从小型压缩式收集站由专用运输车运至中转站分拣后，可回收利用部分外运至可再生企业，残渣通过中转后运往焚烧厂处理；大部分的生活废弃物，如塑料、纸张、衣服等难降解的化学纤维，被开发制成木塑材料和纸塑材料，成为木材的理想代用品；其他垃圾从小型压缩式收集站或气力输送系统的收集站，由专项运输车运至中转站中转后，运往焚烧厂处理；有害垃圾由专用车从垃圾箱单独收运至黄浦区、卢湾区、浦东新区的指定储存点，进入上海市统一处置系统。

园区内产生的大量“餐厨垃圾”成了重要的无限循环资源。一部分餐厨垃圾通过园区内生化处理机处理后，作为园内肥料；其他餐厨垃圾由专用密闭餐饮垃圾收集车统一收运后运至上海市餐厨垃圾处理站，分离出大部分油脂，通过有资质的收集企业运往废弃食用油脂处置厂，制成有机肥料和饲料蛋白粉，或作为肥皂和涂料的原料，分离油脂后的处理物运至美尚生化处理厂进行堆肥再利用。

(3) 废弃物循环利用成品制造集成技术与示范

除了一些环保高科技的建筑理念，更重要的就是运用各种手段将这些理念付诸实践，由此涌现了各种各样的废弃物循环再利用的高新技术、环保材料和绿色产品。这些技术与产品不仅在诸如“沪上·生态家”的场馆内通过模型进行了生动的演示，而且在绝大多数场馆内都得到完美的体现，以下是几组运用较成功的案例。

案例示范一：美国馆的有机废物发酵再利用

美国馆最大的亮点是屋顶的空中花园。展馆仿效奥巴马在白宫所建的屋顶平台花园，在顶部建造了一个城市蔬菜花园，其绿色屋顶技术有额外的热能冷却效应，并能减缓雨水的泄流排放。屋顶的空中花园是未来城市生活的写照。城市生活产生的垃圾量很大，把有机废物放在屋顶上，冬天的供暖系统会把屋顶烘得很热，这些热能可促进废物的分解，产生良好的土壤。居民可利用这种土壤种植蔬菜和水果，打造一个城市农场。

案例示范二：世博园里的“低碳墙”

上海世博会大部分展馆本身使用的建材很多都是再利用的废弃物，而且展会结束后还可再利用。

北京案例馆的门楼，是利用2008年北京第29届奥林匹克运动会运动员村赛后改造的建筑垃圾以及产自北京门头沟的“鸡血红”尾矿渣加工制作而成的；而废弃装修材料及混凝土等建筑垃圾，添加“虎皮黄石”尾矿渣混合而成的建材原料，则被加工成为展馆内的“百姓墙”、“投影球”及水池底座等；“国奥村”由北京奥运会运动员村改造而成，并延续了过去“广泛使用节能建筑材料，提高能源使用率”等绿色环保理念。除了用建筑垃圾搭建展馆，“国奥村”里诸如“厨卫间”“能量窗”等高新技术，都无一不传递废弃物循环利用、绿色低碳等建筑理念。

日本产业馆的主题是“来自日本的美好生活”，“再利用”的概念贯穿了整个建设工程：不仅对上海历史悠久的江南造船厂老厂房进行了改建，新的结构使用了建筑用脚手架，拆除后可再利用，而且内部装修采用再生纸纸管，甚至工作人员的制服也使用了由旧衣服循环利用所生产的布料。

万科企业馆选用麦秸秆压制而成的麦秸板作为主要建筑材料，别出心裁地设计了由7个相互独立的“城市麦垛”构成的展厅结构，“麦垛”之间通过顶部的蓝色透光ETFE膜连成一体。

示范三：世博园里的“绿色之路”

1）宝钢新型钢渣铺“绿”世博大道

在整个上海世博园区，有60%以上的透水、透气路面铺用了一种钢渣透水混凝土地砖。这种环保地砖具有抗折强度高、耐磨性好等整体稳定性抗压优势，长期使用无“掉粒”现象，可保持良好的透水、透气功能，有利于抑制“城市热岛效应”。用该产品替代水泥，既能节约天然资源，也可减少二氧化碳排放，且产品价格低于同等级混凝土，因此该混凝土地砖在世博园区中心广场、A13广场和世博公园等重大地面工程中广泛应用。

2）场馆内的环保混凝土

山西馆的建筑主体采用了由火电厂和钢铁厂的工业废料——粉煤灰加工而成的新型加气混凝土材料，体现了节能环保的理念。粉煤灰加气混凝土砌块属微孔结构，具有质量轻、保温隔热性能好等优点，是优良的墙体填充材料，与传统建筑材料相比，可以节能65%以上。

城市最佳实践区上海案例馆“沪上·生态家”采用钢筋混凝土框架结构。整幢建筑从基础到主体结构全部采用了泵送再生混凝土，其中C30再生混凝土所用粗骨料是

100%再生骨料，C40 再生混凝土所用粗骨料中有 50%再生骨料。上海建筑科学研究院的实地抽样检测显示该再生混凝土的强度、耐久性以及施工性能完全达到设计要求，其使用寿命可达 100 年。

可见，2010 年上海世界博览会不仅集成了国内外先进生活垃圾的管理理念、模式、技术和设施，而且也高标准地开展了生活垃圾分类回收、分类处理和循环利用，把节约资源的理念和方法直接运用到世博园区生活垃圾的资源利用和综合处理中来，实现了生活垃圾最大限度的资源利用。这不仅能充分体现世博园区的完美形象，促进上海整体环境的改善，而且也为上海市和全国生活垃圾的管理、分类回收和资源化利用提供了重要的参考依据。

8.6.4.2 2020 年东京奥运会

奥林匹克运动会（简称奥运会）也是一个举世瞩目的大型活动。历届奥运会都有各式各样的环境保护和零废弃理念得到各个主办国的实践和应用，而其中让人眼前一亮的是 2020 东京奥运会，可以说他们创造了零废弃的一个新奇迹。

2019 年 7 月 24 日，东京奥组委公开奖牌设计。金、银、铜奖牌正面图案设计都来自希腊神话的胜利女神尼姬（Nike），背景为举办第一届奥运会的雅典帕纳辛奈科体育场，而奖牌的背面则是东京 2020 奥运会的标志。金、银、铜 3 种奖牌一共制作了 2500 个，都是利用从全国回收的废弃手机（电子垃圾）中提炼的贵金属制成的！金牌（超过 6g 的纯银镀金）重 556g，银牌（纯银）重 550g，铜牌（95%铜+5%锌）重 450g。不仅如此，就连悬挂奖牌的缎带也使用了再生聚酯，如图 8-5 所示。

图 8-5 2020 年东京奥运会奖牌

其实日本政府从 2017 年 4 月就开启了对废旧手机家电的搜集活动。截至到 2019 年 3 月，东京市为制作奥运会奖牌，共收集到大约 7.9 万吨使用过的手机和其他小型电子设备，其中包括超过 600 万部使用过的手机。从这次活动收集到的物品中总共提炼出 32kg 黄金、3500kg 白银、2200kg 铜和锌。

如此大规模由政府主导的回收再利用举动，的确使得这一届奥运会上的奖牌饱含了人类对于零废弃理念的不懈追求与向往——恰恰与“更高、更快、更强”的奥林匹克格言相吻合，也使得所有的奖牌更加熠熠生辉。

8.7 物业和城市

当废弃物离开了其产生的直接源头——各行各业的工厂、各种活动项目以及相关的人群，在其被最终处理处置之前，有时还会有一个“集合”的过程。按照废弃物来源的不同，这个“集合”所覆盖的范围可能是一幢或几幢区域相连、格局相似、功能相近的建筑楼宇，通常叫做单元物业（俗称小物业）；也可能是一片园区或一片居民区，通常叫做综合物业（俗称大物业）。综合物业（property）扩大到极致的情况实际上就变成了一个城市（city）的范畴。

在废弃物管理这个层面上物业有两种可能，绝大多数“单元物业”并无废弃物处理处置能力，所谓“集合”的过程就是对废弃物的初步收集和简单分类；而绝大多数“综合物业”自身就拥有一定的废弃物处理处置设施，所谓的“集合”除了收集分类，也包括了对部分废弃物（甚至全部废弃物）的处理处置。

对于极致的情况，即城市来说，很难想象一个城市不具备全面综合的废弃物处理处置能力，需要依赖其他兄弟城市的帮助（个别种类废弃物除外，如核废料等），显然这会存在诸多限制与不便；更加极致的情况是从城市再扩大到一个国家，如果一个国家不具备某种或某几种废弃物的处理处置能力，后果是相当可怕的，若依赖其他有处理处置能力国家的帮助，必然会受到这些国家自身环境保护政策的制约，甚至受到国际法和国际公约的限制。

我们习惯性地按照物业的不同形态，来分别讨论其实现零废弃的机会所在。

8.7.1 单元物业

根据使用功能的不同，单元物业可分为以下五类：居住物业、商业物业、工业物业、政府类物业和其他用途物业。不同使用功能的单元物业，其管理有着不同的内容和要求；同时单元物业的零废弃也是综合物业或者更大范围零废弃的基础。不难理解，每个单元实现零废弃了，总体也就差不远了。

（1）居住物业

居住物业是指具备居住功能、供人们生活居住的建筑，包括住宅小区、单体住宅楼、公寓、别墅、度假村等，也包括与之相配套的基本共用设施和公共分摊场地。对于居住物业的零废弃来说，最重要的就是垃圾分类。这是因为居民生活的需求与供给基本上是不变的，即废弃物源头减量很难实施；唯有做好垃圾分类（越细致越好），才能更好地配合市政的回收利用以及处理处置。

（2）商业物业

商业物业有时也称投资性物业，是指那些通过经营可以获取持续增长回报或者可以持续升值的物业，这类物业又可大致分为商服物业和办公物业。商服物业是指各种供商业、服务业使用的建筑场所；办公物业是从事生产、经营、咨询、服务等行业的管理人员的办公场所。无论是商服物业还是办公物业，零废弃的重点在于前端减量——减少一切非必要性的物资流入物业区域，临时性的物资也要求相关单位在使用后清运带出，尽可能保持商服和办公的纯粹性。理论上越是纯粹的商业物业，所产生的废弃物就应该越趋向于零。

（3）工业物业

工业物业是指为人类的生产活动提供使用空间的建筑，包括轻、重工业厂房和近年来发展起来的高新技术产业用房以及相关的研究与发展用房及仓库等。工业物业的零废弃机会是与其所属工业行业密切相关的。严格地将制造废弃物与物业废弃物区分开来，才能有效避免废弃物的交叉沾染从而增加处理处置的难度及成本；同时工业物业应最大程度地为其工业废弃物的处理处置提供仓储和物流等便利条件。

（4）政府类物业

随着政府机关后勤管理的社会化，其后勤管理部门也就随之转化为相应的政府物业。政府物业除居住物业包含的服务内容外，还涉及餐饮、会议、客房及康体等多种综合类的服务。政府类物业的零废弃在实施上并无特殊之处，但是具有极大的象征意义。政府类物业应当利用其特殊身份，在与市政废弃物处理处置单位的合作中摸索方法，总结经验，为其他各类物业起到一定的示范和参考作用。

（5）其他用途物业

有时也称为特殊物业，包括赛马场、高尔夫球场、汽车加油站、飞机场、车站、码头、高速公路、桥梁、隧道等物业。这些物业虽然类型各异，产生的废弃物种类却各有特色，有时反而容易实现零废弃。物业可以因地制宜，在废弃物源头减量的同时，积极寻找单一废弃物的回收再利用渠道。

8.7.2 综合物业

根据使用功能的不同，综合物业可分为产业园区和居民区两种。

8.7.2.1 产业园区

产业园区是指政府集中统一规划指定区域，区域内专门设置某类特定行业、形态的企业、公司等进行统一管理。按照功能，产业园区大致可以分为以下几种，它们的零废弃实践各有异同。

（1）工业园区

工业园区是以工业生产企业为主的特定区域。然而工业园区的定位不同，零废弃的做法也完全不一样。

传统的工业园区都是同一行业的制造工厂的集合，整个园区的物料进出都是一样的，园区也基本上可以看作是单个工厂的规模化放大。在这类工业园区，各个工厂废弃物的处理处置是平行的，园区应根据其规模化的特点，统一制订废弃物管理办法，统一建造废弃物处理设施，统一接洽外部废弃物处理处置单位，等等。

上海于1958年始建的吴泾工业区便属于此类，上海氯碱总厂、上海焦化总厂、吴泾化工总厂等大型化工企业，在此集中生产焦炭、煤气、硫酸、合成氨、尿素、烧碱、石英和石墨制品等化工产品。运进来的是各种化工原料，运出去的是各家工厂的化工产品。虽然工业区有一些共享的服务，但总体上来说废弃物也还是分别寻找下家，分别处理处置。

部分现代的工业园区有了一些创新实践，园区内部不再是同一行业的制造工厂的叠加，而是上下游配套的企业群，整个园区可能仅有一两家工厂运入物料，其他大部分工厂都是以上一级工厂的产品为原料，进一步加工而成为新的产品，或者是利用上一级工厂的边角料甚至废弃物，进行回收并加工成为新的产品。在这类工业园区，各个工厂废弃物的处理处置是交叉的，园区应根据其垂直化的特点，从园区的规划初期就引入可配套的上下游企业建厂，合理规划产能，使得这些工厂的边角料及废弃物基本上能够被区内企业所消化，最终达到只有产品输出园区，而没有废弃物流出园区的目的。有条件的工业园区还可以建设自己的废弃物焚烧发电厂，在实现零废弃的同时尽可能补足园区的能源缺口，直至自给自足。

作为“十五”期间中国投资规模最大的工业项目之一，上海化学工业区虽然也是“化学”工业区，但其在开发建设阶段便引入了世界级大型化工区的“一体化”先进理念，通过对区内产品项目、公用辅助、物流传输、环境保护和管理服务的整合，做到专业集成、投资集中、效益集约。特别是产品项目一体化——由石脑油、乙烯等上游产品，与异氰酸酯、聚碳酸酯等中游产品，以及精细化工、合成材料等下游产品形成一个完整的产品链。不但使得所有进入工业区的化工原料物尽所用，而且也大量减少了上下游企业之间物流和包装废弃物的产生（部分物料在工厂之间做到了管道化）；配套的危险废弃物焚烧工厂在废弃物无害化的同时（亦是管道化送至焚烧设备），还在园区内实现了发电和供热。

（2）农业园区

农业园区（有时亦称农业产业园区）是以农业生产为主的特定区域。它是在具有一定资源、产业和区位等优势的农区内，划定相对较大的地域范围优先发展现代农业，由政府引导、企业运作，用工业园区的理念来建设和管理。

农业园区产生的废弃物——农业废弃物，也称农业垃圾，按其成分，主要包括植物纤维性废弃物（如秸秆、残株、杂草、落叶、果实外壳、藤蔓、树枝等）和畜禽粪便（也包括人粪尿）两大类。从宏观平衡的角度看，这两类废弃物是农业生产和再生产链环中资源投入与产出的物质和能量差额。由于农业园区是按照工业园区的理念来建设和管理的，所以相对于普通农村的废弃物处理处置，农业园区可以从沼气堆肥、蚯蚓养殖和农副加工三个方面来推进零废弃。

① 沼气堆肥　将禽畜粪便和栏圈铺垫物（主要成分是农业秸秆），或直接将切碎的秸秆混掺以适量的人畜粪尿作高温堆肥，经过短期发酵，来大量杀灭人畜粪便中的致病菌、寄生虫卵，各种秸秆中隐藏的植物害虫以及各种杂草种子等，然后投入沼气池，进行发酵，产生沼气。这种处理方法既能提供沼气燃料，又可获得优质有机肥料。

② 蚯蚓养殖　考虑到蚯蚓含蛋白质丰富，是家禽、鱼类的优质饲料，同时蚯蚓粪又是综合性的有机肥料，因此可以把农业秸秆、禽畜粪便及其铺垫物作为蚯蚓食料，推广蚯蚓人工养殖业。有条件的农业园区还可以接纳城市餐厨垃圾用作蚯蚓养殖的辅助肥料，既能够提高产能，又解决了城市餐厨废弃物的出路问题。

③ 农副加工　农副产品加工产生的废弃物大多也可以综合利用。如肉食加工的废弃物可用以生产皮革制品、肥皂、动物胶、生物药剂、羽绒、骨粉等；农田和果园有些残留物是生产皱褶纸板、软质纤维板和纸张的原材料，可用以制造纤维板和再生纸，以及进一步利用其中的木质素、纤维素等制造化工产品。

如今很多市郊的农业园区被开发为农业示范园，其相对优良的生态环境是人们在乡村休闲的重要空间载体。如果能够把零废弃理念带入此类示范园，并在农业生产的基础上，形成集生产加工、科普教学以及环境保护于一体的综合性农业园区，必将对附近城市以及广大农村的零废弃带来极大的正面影响。

（3）科技园区

科技园区是指以高科技研发企业为主的区域，包括软件园区、高新园区等。科技园区可以近似地看作是各个企业、高校和科研院所的研发中心集合，因此一个科技园区的废弃物也近似于规模放大的实验室废弃物。

从前面7.6部分实验室废弃物的处理处置我们知道，由于功能的多样性和流程的变化性，实验室废弃物种类也具有多样性和可变性；而且每一个实验室或研发中心的规模相对制造型工厂来说还是太小，自行处理处置废弃物，无论是废气、废水还是固废，都存在着成本高、效率低的问题。所以说科技园区零废弃的关键点，还在于由园区的属地政府部门提供一个废弃物处理处置的综合平台，将每个实验室或研发中心的废弃物集中起来统一处理处置。这样不但能够分摊和降低处理处置成本，还可以有效地让科研机构集中精力去搞科研，而不是被各种合规性的事务困扰。

当然作为科技园区，在废弃物处理处置技术方面可以起到一些先锋示范作用。除了更加精准的废弃物分类，可以考虑在废弃物处理处置的智能化方面进行尝试。一些废弃物收集运输管理的软件也可以优先试点，在取得阶段性的成果后向更大的区域范围甚至向市政范围推广转化。

（4）物流园区

物流园区是集物品集散、交易、转运为一体的各种产品的区域，包括港口园区、交易园区等。由于物流园区有着非常鲜明的特点，所以其零废弃的实施也存在很多先天优势和便利条件。

物流园区存在多模式运输手段的集合。多模式运输方式即多式联运，如海运、铁路、公路和空运等多种方式联合运输，物流园区也因此呈现一体化枢纽的功能。虽然拥有不同种类的运输模式，但是得益于物流包装的通用化，园区的功能基本上都是“转运”，所以自身产生的废弃物很少，也相对单一而易于管理。

物流园区存在多状态作业方式的集约。物流园区的物流组织和服务功能体现在多种作业方式的综合、集约等特点，包括仓储、配送、货物集散、集拼箱、包装、加工以及商品的交易和展示等诸多方面。正是因为作业方式的集约化，园区废弃物总量就有更多的可能在前后作业中得到较好的控制。

物流园区存在多角度城市需求的选择。物流园区与城市发展呈现互动关系，物流园区如何协助城市理顺功能，满足城市需求是其又一功能特征。物流园区完全可以作为附近城市（或工业园区）的废弃物中转枢纽，以其强大的枢纽功能服务于属地零废弃的目标。

（5）文化创意产业园区

文化创意园产业园区简称文创园区，此类园区在产生废弃物方面并无特别之处，然而在零废弃方面却大有可为。很多文创产品正是通过对各种废弃物的二次设计，使之成为全新产品。有别于普通回收回用，经过新的工业或工艺设计，某些废弃物不但获得了新生，体现了应有的环境价值，还被注入了一定的艺术价值，甚至是引领潮流的创意。

在一些文创园区，废旧毛纺织品被设计改造成了时尚的箱包布艺，废旧玻璃制品被设计改造成了前卫的家庭装饰，废旧电子产品被设计改造成了美观的街头雕塑……各国各地区的文创园区实际上是在通过文化和艺术的力量来向社会提倡零废弃的理念，并付诸实践。

8.7.2.2 居民区

居民区一般指在城市中较为集中的市民居住地，且具有一定的规模（占地面积远大于单个居民小区）；能够被称作居民区还需要有相应的配套设施，例如学校、医院、市场等。居民区的零废弃不同于产业园区，主要还是因为废弃物产生的个体（包括家庭）的差异，非常不易统一管理。我们知道，作为居民区主要废弃物——生活垃圾的分类与处置，是实现居民区零废弃的关键。而仅仅这一点，就需要依靠更高一级的行政手段和足够的设施配套，以及民众群体素质的养成提高。

8.7.3 零废城市（无废城市）

零废城市又叫“无废城市”，是以创新、协调、绿色、开放、共享的新发展理念为引领，通过推动形成绿色发展方式和生活方式，持续推进固体废弃物源头减量和资源化利用，最大限度减少填埋量，将固体废弃物环境影响降至最低的城市发展模式，也是一种先进的城市管理理念。

作为人类生活空间的重要载体，城市受到废弃物的侵害已经引起全球各国高度关注，实现无废城市现已成为越来越多国家和城市的规划新建或旧改升级的目标。其实无废城市这一概念在全球范围内兴起的最近 20 年，国际社会在无废城市的创建过程中已经积累了一些相关经验。

国际上最早有 8 个城市曾明确提出过建设无废城市，包括加拿大的温哥华、美国的旧金山、意大利的卡潘诺里、斯洛文尼亚的卢布尔雅纳、阿联酋的马斯达尔、澳大利亚的悉尼、新西兰的奥克兰和日本的上胜町，其建设成效已获得国际社会认可。虽然因资源禀赋、政治体制、管理制度、文化习惯等不同，在建设无废城市过程中采取的路径和措施存在较大差异，但相同的是，这些城市均制定了长期且量化的“无废”目标，遵循废弃物避免、减少、重复使用、循环利用、能量恢复、填埋的处理优先级顺序，并不断完善废弃物管理体系、引入专业化的管理等。

2018 年 9 月 13 日，在美国加利福尼亚州旧金山召开的全球气候行动峰会上，C40 城市集团（致力于应对气候变化的一个国际城市联合组织，包括中国、美国、加拿大、英国、法国、德国、日本、韩国、澳大利亚等各国城市成员）的 23 个城市和地区发布宣言，推进城市“零废弃”。参与城市承诺，与 2015 年相比，到 2030 年，将：

① 人均生活垃圾产生量减少至少 15%；

② 填埋和焚烧的生活垃圾量减少至少 50%；

③ 垃圾填埋和焚烧的分流率至少提高到 70%。

中国于 2019 年 1 月，由国务院办公厅印发《“无废城市”建设试点工作方案》，提出要通过“无废城市”建设试点，统筹经济社会发展中的固体废弃物管理，大力推进源头减量、资源化利用和无害化处置，坚决遏制非法转移倾倒，探索建立量化指标体系，系统总结试点经验，形成可复制、可推广的建设模式。同年 4 月，生态环境部公布 11 个“无废城市”建设试点：广东省深圳市、内蒙古自治区包头市、安徽省铜陵市、山东省威海市、重庆市（主城区）、浙江省绍兴市、海南省三亚市、河南省许昌市、江苏省徐州市、辽宁省盘锦市、青海省西宁市；与此同时，河北雄安新区、北京经济技术开发区、中新天津生态城、福建省光泽县、江西省瑞金市作为特例，也参照“无废城市”建设试点一并推动。

中国的无废城市明确了六项重点任务：一是强化顶层设计引领，发挥政府宏观指导作用；二是实施工业绿色生产，推动大宗工业固体废弃物储存处置总量趋零增长；三是推行农业绿色生产，促进主要农业废弃物全量利用；四是践行绿色生活方式，推动生活垃圾源头减量和资源化利用；五是提升风险防控能力，强化危险废弃物全面安全管控；六是激发市场主体活力，培育产业发展新模式。

由此可见，无论是在发达国家，还是在发展中国家，零废城市或无废城市的理念都离不开政府的宣教和引导，其实践也离不开政府的推广和支持。特别对于发展中国家的城市，由于工业基础设施和居民生活习惯的相对落后，在推进零废城市或无废城市这种可持续发展理念和实践之前，首先还需要经历一个废弃物处理处置“合规性”的阶段，简单说就是城市的工业废弃物做到合规的处理处置，居民的生活废弃物做到合规的分类收集。

工业废弃物的合规处理处置，一般都有法律法规来强制监管执行；而生活废弃物的分类收集则几乎完全依赖于城市居民的文明素质。当然，在实施零废城市或无废城市的初级阶段，合理运用行政管理的手段以及必要的经济杠杆，来约束和帮助居民提升其文明素质，既有其必要性，也有其实操性。我们可以从瑞士的苏黎世和中国的上海两个典型案例，看到不同城市在不同阶段所作出的努力与尝试。

（1）瑞士生活垃圾分类回收

瑞士实行垃圾分类已有 30 多年，早在 1990 年瑞士就出台了第一部关于垃圾处理的法规。另外，瑞士 26 个州均在联邦法律总的要求下设有各自的垃圾处理规定，而苏黎世市政府出版的垃圾分类指导手册更是厚达 100 多页！在苏黎世，不同的垃圾要丢到远近不一的不同地方。除了按照规定丢弃在社区的垃圾桶，一些垃圾还要放在家门口等待回收；另一些垃圾则要人们自己送至相应的回收站。社区居民不但人手一本100多页的垃圾分类指导手册，每年还会收到标明垃圾回收具体时间的“垃圾日历”。

在当地的一些社区，前几年又引进了有机垃圾这一比较先进的分类。厨房的有机废料要丢弃到楼外的绿桶里面，每周三有人来处理，并将垃圾桶消毒打扫干净。随后，这些有机垃圾会被运送到苏黎世的一家堆肥场加以回收利用。

有机垃圾“破袋”再扔，苏黎世一开始在推广和实践过程中也遭遇了一些阻力。但后来，居民集思广益解决问题：有人直接用碗盛着垃圾丢弃到桶里；超市里也有卖密封性很好的家用有机垃圾桶；或者购买可降解的小塑料袋，与装在里面的有机垃圾一起丢弃。

在苏黎世，有种白色的垃圾袋，人们都叫它“苏黎世袋子”，价格较为昂贵，专门用于丢弃脏纸巾、塑料袋等垃圾。一只17L的小袋要0.85瑞士法郎，35L的中袋要1.7瑞士法郎，60L的袋子要3.1瑞士法郎，110L的袋子则更贵，要5.7瑞士法郎！这是瑞士政府为平衡处理垃圾的花费而定价的垃圾袋。这种“天价垃圾袋”是为了督促大家节约使用垃圾袋，并且留意不让错误的垃圾混入其中占用宝贵的空间。

每隔2个星期左右，会有专人到各家楼栋门口回收纸类垃圾。回收日期来临前，人们会用专门的绳子将之捆成非常整齐的“豆腐块”，绑绳上面还会留出提手，像“礼物”一样等待工人们有效率地收走。要是处理得不好或不按时丢弃，垃圾就不会被收走，而被孤零零地留在街边。这一间接的监督机制让不按规定丢弃垃圾的人羞愧难当。久而久之，正确地分类和丢弃垃圾就自然而然地成为居民的一种习惯。

（2）上海市生活垃圾分类回收

上海市在2019年7月实施了《上海市生活垃圾管理条例》的地方法规。其中包括以下内容。

1）关于生活垃圾分类标准

生活垃圾分类标准直接影响到生活垃圾分类管理的效果。上海市生活垃圾分类标准历经几次变化，到2011年确定为可回收物、有害垃圾、湿垃圾、干垃圾的“四分法”，并在2014年的政府规章中予以固化。根据各方意见，对四类垃圾的名称以及具体表述作了进一步厘清：一是条例注明湿垃圾即易腐垃圾，干垃圾即可回收物、有害垃圾、湿垃圾以外的其他垃圾；二是对可回收物、有害垃圾、湿垃圾的常见种类作了列举，为了在起步阶段方便市民投放、降低市民分类投放的辨识难度，条例对种类的列举采取了化繁就简的原则；三是明确可以根据经济社会发展水平、生活垃圾特性等对分类标准予以细化调整，为今后进一步完善预留空间。

2）关于政府管理职责

推进生活垃圾全过程管理，各级政府及其有关部门责无旁贷。为此，条例确立了条块结合、以块为主的管理模式：一是在市级层面，强调市政府要加强对本市生活垃圾管理工作的领导，明确市绿化市容部门是本市生活垃圾管理的主管部门，负责相关工作的组织、协调、指导和监督，并明确了市相关部门的职责；二是在区级层面，明确区政府负责所辖区域内生活垃圾管理工作，区绿化市容部门承担相应的具体工作；三是在街镇层面，顺应管理职责重心下沉的要求，规定乡镇人民政府、街道办事处负责相关工作的具体落实。同时，还在“规划与建设”“监督管理”两章中，对政府部门编制生活垃圾管理专项规划、推进生活垃圾处理设施建设等提出要求，对健全监督检查制度、完善网格化管理、强化绩效考核等予以明确。

3）关于促进源头减量

源头减量是生活垃圾综合治理的重要内容，也是当前推进生活垃圾全过程管理的薄弱环节和难点问题。《中华人民共和国循环经济促进法》《中华人民共和国清洁生产促进法》《中华人民共和国电子商务法》等法律对促进源头减量都有相应要求，但大多为倡导性规定。为了提高源头减量措施的刚性，市政府在法规起草过程中开展了多次协调，条例中针对特定对象提出了强制性要求：一是要求积极推进产品包装物、快递包装物减量工作；二是规定农贸市场、标准化菜场应当按照要求配置湿垃圾就地处理设施；三是在绿色办公、绿色消费方面，将减少一次性用品使用作为着力点，规定党政机关、事业单位内部办公场所不得使用一次性杯具，旅馆不得主动提供客房一次性日用品，餐饮服务提供者和餐饮配送服务提供者不得主动提供免费的一次性筷子、调羹等餐具。

4）关于分类投放

分类投放是生活垃圾分类管理的关键环节，是实行分类收运、分类处置的前提条件。条例从三个方面对分类投放作了规定：一是明确产生生活垃圾的单位和个人是分类投放的责任主体，应当将生活垃圾分别投放至相应的收集容器；二是确立分类投放管理责任人制度，区分单位、居住区、公共场所的不同情况确定相应的管理责任人，并明确其权利义务；三是按照既体现标准化、规范化要求，又兼顾基层实践因地制宜需要的思路，对单位、居住区、公共场所收集容器的设置作出规范。

5）关于分类收集、运输和处置

分类收集、运输和处置是连接前端分类投放和末端资源化利用的重要环节。针对分类投放后又被混装混运等问题，条例对分类收集、运输和处置作了较为全面的规范：一是明确生活垃圾的分类收运方式；二是严格规范收运和转运行为，明确收运单位必须使用专用车辆和船舶实行密闭运输，不得混装混运；三是规定了生活垃圾的主要处置方式，考虑到上海市2020年将基本实现原生生活垃圾零填埋，因此条例未将填埋列为生活垃圾处置方式；四是建立“不分类、不收运，不分类、不处置”的监督机制，保障全程分类效果的实现。

6）关于可回收物回收体系建设

为了提高可回收物的回收率，推进再生资源回收和生活垃圾分类收运体系“两网融合”，条例对可回收物回收体系建设提出如下要求：一是由绿化市容部门负责回收体系建设，推进可回收物“点、站、场”建设，并会同有关部门制定低价值可回收物回收扶持政策，培育回收服务市场；二是鼓励采用“互联网＋回收”、智能回收等方式，鼓励社会资本参与收运设施建设，充分发挥市场机制的作用。

7）关于资源化利用

推进生活垃圾资源化利用，既是实现经济社会可持续发展的现实需要，也是开展垃圾分类的必然要求。条例对以下方面作了规定：一是明确发展改革等部门应当统筹制定本市循环经济发展政策、对资源化利用项目予以支持；二是明确政府部门应当支持在公共绿地、公益林土壤改良工作中优先使用湿垃圾资源化产品，并对湿垃圾就地就近资源化利用提出要求；三是明确市商务等部门负责可回收物资源化利用活动的指导和协调，并对干垃圾焚烧后产生的热能、炉渣等的综合利用作了规定。

8）关于社会参与

落实生活垃圾分类管理工作离不开全社会的共同参与和支持。为此，条例提出了一系列促进措施：构建广泛的社会动员体系，建立健全以居（村）民区党组织为领导核心、各方共同参与的基层治理机制，鼓励社会参与、行业参与、市场参与，将生活垃圾分类管理情况纳入文明创建活动等。

9）关于条例的贯彻实施

生活垃圾全程管理是需要长期坚持、循序渐进的系统工程。针对条例通过后可能带来的实施难题，市政府同步研究提出明确的行动计划，拟进一步加大工作力度，认真贯彻落实条例的各项规定，使法规中源头减量、全程分类管理、资源化利用等各项举措落到实处；市人大常委会也对生活垃圾全程分类管理推进情况开展专项监督，以共同推动上海市生活垃圾管理工作再上新台阶。

据上海市绿化市容局统计，《上海市生活垃圾管理条例》实施仅仅2个月后，可回收物回收量达到4500t/d，较2018年年底增长了5倍；湿垃圾分出量达到9200t/d，较2018年年底增长了1.3倍。这些数字的显著增长意味着过去大量被混入干垃圾中的可回收物与被混入干垃圾的湿垃圾都被有效地分离了出来。与此同时，干垃圾处置量降至15500t/d，比2018年年底减少了26％。

生活垃圾分类水平的提高也会“倒逼”市政废弃物处理处置能力的提升。为了配合条例的实施，上海全市完成了约2万个分类投放点规范化改造，4万余只道路废物箱标识更新。目前上海市配置及涂装湿垃圾车1092辆、干垃圾车3197辆、有害垃圾车80辆以及可回收物回收车154辆，建成可回收物回收服务点9609个、中转站144个、集散场8个，分类收运体系由此基本形成。

8.7.4 国家零废弃

零废城市或无废城市的概念进一步扩大到国家的地理范畴，就必然会引入零废国家的大胆设想。尽管就人类社会当今的经济与科技水平来讲，幅员辽阔、人口众多的大国距离实现零废弃还相当遥远，但是这并不阻碍一些发达的小国和地区，在条件允许的情况下先行动起来。

作为一个发达的城市国家，新加坡便是很好的例子。2014年11月新加坡印发《新加坡可持续蓝图2015》，对废弃物管理系统提出超前要求，提出“迈向零废弃”的国家愿景。通过减量、再利用和再循环，努力实现食物和原料无浪费，并尽可能将其再利用和回收，给所有材料第二次生命。

与此同时，作为“花园城市”的新加坡实现这个愿景也有着巨大的挑战：一来新加坡全国废弃物总量为7000t/d，人均垃圾产出量在世界上数一数二，废弃物总量基数巨大；二来新加坡的废弃物回收利用工业并不发达，也很难大规模投入，其废弃物回收利用很大程度上受限于邻国马来西亚的回收产业；三来由于长期高度依赖焚烧，尽管废弃物焚烧后减量90%以上且有能量产出，但其灰分的最终填埋已使其实马高垃圾填埋场（Pulau Semakau，由海岛与海堤组成）逐渐饱和，也亟须规划建设新的填埋地点。由此可见，对于新加坡来说国家零废弃还得从源头减量以及产业布局上做出更多的努力。

大一点的国家，例如将废弃物分类做到极致的日本，正在持续推进建设循环经济社会与城市的基本规划，通过促进生产、物流、消费以至废弃过程中资源的有效使用与循环，将自然资源消耗和环境负担降到最低限度；再大一点的区域范畴，例如循环经济社会的先行者欧盟，先后发布了“迈向循环经济：欧洲零废弃计划”和“循环经济一揽子计划”，提出到2030年，城市废弃物利用率达到65%，包装废弃物实现75%再利用，城市废弃物填埋率不得超过10%，禁止将分类收集的废弃物进行填埋处置等零废弃目标。

不难看出，到了国家零废弃这个层面，实施或实现零废弃所需要的不只是理念和勇气，而是必须从以下几个战略层面来考虑。

（1）国家需要立法的保障

和其他所有的国家战略一样，国家零废弃的实施和执行需要法律的支持。无论是

《中华人民共和国循环经济促进法》（参见本书 12.3 部分）还是固废法，只有用法律手段才能有效约束所有废弃物产生的环节，也包括有效鼓励废弃物处理处置的环节。有法可依之后，将是有法必依，以及执法必严，直至违法必究，每一个环节都不能缺少。

（2）国家需要总量的平衡

如同一个工厂的物料平衡（参见本书 4.1 部分），一个国家也要尽量去考虑整个国土面积以内的物料平衡。理论上：

$$R_{Total}+N_{Total}+I_{Total}=C_{Total}+M_{Total}+E_{Total}+W_{Net}$$

式中 R_{Total}——开采利用的自然资源总量；

N_{Total}——农林牧渔产出总量；

I_{Total}——进口货物总量；

C_{Total}——基建设施总量；

M_{Total}——工业产出总量；

E_{Total}——出口货物总量；

W_{Net}——净废弃物总量。

不难看出，要想减少净废弃物总量，国家战略上必须在经济发展、各项总量增加的同时，提高自然资源的利用率，这与工厂提高原材料的转化率是一致的。

（3）国家需要自我的保护

虽然有《巴塞尔公约》对危险废弃物的跨境转运进行制约（参见本书 5.1 部分），由此可以保护发展中国家和不发达国家；然而并没有国际法对普通废弃物的跨境转运进行约束。出于特定阶段经济和工业发展的需要，发展中国家和不发达国家有可能在一定时期内允许可回收再利用废弃物的进口，然而这需要三个“度”：一是进口量要有限度，不能无限制进口；二是允许进口的废弃物质量要有标准，不能盲目进口；三是可以进口的时间要有期限，不能监管失控。总而言之，合理进口可回收利用的废弃物在特定时期和特定条件下对经济和工业是有益的甚至是必须的，这有助于国家零废弃战略；然而无限制进口或简单“一刀切”绝对禁止进口反而是有害的，反而会额外增加国家层面上废弃物处理处置的压力。

9 零废弃与绿色设计

无论从哪一个行业来看，一旦企业在生产、制造和运营中出现废弃物，要想通过内部的消除、回用、减量，或者外部的回收、好氧堆肥、厌氧消化以及生物燃料化包括热能利用，去实现百分之一百的零废弃都是有很大挑战的。

从之前有关废弃物处理处置技术的论述中我们可以看到，任何废弃物的转化方式都会产生或多或少的二次废弃物。尽管这些二次废弃物可能已经是无害化的可以直接填埋，也是绝大多数国家法律法规和技术标准所接受的，但是填埋终究是填埋，继续采用这些转化方法，零废弃（zero waste）很快就会遇到一个技术瓶颈。

零废弃要想更进一步，方法有没有？正确答案不在生产、制造和运营下游的废弃物处理处置，而在它们的上游，即绿色设计（eco-design，也叫生态设计）。

正是绿色设计和零废弃一起，才构成了完整的绿色制造的概念。

9.1 绿色设计体系

绿色设计是指为提高产品生命周期内的环境绩效，优化产品的环境影响而将环境因素引入产品设计和开发的活动。在产品整个生命周期内，绿色设计着重考虑产品环境属性（可拆卸性、可回收性、可维护性、可回用性等）并将其作为设计目标，在满足环境目标要求的同时，保证产品应有的功能、合格的质量以及正常的使用寿命等要求。

绿色设计的体系（eco-design system）中对于产品环境属性，可拆卸性优先从结构设计的角度来考虑，可回收性优先从材料选取的角度来考虑，可维护性（可维修性）优先从延长寿命的角度来考虑，而可回用性则从整体价值角度来考虑。

绿色设计体系中的这几个考虑，略微带有主观性：如果没有统一的标准，是很难定量要求和横向对比的。所以技术上我们又提出几个相应的概念，分别是可拆卸率、可回收率、可维护率以及可再制造率。而与可回用性相关的是破损率或损耗率，其既取决于该产品（整机及零部件）的质量水平，也取决于不同消费者的使用习惯，此处不作具体讨论。

9.2 可拆卸设计

9.2.1 可拆卸设计定义

可拆卸设计（design for disassembly）指的是把产品的可拆卸性能作为设计输入要素之一，并充分考虑产品拆卸环节以及其相关的各种因素的影响，利用各种技术手段如建模、分析、评价、规划、仿真等，在保证产品功能要求的前提下，提供一套简易的拆卸理论和方法，以利于产品的维护、升级和回收利用。

9.2.2 可拆卸设计准则

可拆卸设计的准则可以从材料、零部件、连接、结构、信息传递等方面考虑。

（1）材料要求

① 种类最少化原则　设计产品时应尽量减少产品组成的材料种类，当某些材料的物理或化学特性区别不大，并均能满足功能要求时，应尽量合并。

② 相容性原则　设计时不仅要考虑材料的种类，还要考虑材料的相容性。同一零部件若使用不同材料，应尽量采用相容性好的材料，以便于回收处理。例如：金属和塑料之间的相容性差，不能一起回收，应对其进行分离；塑料中的 PC（聚碳酸酯）与 ABS（丙烯腈-丁二烯-苯乙烯三元共聚物）的相容性好，则不必进一步分类，可一起回收处理。

③ 单纯性原则　除非功能性需求，设计时应尽量避免采用以下材料或经过以下工艺处理后的材料（此类材料只有经过破坏性拆卸才能实现两种材料的相对分离，且无法保证纯度，甚至不可分离）：不相容材质互相嵌入紧固件、连接件和加强件；电镀、电泳；喷涂、滚涂；丝印、覆涂；非兼容性的油墨和标签。

④ 危、毒、害物质使用原则　设计时尽量少用或避免采用危、毒、害物质（如卤化物），确因条件所限或功能要求，无法替代时，应做以下处理：集成（便于集中收集）；防护（规避拆卸风险）；告知（传达必要的危、毒、害物质信息给未来拆卸实施者）。

（2）零部件要求

① 最少化原则　零部件种类和数量决定了拆卸工作量，种类和数量越多，关联就越多，拆卸耗时就越长，效率就越差。因此在设计过程中，应尽可能实现产品零部件种类和数量的最少化。

② 模块化设计原则　对零部件尽可能采用模块化设计，使各部分功能相对独立，以尽量实现零部件的非破坏性拆卸。

③ 标准化原则　为简化拆卸工作，应尽量采用标准化零部件。

（3）连接要求

① 采用易于拆卸的连接方法原则　设计时应充分考虑拆卸的便利性，尽可能设计或采用最易于拆卸的连接方法，如插拔卡位等；尽量减少或避免采用焊、粘、螺丝和永久扣位等连接方法。

② 紧固件和连接件最少化原则　为使拆卸容易且省时省力，拆卸部位的紧固件和连接件数量和种类应尽可能少。

③ 紧固件和连接件标准化原则　为减少拆卸工具种类，简化拆卸工作，紧固件和连接件类型应尽可能标准化。

（4）结构要求

① 简单化原则　为了简化拆卸动作，产品设计的结构布局、外形和实体空间在连接上的逻辑关系应尽可能简单，并充分考虑拆卸活动过程中的人机工程学原理。

② 深度最浅化原则　设计时应尽量降低产品结构的深度，布局时尽量将拆卸目标零部件置于易于取得的地方。

③ 可达性原则　为了解决拆卸过程的可达性问题，应当考虑：视角可达，即拆卸时，应能看到内部的拆卸操作；实体可达，即拆卸时，操作人员直接或借助工具能够接触到拆卸部位；足够的拆卸操作空间，即需要拆卸的部位，其周围要有足够的空间，以方便拆卸工作，如螺栓螺母的布置应预留足够的扳手空间。

（5）信息传递要求

为使拆卸实施者提高拆卸效率和安全性，应在设计者与拆卸者之间建立有效的沟通渠道。为此，设计者应采取诸如文字、通用图示等通俗易懂的方式传递相关拆卸指导信息。例如材质标识，材料再生属性，拆卸运动及施加外力的方向，拆卸的逻辑顺序，不太明显的折断点，隐藏的连接点，最佳切割线和分离线，以及推荐的拆卸工具，等等。

9.2.3 可拆卸设计评价

可拆卸设计是一个对设计方案进行评价—修改—再评价—再修改，直至满足设计要求的动态过程。可拆卸性评价既可以是对拆卸方案进行仿真模拟拆卸过程的评价，也可以是对实际产品的拆卸过程进行的评价。通过评价可以提供有效的信息反馈，帮助设计人员进行设计改进，以进一步提高产品的可拆卸性能。

可拆卸设计评价的过程应包括：确定拆卸目的，确定目标零部件，选择评价指标，以及进行设计评价。

（1）确定拆卸目的和目标零部件

拆卸目的和目标零部件不同，拆卸手段和方法也不同。在产品使用阶段，拆卸的主要目的是产品的维修和升级换代，因此需要把目标零部件拆卸下来，此时主要保证与目标零部件相关联的其他部件不应受到损坏。在产品回收利用阶段拆卸的主要目的为产品零部件的再使用，分离含有危、毒、害物质的零部件，分离稀有材料和贵重材料，通过预拆卸降低材料分离的难度和提高回收材料的纯度。

在明确拆卸目的以后，相应确定拆卸目标零部件，并确定拆卸目标零部件及与目标零部件相关联的其他部件的拆卸后状态，主要指是否受损或发生其他物理或化学变化。根据拆卸目的可对产品进行模拟拆卸或真实拆卸，并对拆卸过程进行可拆卸性评价。

（2）选择评价指标

与拆卸过程有关的评价指标主要包括拆卸时间、拆卸成本和拆卸环境影响。

① 拆卸时间　即拆下所有目标零部件所需要的时间。产品的某一部件单元可能是由多个连接方式组合而成，则该部件单元的拆卸时间就是分离所有这些连接所消耗的时间总和。它包括基本拆卸时间和辅助时间：基本拆卸时间是指松开连接件、将待拆零部件和相关连接件分离所花费的时间；辅助时间是指为完成拆卸工作所作的辅助工作所花费的时间，如拆卸工具或人的手臂接近拆卸部位的时间等。在拆卸过程中拆卸工具、工人熟练程度、结构复杂程度对拆卸时间会有不同程度的影响，可根据具体情况调整其修正系数。拆卸时间长短的确定应来自实际拆卸数据的搜集、整理与分析。

② 拆卸成本　指与拆卸有关的一切费用，即投资费用和人力费用等。投资费用包括拆卸场地费用、拆卸所需的工具及夹具、工具的定位及夹具送进装置的费用，拆下材

料的识别、分类费用等。人力费用主要是指工人工资。产品中零部件的连接结构不同，拆卸的难易程度也不相同，拆卸成本则表现为不同的量值。

③ 拆卸环境影响　主要表现为噪声、能源消耗及污染物排放。可拆卸设计应尽量考虑拆卸环境影响最小化。

（3）进行设计评价

在选择评价指标之后，准备相关数据进行评价。这些评价指标既有定性指标也有定量指标，在可拆卸设计评价中应根据不同的目的灵活运用，既可以单独使用，也可以综合考虑。

9.3 可回收设计

因为可回收设计（design for recycling）实际上是指某一产品材料的可回收设计，所以首先要考虑的是这些材料的可回收性（如果折算成相应的可回收率，即从 0 到 100%）。可回收性又首先取决于在该产品设计的初期可回收利用材料的选择。

为了避免一些定义上的混淆，这里需要特别说明的是，可回收利用材料是狭义上的可回收材料，并不包括可再使用的零部件或元器件，除非它们的材料是可回收的；也不包括可生物降解材料，因为生物降解并不能使材料获得再生，其降解产物往往与原始材料大相径庭；更不包括能量回收的材料，其严格说是不得已而为之的焚烧，并不是物质的回收。

9.3.1 材料选择的过程和原则

材料的选择是一个非常复杂的综合过程，也是任何一个产品设计师（团队）核心和优先的工作。简单地看，材料选择可以分为以下五个步骤，如图 9-1 所示。

此外，在材料选择过程中，对材料的筛选与评价也要遵循一定的基本原则，主要包括：

① 使用性原则　选择的材料应满足产品功能、产品结构、工作环境；

② 工艺性原则　材料机械加工的难易程度及加工经济性、材料获取过程的工艺性；

③ 环境性原则　有利于资源的回收利用，环境影响尽量小；

④ 经济性原则　保证合理的产品总成本。

9.3.2 可回收利用材料选择的基本要求

可回收利用材料选择应满足：材料不应为了达到高回收利用率而影响其安全、性能、质量等要求；对于零部件材料选择，应优先考虑零部件的可再使用性，其次考虑材料的可回收性，最后才是材料的能量回收情况；在产品的制造阶段，应考虑在材料表

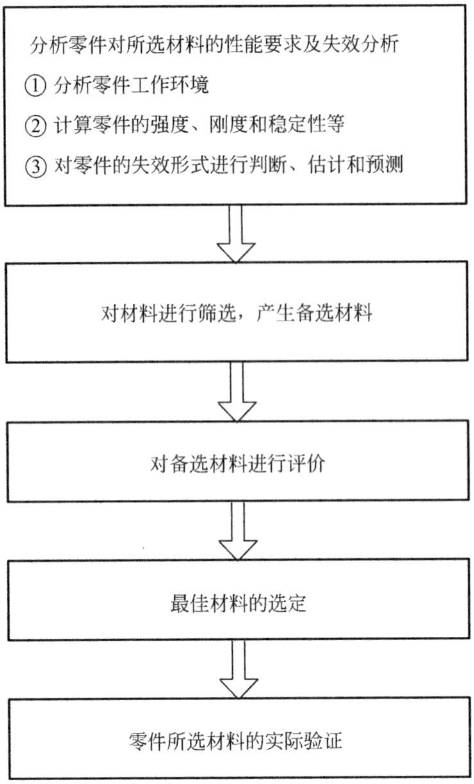

图 9-1　材料选择的五个步骤

面、零部件表面或产品说明书中标注材料成分，以便于在产品生命末期开展回收利用。

9.3.3　可回收利用材料选择的通用方式

（1）选择尽量少的材料种类

产品所使用的材料种类越少，就越有利于材料的回收利用。产品零部件应尽量使用单种可再生利用材料制成，例如同一种金属或同一种塑料。如选择两种或两种以上的混合塑料，选择相容性好的几种塑料。热塑性塑料中不相容的混合塑料的回收利用率很低，应尽量避免。

对有着类似功能需求或不易分离（采用粘接、焊接等紧固方式）的零部件，选择同类别或相容性高的材料。例如螺丝钉、紧固件等连接件宜尽量选择同种材料制成，同时在产品或产品说明书上对连接件的材料组分进行标注。此外，金属或塑料零部件的表面涂层或加工、塑料部件上粘贴大块贴纸或泡沫、将金属零部件嵌入塑料组件中（除非可用普通工具拆开）等行为皆会降低材料的可回收利用性，应尽量避免。

（2）选择回收利用率较高的材料

在材料选择时应在现有技术基础上，在满足安全、功能、成本等要求的前提下，选择回收利用率较高的材料，而回收利用率较低的填充性橡胶、发泡材料等应尽量避免。

对塑料材料进行选择时，尽量选择热塑性塑料而非热固性塑料。现有的生产工艺下，热塑性塑料的回收利用率较高，而热固性塑料的再生利用率很低，一般只能用于能量回收。

（3）选择无毒无害、低毒低害的材料

材料中的有害物质不仅会在产品使用阶段对消费者造成伤害，还会在产品生命末期造成材料回收利用的难度增高，资源利用率下降。为了有利于回收利用，应选择不含有害物质或有害物质含量较低的材料，即无毒无害或低毒低害的材料。

（4）选择再生材料

在适当的生产工艺下，由一定比例的废弃原料制成的再生材料与原生材料具有基本相同的物理化学性质，可以满足大部分材料的功能性要求。可选择的再生材料包括再生金属、再生塑料和再生纸等。选择再生材料既是对之前产品材料可回收性的肯定，也意味着该材料在产品使用寿命结束后仍旧可以被回收，同时还能降低产品的材料成本，一举多得。

9.3.4 可回收利用率的计算方法

可回收利用率即新产品中能够被回收利用的材料质量占新产品总质量的百分比。可以按照每一种可回收利用的零部件和（或）材料来计算整个产品的可回收利用率：

$$R=\frac{\sum_{i=1}^{n}m_i}{M}\times 100\%$$

式中　R——可回收利用率；

m_i——第 i 种可回收利用零部件和（或）材料的质量，kg；

n——可回收利用零部件和（或）材料的类别总数；

M——产品总质量，kg。

9.4 可维护设计/可维修设计

绿色设计性体系中所谓的可维护设计（design for maintenance），实际上更广泛地被叫做可维修设计（design for repairing），它是基于可拆卸设计，优于可回收设计的一种设计理念。这种设计理念来自产品本身的（可）维修性，又最终服务于产品的（可）维修性。

9.4.1 关于维修的几个定义

（1）维修性

在给定条件下，使用一定的程序和资源实施维修时，产品保持或恢复满足要求的功能状态的能力。

（2）维修度

在给定条件下，使用一定的程序和资源实施维修时，产品能在一定的时间区间内完成预定的实际维修工作的概率。

（3）维修

为保持或恢复产品处于指定的功能和状态而进行的所有技术和管理活动的组合。

（4）维修方案

产品维修中应用的维修场所等级、维修层次及维修活动等级之间的相互关系的说明。

（5）维修方针

提供维修和维修保障的一般方法，建立在所有者、使用者、客户目标和原则基础上。

9.4.2 可维修设计过程中的考量

设计者的责任是在时间和费用的约束条件下，实现包括维修性在内的各种工作要求。为此，从设计过程的开始就应规定维修性要求，并在设计过程中进行必要的维修性研究。

基于设计是一个反复的过程，对于一个高水平的设计而言，一个全面的维修大纲是非常重要的。高水平的设计很大程度上取决于产品制造的每一个分包商。因此，在这些设计中有必要将分包商纳入整个维修大纲，如图 9-2 所示。

显然，从设计阶段就仔细考虑产品的可维修性，将使维修变得更加可能或者更加简单。如果是正常产品使用寿命过程中的意外损坏维修，那么这种维修至少可以让产品达到其初始设计寿命而不必提前报废进入材料回收阶段；如果是在产品正常使用寿命结束后的维修，又可以使其获得第二次“生命”而暂时避免作为废弃物进入材料回收阶段。无论哪一种情况，实际上都是对零废弃的贡献。

考虑可维修性未必就一定增加设计和制造的成本，原因可以从这几方面考虑：

① 可维修性的一个必然要求就是零部件的通用性和可替换性，而满足如此要求的模块化设计可以大幅削减设计和制造的成本；

② 可维修性的一个必然结果就是产品的维修服务需求增加，市场就会对易损坏的零部件产生一个需求，企业可以从维修服务以及零部件销售中获得额外利润；

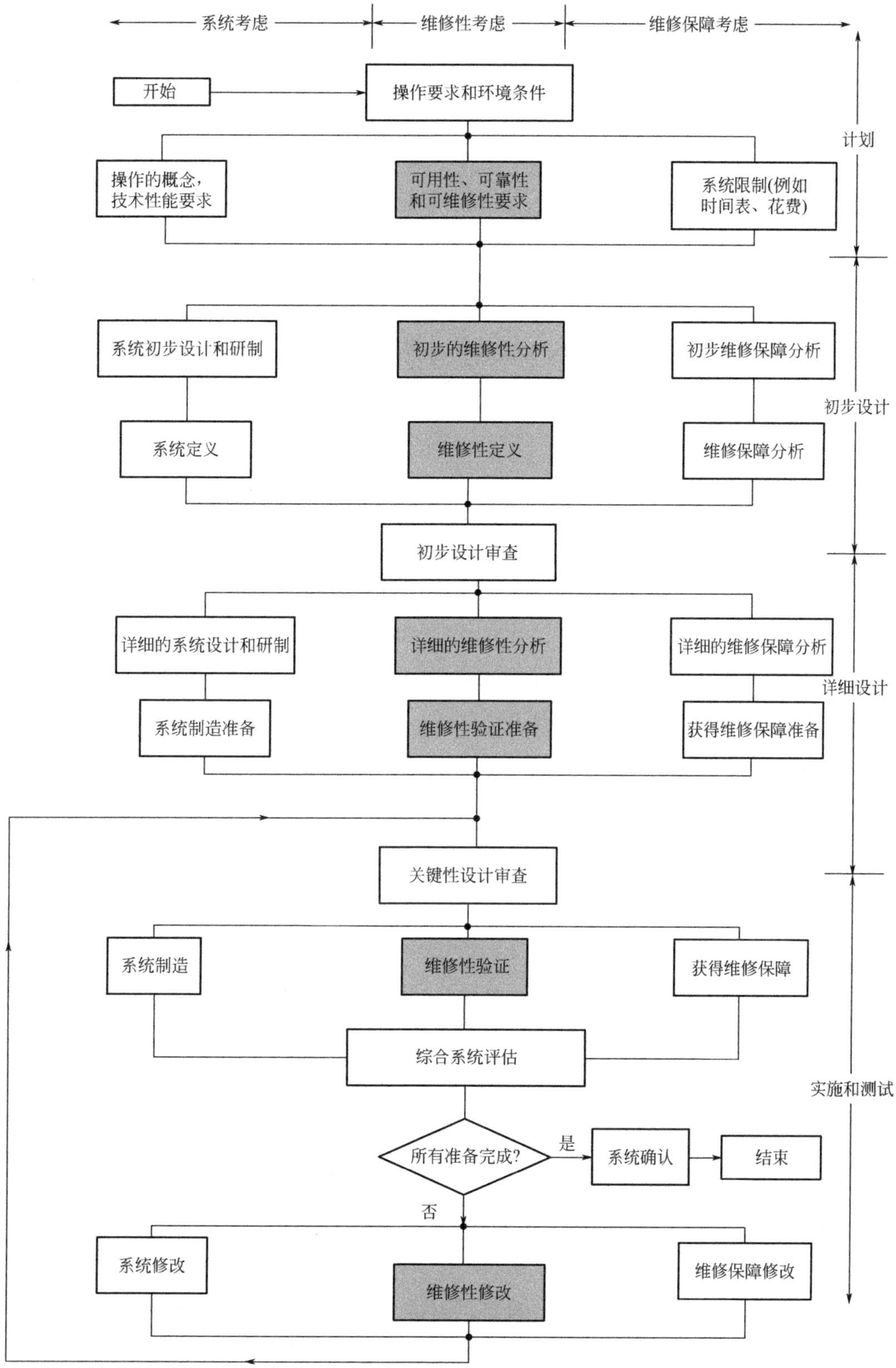
系统考虑
维修性考虑
维修保障考虑
开始
操作要求和环境条件
操作的概念，技术性能要求
可用性、可靠性和可维修性要求
系统限制(例如时间表、花费)
计划
系统初步设计和研制
初步的维修性分析
初步维修保障分析
系统定义
维修性定义
维修保障分析
初步设计
初步设计审查
详细的系统设计和研制
详细的维修性分析
详细的维修保障分析
系统制造准备
维修性验证准备
获得维修保障准备
详细设计
关键性设计审查
系统制造
维修性验证
获得维修保障
综合系统评估
实施和测试
所有准备完成?
是
系统确认
结束
否
系统修改
维修性修改
维修保障修改

图 9-2 维修性研究流程

③ 可维修性带来的一个可能出现的情况是在消费者手中同时出现不同代次的某一产品，客观使得该产品的市场保有量增大，从而可能因为客户情怀而间接带动该产品周边产品或衍生产品的市场。大众汽车品牌的高尔夫型号，还有近年来的苹果手机，都因为产品出色的品质和可维修性而出现了三代、四代同堂的现象。

9.5 可再制造设计

可再制造设计（design for remanufacturing）的情况比之前几个绿色设计都要复杂。之前第 6 章的废弃物转化方法里面我们讨论过，再制造分为两种情况：A 产品经过整体或零部件的再制造，回到 A 产品；A 产品经过重新设计和加工被制造成 B 产品。虽然都是再制造，但是由于目的不同，两种再制造的设计环节是完全不同的。

9.5.1 从 A 到 A

第一种情况下，在设计 A 产品的时候就已经知道将来会对 A 的零部件进行再制造并且回到 A 产品，所以设计中要考虑的原则如下。

（1）可拆卸性

没有可拆卸性就谈不上再制造，这是显而易见的，但是再制造的拆卸不是消费者个人使用普通工具对单个产品的简单拆解，而是在专门的工厂里对批量的废弃产品进行规模化的技术拆解，例如使用拆卸机器人等。机器拆解当然不等同于人工拆解，无论是对于胶黏剂的加热，还是对于极细螺丝的拧转等，机器人在程序的驱动下表现的要比我们人类出色的多。由于精准的控制，对于零部件的破坏也要比人工拆解轻微的多。所以绝不能将个人的手工拆解和再制造的专业拆解混为一谈，误认为个人无法拆解的就是可拆卸性设计不足。

（2）通用性

对于零部件通用性的要求与可维修性中提到的要求是一回事。无论是用于维修还是用于再制造，同一代次产品甚至不同代次产品中零部件的通用性都很重要。从 A 到 A 的再制造需要有一定数量的通用型零部件作为库存，由此来保证再制造时不必立即修复损坏或报废的零部件，可以直接用既有的零部件直接替换掉它们。当然，既有的零部件可能是零部件供应商直接提供的，也可能是另外的 A 产品上所拆解下来的（经检验、评估或认证）质量性能完全合格的零部件。

（3）经济性

没有一定的经济可行性，任何一种可再制造设计都是失败的——如果规模化的拆卸加上高科技的零部件再制造工艺，还要比重新设计制造一款产品昂贵的多，通常情况下是没有出路的。所以说，从 A 到 A 的再制造一般都会选择单位价值比较高的产品，其中相对易损坏和易报废的高价值零部件要设计得非常易于从产品主体上分离，这样的再制造经济性就比较好。

9.5.2 从A到B

第二种情况下，在设计A产品的时候并不知道将来会对A及其零部件进行什么样的再制造，也不知道再制造后的B产品可能是什么，这就给再制造设计者提出了很大的难题和很高的要求。

一般认为，该种情况的设计中对于可拆卸性、通用性和经济性的原则仍然可以遵守，这样至少可以保证如果再制造的B产品与初始的A产品是同一大类的话，再制造工艺过程不至于太复杂。然而，这种认为也许过于简单了，有时候我们甚至不得不承认，创新性的不足，常常限制了我们的思维！

从A到B的再制造设计中，我们也许不必遵守可拆卸性。

如果A产品的全部或者局部能够成为B产品的一部分，而恰好B产品并不需要用到A产品损坏或报废的零部件，且这些零部件的存在也不影响B产品的体积和功能，那么就完全没有必要去拆卸A产品——可以认为是A产品的整体在B产品的局部得到了回用。

从A到B的再制造设计中，通用性也许变得不那么重要。

由于A和B属于完全不同种类的产品，不同代次的A产品对于B产品有贡献的部分在B产品上发挥B产品的设计功能即可，换句话说，只要有A跟B之间必要的物理连接（也包括数据传输）使A产品发挥功效，而无需考虑A产品本身的通用性。

从A到B的再制造设计中，只要有创新，经济效益也许是颠覆性的。

A产品全部或局部损坏报废了，它的残余价值当然小于一个全新的A产品；但是用损坏报废的A产品（一个或者多个A产品）去全新设计并制造利润更高的B产品，其价值就可能远远大于一个或多个A产品的残余价值之和，甚至大于用基本原料直接制造B产品！

那么还有哪些原则，是在从A到B的再制造设计中我们要思考的呢？

（1）跨界设计

设计者的思维往往会被某一类产品的设计所局限，如果能够跨界地思维，例如把工业产品设计为工艺产品、把穿戴产品设计为居家产品、把农副产品设计为时尚产品等，都能把A产品设计成再制造的B产品。

（2）跨端设计

从来没有规定A产品只能被设计再制造成比A产品更低端的B产品，恰恰相反，成功的再制造设计往往是把A产品设计成更加高端的B产品。反差越大，理论上的利润空间也就越大，市场中所看重的成本价值由此会变成设计价值。

（3）跨域设计

不同的国家和地区，由于不同的历史和文化，造成了不同的产品价值取向。把损坏报废的A产品设计为B产品，也许在A产品的本地市场反响平平，却有可能在另外一个国家和地区大受欢迎。

9.5.3 再制造率的计算

无论是从A到A还是从A到B，总要有一个标准来衡量再制造的设计水平，于是就有了再制造率的概念。再制造率通常是针对有可再制造性设计的零部件而言的，根据应用的场景不同，经过再制造生产加工所获得的最终产品中（A或者B），使用的再制造零部件的产量之和占对应总产量的百分比称为产量再制造率，使用的再制造零部件的产值之和占对应总产值的百分比称为产值再制造率。

产量再制造率可参考如下计算公式：

$$RR_{\mathrm{pq}}=\frac{\int_0^T r(t)\mathrm{d}t}{\int_0^T r(t)\mathrm{d}t+\int_0^T m(t)\mathrm{d}t}$$

式中 RR_{pq}——产量再制造率；

$m(t)$——任意时刻 t 时的新品生产率，$\forall t\in[0,T]$，T 为规定的再制造率计算周期；

$r(t)$——任意时刻 t 时的再制造产品生产率，$\forall t\in[0,T]$。

如果产品（包括新品及再制造产品）的价值不随时间变化，产值再制造率可参考如下计算公式：

$$RR_{\mathrm{pv}}=\frac{P_{\mathrm{r}}\int_0^T r(t)\mathrm{d}t}{P_{\mathrm{r}}\cdot\int_0^T r(t)\mathrm{d}t+P_{\mathrm{m}}\cdot\int_0^T m(t)\mathrm{d}t}$$

式中 RR_{pv}——产值再制造率；

P_{m}——单件新品的价值；

P_{r}——单件再制造产品的价值。

如果产品（包括新品及再制造产品）的价值随着时间变化，产值再制造率可参考如下计算公式：

$$RR_{\mathrm{pv}}=\frac{\int_0^T P_{\mathrm{r}}(t)\cdot r(t)\mathrm{d}t}{\int_0^T P_{\mathrm{r}}(t)\cdot r(t)\mathrm{d}t+\int_0^T P_{\mathrm{m}}(t)\cdot m(t)\mathrm{d}t}$$

式中　RR_{pv}——产值再制造率；

$P_m(t)$——任意时刻 t 时的新品的价值，$\forall t \in [0, T]$，T 为规定的再制造率计算周期；

$P_r(t)$——任意时刻 t 时的再制造产品的价值，$\forall t \in [0, T]$，T 为规定的再制造率计算周期。

9.6　结论

当一个产品到了其使用寿命的末期，如果一开始在设计上考虑了可拆卸性，就能避免整体被当作废弃物来处理处置；如果一开始在设计上考虑了可回收性，就能避免由于难以回收而被送去焚烧甚至填埋；如果一开始在设计上考虑了可维护性，就能在局部或整体维修之后继续发挥价值而避免被废弃；如果一开始在设计上考虑了可再制造性，无论是从 A 到 A 还是从 A 到 B，该产品将实现一次凤凰涅槃而得到重生，不但不被废弃，甚至还能获得更高的市场价值。

由此可见，绿色设计从生产制造的上游突破了生产制造下游零废弃的技术瓶颈。虽然未必能在所有行业助力实现百分之一百的零废弃，但的的确确向前迈进了一大步，也从某种程度上为闭环物料（参考本书第 11 章）埋下了技术伏笔。

10 逆向物流

在论述闭环物料之前，还有一件事情不得不提，那就是逆向物流（reverse logistics）。

从第 9 章我们看到，产品的可拆卸性、可回收性、可维修性以及可再制造性，是从产品设计角度考虑的，将零废弃推向更高水准的方向；而这几个性能的实现首先还是需要把损坏或报废的产品送回到生产制造的工厂（只有极少数情况下的简单修理可以不必返厂）。从生产制造工厂到消费者手中，是我们所常见的物流方向，如果将此定义为正向物流，那么为了实现拆卸、回收、维修以及再制造，我们所需要的就是逆向物流了。

10.1 定义与种类

逆向物流又叫反向物流，是指商家客户委托第三方物流公司将交寄物品从用户指定所在地送达商家客户所在地的过程，也可以简单地理解为物品从供应链下游向上游的转移所引发的物流活动。

逆向物流的主要思想可以概括为以下几个方面：

① 逆向物流过程是由产品制造商来推动的，个人无法实现逆向物流；

② 逆向物流费用结算采取制造商、客户与第三方物流公司统一集中结算的方式；

③ 逆向物流通常需要商家、客户与第三方物流公司之间强大的企业资源计划系统（Enterprise Resource Planning，ERP）支持。

逆向物流的表现是多样化的，如从使用过的包装到处理过的电脑设备、从商品的退货到机械零部件等。逆向物流是一个从消费者手中回收用过的、过时的或者损坏的产品和包装开始，直至最终处理环节的过程。

虽然不同的专家学者对逆向物流的具体定义有不同的表述，但其主要内容是一致的，可以概括为四个方面：

① 逆向物流的目的是重新获得废弃产品或有缺陷产品的使用价值，或是对最终的废弃物进行正确的处理；

② 逆向物流的流动对象是产品、用于产品运输的容器、包装材料及相关信息，将它们从供应链终点沿着供应链的渠道反向流动到相应的各个节点；

③ 逆向物流的活动包括对上述流动对象的回收、分类、检测、维修、翻新、再制造和最终处理处置等活动；

④ 尽管逆向物流是物品的实体流动，但同正向物流一样，逆向物流中也伴随了逆向的资金流和逆向的信息流等。

逆向物流按照不同的关注点有不同的分类方法。按照回收物品的渠道，可以将逆向物流分为退货逆向物流和回收逆向物流两种。退货逆向物流是指下游顾客将不符合订单要求的产品退回给上游供应商，其流程与常规产品流向正好相反；而回收逆向物流是指将最终顾客所持有的废弃商品回收到供应链上各节点企业的物流活动。

退货逆向物流和回收逆向物流也分别对应着狭义的逆向物流和广义的逆向物流。狭义的逆向物流局限于由于各种原因而将产品、零部件召回生产企业的过程，对应英文是 returned logistics；广义的逆向物流在狭义的逆向物流之外，还包括了废弃物物流的内容，以最终减少资源使用为目的，并以此来达到减少在生产和消费中产生废弃物的目标，对应英文是 reverse logistics。

逆向物流在其他参考书目及文献中，也有“返回物流”或“静脉物流”等专业术语表述，其实大多数是指广义的逆向物流。

10.2 废弃物物流

退货逆向物流的社会意义主要是在商业服务层面，其本身与零废弃并无直接关系；而回收逆向物流，常常又被称为“废弃物物流”（waste material logistics），作为生产制造企业价值链中特殊的一环，与正向物流相比，共同点在于都具有包装、装卸、运输、储存、加工等物流功能，但是，废弃物物流与正向物流相比又具有其鲜明的特殊性。

（1）分散性

废弃物物流产生的时间、地点、质量和频率是难以预见的。废弃物可能产生于生产领域、流通领域或生活消费领域，涉及任何部门、任何个人，在社会的每个角落都在日夜不定时地发生着。正是这种多元特征导致其具有分散性。正向物流则不然，通常情况下的基本形态是定时、定点和定量的物品流动。

（2）缓慢性

废弃物物流在最初阶段数量少，种类多，只有在不断汇集的情况下才能形成较大的流动规模。不同于正常生产制造的商品，废弃物不能立即产生价值，需要经过分拣、筛选、加工制造等环节，才能逐步显示其潜在的价值，这一系列过程的时间是比较长的。正向物流则很快，商品利润的驱使会让正向物流迅速发生并在消费者手中得到价值的体现。

（3）混杂性

废弃物在进入逆向物流系统时往往高度混杂，不同价值、不同材料、不同去向，甚至不同法规监管要求的废弃物常常是混杂在一起的。通常只有经过缓慢的检查、鉴别和分类之后，废弃物的混杂性才会随着其不同的潜在价值而逐渐衰退。正向物流则不存在混杂性，各种商品在其设计和生产制造的初期就已经按照其价值分类妥当，并以各种必要的包装形式相互区别开来。

（4）多变性

由于受到物流水平和政策监管的影响，废弃物物流具有一定的不确定性，物流体系中的硬件软件可能随时升级改造，物流流向也可能从 A 地到 B 地被改成 B 地到 A 地，这些不确定性直接增加了废弃物物流的成本。正向物流由于其商品的相对稳定性，虽然按照市场需求也有各种变化，但总体比较平稳有序。

基于废弃物物流的这些特点，自然而然地我们要从协调沟通层面上去解决分散性的问题，要从意识和市场培养的角度去解决缓慢性的问题，要通过工程和技术的运用去解决混杂性的问题，要靠系统学和运筹学的研究去解决多变性的问题。

显然，由于当今世界各国废弃物的物流服务大多依赖于政府操作，商业化程度不够高，所以相关的研究显得非常不足，这也正是环境和资源保护学术界需要去更多关注的一个重点。

10.3 物流成本

物流成本（logistics cost）是指与物流相关的开支、花费，或物流活动的最基本的费用，废弃物物流的成本也就是与废弃物相关的运营费用。废弃物物流成本研究是进行废弃物物流管理和优化的基础。如何降低废弃物物流成本是个传统课题，在环境和资源保护的全球大背景下，如何使参与废弃物物流的企业效益最大化，是所有国家政府推动废弃物资源化过程中最为核心的问题。

10.3.1 成本构成

废弃物物流成本按不同的标准有不同的分类。按照产生主体的不同可以分为物流企业自身物流成本和委托第三方从事物流业务所发生的费用即委托物流费；更为实用的是按照功能，可以对废弃物物流成本做如下分类。

（1）运输成本

主要包括废弃物作业人工费用，如运输人员工资、福利等；营运费用，如营运车辆燃料费、折旧、公路运输管理费等；其他费用，如差旅费等。

（2）仓储成本

主要包括建造、购买或租赁废弃物相关场地及配套设施设备的成本和各类废弃物临时储存作业带来的成本。

（3）处理成本

主要有为了便于废弃物转运而在其过程中所必须的基础处理设备费用、处理材料费用、处理劳务费用及其他费用。

（4）包装成本

主要包括废弃物转运过程中所必须的包装材料费用、包装机械费用、包装技术费用、包装人工费用等。

（5）信息管理费用

包括企业为废弃物物流管理所发生的差旅费、会议费、交际费、软件系统费以及其他税费等。

10.3.2 成本计算

一般的物流成本计算中有个“冰山理论”，是指有很多项物流成本是隐藏的，物流成本可大可小，完全在于其计算的范围和方法。废弃物物流也是如此，所以在计算废弃物物流成本时，必须首先明确计算条件，包括物流范围、功能范围和会计科目范围。

(1) 物流范围

物流范围顾名思义，指的是物流的起点和终点之间的距离。从哪里开始到哪里为止(原材料产地、制造工厂、仓储运输、消费者、回收商等)，这个跨度相当宽广，不一样的空间范围，会导致废弃物物流成本计算结果发生很大的变化。

(2) 功能范围

功能范围是指在运输、仓储、配送、包装、装卸、信息管理等众多的物流功能中，把哪种功能作为计算对象。把所有的功能作为计算对象所得成本与只把废弃物仓储和运输功能作为计算对象所得成本，显然会有相当大的差异。

(3) 会计科目范围

会计科目范围是指把哪些科目列入计算对象的问题。在通常的会计科目中，有运费开支、仓储开支等企业外部支出，也有人工费、折旧费、修缮费、燃料费等企业内部支出。选择哪些开支项目列入成本计算对象，对废弃物物流成本的大小影响极大。不同废弃物物流企业之间，或者某一废弃物物流企业在不同时期，为了便于参照对比，在计算物流成本时需尽量采用同样的会计科目标准。

10.3.3 成本分析

物流成本分析的方法很多。参照常见的配送中心物流成本分析，废弃物物流成本可以用全面分析和详细分析两种手段。

10.3.3.1 全面分析

企业计算出总的废弃物物流成本之后，可以计算出以下各种比率，再用这些比率同以往同时期比较来考察成本的变化情况，也可以与同行业其他企业相比较。

(1) 单位重量(体积)物流成本率

单位重量(体积)物流成本率＝物流成本/单位重量(体积)×100％

这个比率越高则对废弃物重量的弹性越低，当然该比率受废弃物接收量变化的影响较大，因此作为考核指标略显不足。

(2) 物流职能成本率

物流职能成本率＝物流职能成本/物流总成本×100％

该指标可以明确包装费、运输费、保管费、装卸费、流通加工费、信息咨询费、物流管理费等各物流职能成本占废弃物物流总成本的比率。

10.3.3.2 详细分析

通过全面分析，可以了解废弃物物流成本的变化情况及变化趋势；但是对引起成本变化的原因，还要进一步按照职能分类，通过四类指标与既往以及同行业其他企业进行各种细微差异的分析比较，才有机会掌握废弃物物流成本的节约空间，才有可能提出降低废弃物物流成本的对策方案。

（1）与运输相关指标

装载率＝实际载重量/标准载重量×100％

车辆开动率＝月总开动次数/拥有台数×100％

运行周转率＝月总运行次数/拥有台数×100％

单位车辆月行驶里程＝月总行驶里程/拥有台数

单位里程行驶费＝月实际行驶三费/月总行驶里程

（行驶三费＝修理费＋内外胎费＋油料费）

单位运量运费＝运输费/运输总量

（2）有关仓储活动指标

仓储利用率＝废弃物堆放面积/总面积×100％

仓储周转次数＝年出库重量（体积）/平均仓储重量（体积）

（3）有关装卸活动指标

单位人时工作量＝总工作量/装卸作业人时数

（装卸作业人时数＝作业人数×作业时间）

装卸效率＝标准装卸作业人时数/实际装卸作业人时数

装卸设备开工率＝装卸设备实际开动时间/装卸设备标准开动时间

单位工作量修理费＝装卸设备修理费/总工作量

单位工作量卸装费＝装卸费/总工作量

（4）有关物流信息活动指标

物流信息处理率＝物流信息处理数量/标准物流信息处理数

10.3.4 成本管理

无论用哪一种方式去实现零废弃，在社会价值之外，或多或少一定有其经济价值；然而作为零废弃的一个环节，废弃物物流本身的成本是一定要用科学的方法去控制和优化的。

(1) 技术的标准化

制定废弃物物流各个环节的技术标准，一旦标准得以制定和统一，废弃物物流上下游的衔接就会变得顺畅高效；不同废弃物物流承接企业因为执行了同样的标准，整个行业的规范化和兼容性必然得到提升，技术的标准化有助于整个废弃物物流行业降低综合成本。此外，废弃物物流技术的标准化也为政府监督和管理提供了一个可执行的尺度。

(2) 提高供应链管理水平

废弃物物流的上下游供应链需要协调各种关系，除了必要的技术的标准化，运营也要能够尽量兼顾各方利益，实现整个供应链活动的效率化。很多世界五百强企业正是通过其强大高效的供应链管理来降低物流成本，从而增加公司的利润率。

(3) 借助信息系统化工程

要实现废弃物物流企业与其他交易企业之间的效率化交易关系，必须借助现代信息系统的构筑，尤其是利用互联网等高新技术来完成物流全过程的协调、控制和管理，实现从前端到终端所有中间过程的网络化服务。显然，物流管理信息系统的迅速发展，也能使混杂在其他业务中的物流活动成本，特别是像废弃物物流这样复杂的成本能够被精准地计算出来，从而有助于进一步寻找降低成本的空间。

(4) 全过程控制理论

对于一个废弃物处理处置链条上的企业来讲，控制其物流成本不单单是该企业的事情，也是属地政府和监管机构应当全盘考虑的事情，需要配合当地产业及社会的发展，统一投资建设必要的废弃物物流配套设施，并在该废弃物物流的上下游为企业提供全过程信息。只有在政府的统一全过程管理和协调下，涉及废弃物物流的生产制造型企业或专业运营废弃物的物流企业才能有效地降低全过程的综合成本。

(5) 提升物流效率

在一定的废弃物总量下，其物流效率越高则物流周期越短，时间压缩了，成本就自然降低了，利润率也就同时提升了。随着废弃物处理处置面临多频度、小单位物流要求的发展，物流企业必须重视配车计划，提高装载率以及车辆运行管理。如果涉及跨境物流，那么在边境的通关效率也是制约物流效率的重要因素。废弃物相关的物流由于运输的是废弃物（即便是资源型废弃物）而比较敏感，被抽检抽查的概率比一般货物要高，所以物流企业应当在合规性方面绝对遵纪守法，必要的话可以请有资质的第三方按照入境验货的相关标准预先进行认证，如此可以大幅提高废弃物的通关效率。

10.4 驱动与发展

逆向物流的驱动力 (drive)，一方面来自生产制造型企业，其需要为废弃物的处理处置或综合利用承担必要的社会责任；另一方面来自上游市场的需求，毕竟很多零部件的再利用要比重新生产制造成本更低，很多废弃物中的矿物质也要比该物质原生矿丰度更高，无论是维修、翻新、再制造，还是提炼矿物原料，都有很大的经济价值。这一切都在推动着逆向物流，包括废弃物物流的飞速发展。

社会上既有生产制造型企业自己独立发展其产品、零部件或原材料相关逆向物流的，也有原材料或零部件的供应商为自己的客户发展逆向物流的，还有第三方原本从事一般物流业务的企业去提供逆向物流外包服务的，等等。这几种发展模式各有特点，互为补充，甚至合作发展。

随着逆向物流逐步向专业化和精细化发展，有条件的生产制造型企业在基本实现零废弃之后，闭环物料才能正式登场。

11 闭环物料

说起闭环也许大家并不陌生，操场跑圈是闭环，PDCA（计划 Plan、执行 Do、检查 Check、处理 Act）的管理方式是闭环，四个维度的莫比乌斯带（Mobius Band）是闭环……所有的这些闭环都有一个共同特点，就是从一个起点，经过空间或时间的变换，最终回到了起点；也可以说，闭环的定义里既没有起点，也没有终点；或者干脆说，闭环中的每一个点既是起点，也是终点。

正如永动机不符合热力学第二定律，在现实中不可能存在一样，闭环运动的物体或事件也不可能在没有外部能量注入的情况下自发产生或无限循环。那么闭环物料（material closed loop）的意义究竟何在，与物料回收有什么关系，它又是如何运作的，其终极形式能带来零废弃吗，我们接下来就将一一寻求这些问题的答案。

11.1 回收与闭环

非常理想的一个资源使用状态，就是将矿产开采出来，经过加工制造成产品，经由社会充分消费（回用、维修、翻新、再制造等）并最终废弃后，被彻底分解到初始原料的级别，再回到该原料初级加工环节而重新进入产业链。与简单的物料回收不一样的地方在于，物料回收是不定向的，而闭环物料是定向的。

那么相对于不定向的物料回收，定向的闭环物料有什么特点呢？

首先，不定向的物料回收一般是由回收商主导的。回收商把废弃物分离出（物理方法）或分解出（物理、化学、生物等方法）基本物料（塑料、金属等）之后，将以一定的价值重新回到原材料市场参加物料循环。所以回收商既不关心这些废弃物从哪里来（只要价格合适），也不关心是什么样的客户会去采购这些原材料（只要出价合理），更不关心销售之后客户会拿这些原材料去做什么样的产品（只要不违法）。正因如此，回收商不免会受到利益的驱使而去挑选回收附加值比较高的废弃物，而不是真正关注所有的，特别是对于生态环境影响较大的废弃物。

闭环物料则不然。定向的闭环物料一般是由制造商主导的。制造商很明白自己的产品生产需要哪些原材料，也很清楚这些原材料哪些易于从原生资源中获取，哪些易于从再生资源中获取。只要有可能，制造商非常希望所有废弃产品中的物料都能百分之一百，最好免费回到自己上游原料供应商去。所以制造商主导的闭环物料客观上最希望去回收废弃的自家产品，其中也包括对于生态环境潜在影响较大的废弃物。

其次，不定向的物料回收对回收工艺追求不高。正是由于回收商不关心什么样的客户会购买再生物料，所以一般是按照其自身技术能力选择回收工艺，尽可能在工艺投入和回收利润之间找到一个平衡点。毕竟好的工艺做出好的再生原料有人买，差一点的工艺做出品质差一点的再生原料也有它的市场，完全没有必要追求更高的工艺，以及稳定的品质。

闭环物料则不然。因为制造商希望废弃产品中的物料重新回到自己上游原料供应商，继续用来供应自己的同样产品的生产，那么，再生工艺的先进性以及与此相关的品质稳定性就变得很重要。工艺越是先进，品质越是稳定，重新回到原料端之后越是经济；否则，品质差或者品质不稳定会直接影响后续的加工制造，这样一来还不如采购原生资源的材料合算。

再次，不定向的物料回收无需太多考虑物流的问题。从第 10 章我们已经了解到，物料回收虽然属于逆向物流的范畴，但是就基本运作来说还是一个相对简单的过程——回收商把各种废弃物收集起来，加工处理后将增值的再生原料流向有需要的制造商客户。在这个过程中，准确地说只有收集废弃物这一步属于逆向物流，后面的运作就和正向物流一模一样了。

闭环物料则不然。闭环物料的运作很大程度上依赖于全程逆向物流的实现。其实闭环物料的运作有两个关键点：第一个是理论上只收集废弃的自家产品（或者自家产品制造过程中的废弃物）去回收原料而排除其他各种废弃物，哪怕是同样的材料；第二个是再生原料只送到自己供应链的上游继续制造同品牌同类产品，而不是去市场上销售盈利。不难发现，由于闭环物料的排他性和非市场性，其逆向物流的通道是非常狭窄的。如果把这种物流抽象比喻成一座独木桥，那么在过桥人流量很小的情况下问题还不大，但是人流量大时，既要在人头攒动中选择过桥的人，又要告诉被选择的过桥者到了对岸只能到指定的地方，可想而知独木桥的两头会有多么混乱不堪。

另外，不定向的物料回收没有太多的市场监管。只要回收企业遵守属地工商和环保等法规条例的要求，回收料的品质也没有鱼目混珠冒充原生料，政府不但不会特别干预，说不定还有政策鼓励扶持。这也很好理解，毕竟回收商处理废弃物是对生态环境保护有正面贡献的。

闭环物料则不然。由于当今世界生产制造的供应链都很长，简单的物料回收可以在属地完成，而闭环物料的两个物流节点通常都是跨地域的，甚至是跨境的。当同一种废弃产品往一个地方集中的时候，民众和媒体通常会关心：为什么要把同一类废弃物都运到我家门口来；会不会影响当地的生态环境；当某种再生原料经过海关的时候，它是以哪一种进口货物种类报关的；到底是资源型的原材料，还是伪装的“洋垃圾”……这些问题都会引起监管部门的额外关注，从而制定法规，加以特别监管。

还有，不定向的物料回收无法全面促进绿色设计。只要产品在材料选择上做到了可回收设计，物料回收就成为可能。从之前的第 9 章我们看到，可回收性还只是绿色设计的一个初级属性，回收胜于焚烧热能利用，但又远远不如维修和再制造。如果所有的废弃产品皆用于物料回收，那么产品设计就无需考虑可维修性和可再制造性了。当制造商无法大量获得废弃的自家产品用于维修和再制造时，绿色设计的这两个高级属性就无从谈起了。

闭环物料则不然。当废弃的产品回到制造商手中的时候，从制造成本的角度一定会优先考虑维修或再制造使其重新成为可销售的商品。该产品在最初设计的时候，是否考虑过可维修性和可再制造性就变得尤为重要；同时，即便无法维修或再制造，即便是只考虑材料的可回收性，制造商在产品设计初期也会因为充分考虑到了可能的回收工艺，结合再生材料的目标性能，最终材料的回收率和再生品质都会比一般回收商要高出很多，绿色设计的意义也因此能得到充分体现。

最后，不定向的物料回收无法充分体现生产者责任的延伸。即便是废弃物中有可以回收的物料，也值得去回收，但是这个工作如果由回收商去做的话，就跟产品制造商没有什么关系了。换而言之，制造商不需要知道后面发生了什么，实际上到底是回收了还是焚烧了，是回收了还是填埋了，不得而知。

闭环物料则不然。出于后续的产品制造，原产品制造商需要知道也能够知道废弃物去哪里了，否则闭环无从谈起；既然知道去哪里了，如果废弃物又被不合规地回收加工或处理处置，制造商也是需要去承担责任并解决问题的。当每一个制造商都去合规地管控自己的废弃物时，整个产业链也就夯实了零废弃的成功基础。

11.2 法规监管

在第 10 章的逆向物流中提到了废弃物物流——废弃物物流正是闭环物料的基础，其目的就是要将某些废弃的产品或者该产品生产制造过程中的废弃物，有组织、有目的、成规模地送至该产品的原材料供应商，再次从头进入该产品的制造工艺中去。

在 10.1 部分回收与闭环的异同中我们又看到，废弃物物流要受到也应该受到相关法律法规的约束。第 5 章废弃物管理中提到的有关废弃物的国际公约，其中《巴塞尔公约》就是专门针对废弃物物流，特别是危险废弃物物流的一个最为重要的国际准则。

虽然《巴塞尔公约》1995 年的修正案明令禁止发达国家以最终处置为目的向发展中国家出口危险废料，但是其中还是有两个细节值得关注：一个是危险废料的鉴别——属于危险废料就需要遵守这个国际公约，不是危险废料就不必遵守；另一个是最终处置——什么样的方法是最终处置，哪些方法又不是最终处置。

这两个问题的答案必须是科学严谨的，同时随着废弃物处理处置技术的发展又是动态的。为了解决这两个问题，联合国环境规划署在全球设立了 14 个巴塞尔公约区域和协调中心（简称巴塞尔中心），其基本职能是巴塞尔公约缔约方大会历届会议确定的区域中心的工作，也包括培训、技术转让、提供信息、咨询服务、宣传活动等。在区域内的国家和地区，巴塞尔中心会根据公约的规定来回答以上两个问题并协调执行。

我们认为，闭环物料中所谓的“废弃物”，如果它有着明确的经济价值，物流的方向是有资质的、为某指定产品提供原材料的加工企业，且物料在受控的运输和加工过程中不对涉及的国家和地区生态环境造成明显的或潜在的危害，那么该“废弃物”就不应该被定义成“废弃物”，更不是什么危险废弃物（当然前提是要有各项合规的证明和证据）。

同时对比回收我们发现，让“废弃”的产品在无法回用、维修、翻新或再制造的情况下，连同其制造过程中切削、打磨下来的同质物料，定向回到指定产品的源头作为原材料再制造为该产品，其环境效益明显优于不定向的回收。既然如此，闭环物料就不应该被视为对废弃物的一般处置（前提也是要提供各种工艺描述以及物料进出库清单作为合规的证明和证据）。

另外从第5章废弃物管理中可以了解到，各个国家和地区的政府也都相应制定了一系列的法律、法规和标准，对本国生态环境有利的废弃物物流及闭环物料进行正面引导，对本国生态环境不利的废弃物物流进行严格限制。以中国为例，在现行的固废法中，有以下条文规定。

> 第一章总则第三条规定：
>
> 国家推行绿色发展方式，促进清洁生产和循环经济发展。
>
> 国家倡导简约适度、绿色低碳的生活方式，引导公众积极参与固体废物污染环境防治。
>
> 第一章总则第四条规定：
>
> 固体废物污染环境防治坚持减量化、资源化和无害化的原则。
>
> 任何单位和个人都应当采取措施，减少固体废物的产生量，促进固体废物的综合利用，降低固体废物的危害性。
>
> 第二章监督管理第十四条规定：
>
> 国务院生态环境主管部门应当会同国务院有关部门根据国家环境质量标准和国家经济、技术条件，制定固体废物鉴别标准、鉴别程序和国家固体废物污染环境防治技术标准。
>
> 第二章监督管理第十六条规定：
>
> 国务院生态环境主管部门应当会同国务院有关部门建立全国危险废物等固体废物污染环境防治信息平台，推进固体废物收集、转移、处置等全过程监控和信息化追溯。
>
> 第二章监督管理第二十二条规定：
>
> 转移固体废物出省、自治区、直辖市行政区域贮存、处置的，应当向固体废物移出地的省、自治区、直辖市人民政府生态环境主管部门提出申请。移出地的省、自治区、直辖市人民政府生态环境主管部门应当及时商经接受地的省、自治区、直辖市人民政府生态环境主管部门同意后，在规定期限内批准转移该固体废物出省、自治区、直辖市行政区域。未经批准的，不得转移。
>
> 转移固体废物出省、自治区、直辖市行政区域利用的，应当报固体废物移出地的省、自治区、直辖市人民政府生态环境主管部门备案。移出地的省、自治区、直辖市人民政府生态环境主管部门应当将备案信息通报接受地的省、自

治区、直辖市人民政府生态环境主管部门。

第二章监督管理第二十三条规定：

禁止中华人民共和国境外的固体废物进境倾倒、堆放、处置。

第二章监督管理第二十四条规定：

国家逐步实现固体废物零进口，由国务院生态环境主管部门会同国务院商务、发展改革、海关等主管部门组织实施。

第二章监督管理第二十五条规定：

海关发现进口货物疑似固体废物的，可以委托专业机构开展属性鉴别，并根据鉴别结论依法管理。

第六章危险废物第八十九条规定：

禁止经中华人民共和国过境转移危险废物。

第九章附则第一百二十四条对用语的含义作了解释：

固体废物，是指在生产、生活和其他活动中产生的丧失原有利用价值或者虽未丧失利用价值但被抛弃或者放弃的固态、半固态和置于容器中的气态的物品、物质以及法律、行政法规规定纳入固体废物管理的物品、物质。经无害化加工处理，并且符合强制性国家产品质量标准，不会危害公众健康和生态安全，或者根据固体废物鉴别标准和鉴别程序认定为不属于固体废物的除外。

危险废物，是指列入国家危险废物名录或者根据国家规定的危险废物鉴别标准和鉴别方法认定的具有危险特性的固体废物。

从法律条文中我们可以读到，除了对跨地域废弃物转移严格管控，中国也将逐步实现固体废弃物零进口；同时制定固体废弃物鉴别标准和鉴别程序，准确地将资源性物资甄选出来；另外鼓励产品的生产者开展生态设计，建立废旧产品回收体系，促进循环经济。

按照这样的规定，闭环物料在境内不但有合规运作的空间，甚至可以得到政策的支持；跨境的情况则比较复杂，物料鉴别结果不得属于危险废弃物，只要是废弃物，闭环物料就无法运作。

这样从严立法的战略意义重大：一方面可以杜绝以循环经济、闭环物料为幌子，将境外的固体废弃物入境倾倒、堆放、处置；另一方面，逐步切断固体废弃物的境外来源，可以倒逼国内资源性废弃物的各种转化，由固体废弃物的零进口迈向零废弃。

总而言之，只有当闭环物料的运作严格遵守相关的法律法规，才能真正成为对生态环境有益的事情。

11.3 物料鉴别

在法律和法规的层面可以看到，只要被鉴定为固体废弃物，无论在哪里、其资源性如何，合规的闭环物料就没有运作的空间。所以说，闭环物料的鉴别（material identification），或者反过来说固体废弃物的鉴别，直接决定了闭环物料的生存空间。

固体废弃物的鉴别，除了法律法规条文上的定义外，各个国家和地区也都有与之相配套的鉴别程序和技术标准。我们以中国为例，固体废弃物的鉴别流程和技术标准主要有以下内容。

11.3.1 鉴别程序

固体废弃物属性鉴别工作程序主要包括鉴别委托与受理、一般鉴别、复检鉴别、分歧或异议处理等。

（1）鉴别委托与受理

委托鉴别时，委托方应向鉴别机构提交以下材料：

① 委托鉴别申请函（需说明鉴别原因）；

② 鉴别货物产生来源信息；

③ 申请复检鉴别时应提交自我申明以及已进行的检验或鉴别材料；

④ 鉴别机构要求的其他必要信息。

鉴别机构同意受理委托，应告知委托方所需鉴别工作费用和时间。

（2）一般鉴别

属于以下情形之一的，委托方可委托鉴别机构对物质、物品是否属于固体废弃物及其类别进行鉴别：

① 海关因物质或物品属性专门性问题难以作出是否将进口货物纳入固体废物管理范围决定的，可由海关委托鉴别机构进行固体废弃物属性鉴别；

② 海关缉私部门查处的走私货物需要进行固体废弃物属性鉴别的；生态环境主管部门和其他政府机构等在监督管理过程中需要进行固体废弃物属性鉴别的；

③ 行政部门、司法机关受理收货人或其代理人有关行政复议、行政诉讼等后可视需求委托鉴别机构进行固体废弃物属性鉴别。

（3）复检鉴别

收货人或其代理人对海关将其进口货物纳入固体废弃物管理范围持有异议的，可申请复检鉴别，由海关委托鉴别机构进行固体废弃物属性复检鉴别。复检鉴别最多执行一次。已承担过该批货物鉴别任务的鉴别机构原则上不接受复检鉴别委托。

复检鉴别时委托方应将海关判定依据（检验查验报告或鉴别报告）书面告知复检鉴

别机构，该批货物已经过鉴别的，受理复检鉴别的机构应将复检鉴别受理行为书面告知首次鉴别机构。委托方没有进行告知的复检鉴别及其结论视为无效。鉴别机构应在鉴别报告中注明为复检鉴别。

（4）分歧或异议处理

复检鉴别与首次鉴别的结论不一致的，或者相关方对鉴别结论存在严重分歧的，或者没有合适的鉴别机构进行鉴别的，相关方（如海关、司法机关、收货人或其代理人等）可向海关总署提出书面申请，申请时需提交已进行的固体废弃物属性鉴别报告及相关材料，并书面说明各相关方对鉴别结论的不同意见及理由。海关总署就申请征求生态环境部意见。

生态环境部会同海关总署组织召开专家会议进行研究，专家组成员由生态环境部、海关总署推荐的专家组成，实施该进口货物的固体废弃物属性检验和鉴别机构的人员不应作为专家组成员。专家会议达成的一致意见应作为最终处理意见，因客观证据不充分导致专家会议难以达成一致意见的，需要提出具体的下一步工作要求，如补充分析检测数据，需要再次召开专家会议的，由生态环境部确定时间和地点。

11.3.2 技术规定

（1）采样与样品的分析检测

采集有代表性的样品（具体取决于货物的形态及包装），选择以判断物质产生来源和属性为主要目的的分析检测项目，根据不同样品特点有选择性地进行分析检测，包括但不限于外观特征、物理指标、主要成分及含量、主要物质化学结构、杂质成分及含量、典型特征指标、加工性能、危险废弃物特性等。

样品的分析检测应符合相关规范，鉴别机构的实验室管理规范、制度齐全；当需要分包进行分析检测时，应优先选择有计量认证资质的实验室，或者选择有经验的专业实验室。

（2）样品属性鉴别判断

① 将鉴别样品的理化特征和特性分析结果与文献资料、产品标准等进行对比分析，必要时可咨询相关行业专家，确定鉴别样品的基本产生工艺过程；

② 依据《固体废物鉴别标准通则》（GB 34330）对鉴别样品进行固体废弃物属性判断；

③ 同一份鉴别样品或同一批鉴别样品为固体废弃物和非固体废弃物混合物的，应在工艺来源或产生来源的合理性分析基础上，进行整体综合判断，当发现明显混入有害组分时应从严要求。

（3）现场鉴别

① 对不适合送样鉴别的待鉴别物质、物品，鉴别机构可进行现场鉴别。

② 现场鉴别时，应对该批鉴别货物全部打开集装箱进行察看，记录和描述开箱货物特征。

③ 现场鉴别掏箱查验数不少于该批鉴别货物集装箱数量的10%，根据现场情况，掏箱操作可实行全掏、半掏或1/3掏，以能够看清和掌握货物整体状况为准，记录和描述掏箱货物特征；如果开箱后的货物较少，不需要掏箱便可准确判断箱内货物状况的，可以不实施掏箱。

④ 掏出的货物拆包/件的查验比例应不少于该箱掏出货物的20%，记录和描述掏箱和拆包货物特征。

⑤ 对散装海运和陆运的固体废弃物现场鉴别，实施100%查验，落地查验数量不少于该批鉴别货物数量的10%。

（4）鉴别报告编写

① 鉴别报告应包含必要的鉴别信息，如委托方、样品来源、报关单号、收样时间、样品标记、样品编号、样品外观描述、鉴别工作依据、鉴别报告签发时间、鉴别报告编号等，依据现场查验即可完成的鉴别报告可适当简化；

② 鉴别报告应编写规范，条理清晰，分析论证合理，属性结论明确；

③ 鉴别报告至少应有鉴别人员和审核人员签字，加盖鉴别机构的公章；

④ 需要对已经发出的鉴别报告进行修改或补充时，应收回已发出的报告原件，并在重新出具的鉴别报告中进行必要的说明。

11.3.3 鉴别标准

除了使用一般的固体废弃物判定标准来区分和鉴别闭环物料，有时也使用一些专门的鉴定技术标准，如果能够符合这些标准，一部分资源性“废弃物”往往就能够获得相应的豁免，成为合规的闭环物料，而不至于被简单地判定为固体废弃物而失去参与物料循环的机会。

当前最为常见的资源性“废弃物”鉴别标准主要集中在再生塑料和再生金属两大类。

（1）再生塑料鉴别标准

再生塑料有很多种。中国是再生塑料的生产大国，已经发布、正在制定和计划制定的与再生塑料（颗粒）相关的国家标准涵盖了五大通用塑料［聚乙烯（PE）、聚丙烯（PP）、聚氯乙烯（PVC）、聚苯乙烯（PS）和丙烯腈-丁二烯-苯乙烯共聚合物（ABS）］，以及另外几种工业常用塑料，具体标准如下：

《塑料　再生塑料　第1部分：通则》；

《塑料　再生塑料　第 2 部分：聚乙烯（PE）材料》；

《塑料　再生塑料　第 3 部分：聚丙烯（PP）材料》；

《塑料　再生塑料　第 4 部分：聚氯乙烯（PVC）材料》；

《塑料　再生塑料　第 5 部分：丙烯腈-丁二烯-苯乙烯（ABS）材料》；

《塑料　再生塑料　第 6 部分：聚苯乙烯（PS）材料》；

《塑料　再生塑料　第 7 部分：聚碳酸酯（PC）材料》；

《塑料　再生塑料　第 8 部分：聚酰胺（PA）材料》；

《塑料　再生塑料　第 9 部分：聚对苯二甲酸乙二醇酯（PET）材料》。

此外，《废塑料分类及代码》对各种资源性废塑料作出了统一规范的定义、《废塑料再生利用技术规范》对废塑料再生利用的工艺及企业作了明确的技术要求、《进口可用作原料的固体废物环境保护控制标准——废塑料》对资源性废塑料进口的技术要求作了具体的描述。此类国家标准还在不断补充和更新中。

（2）再生金属鉴别标准

再生金属的种类更多。根据各个国家地区的工业发展水平以及后续制造行业的差异，再生金属所执行的标准也千差万别。其中最为常见的是铜和铝。以中国为例，已经发布、正在制定和计划制定的国家标准如下。

① 再生铜原料标准　《再生铜及铜合金棒》《再生铜原料》《再生黄铜原料》。

② 再生铝标准　《再生铸造铝合金原料》《再生纯铝原料》《再生变形铝原料》。

除此之外，有色金属等行业协会也发布了一些关于铜和铝的团体标准。特别值得重视的是，中国还发布了《再生铜、铝、铅、锌工业污染物排放标准》，以此来规范再生金属行业的污染物排放，达到再生行业不产生二次污染的目的。

与相关的法律法规一样，这些鉴别固体废弃物与闭环物料的技术标准也不是一成不变的。随着经济的发展和科学的进步，原来不可再生的废弃材料能变得可再生，原来会产生二次污染的再生工艺升级改进可使二次污染被完全消除……学术上认为，固体废弃物与闭环物料之间是没有绝对界限的，仅仅在不同的地域和不同的时间，尚有等待人类跨越的鸿沟。

11.4　经济效益与环境效益

闭环物料的经济效益（economic benefit）和环境效益（environmental benefit），在忽略掉不可避免的实际上也可以忽略的物料损失后，都可以用整个闭环产业链的能量消耗量来评估。能耗越低，必然给整个产业带来越低的成本，同时整个产业的碳排放也越低，于是对生态环境的影响也越小。

我们再次将物料回收与闭环物料相比，计算理想条件下对于指定物料在指定产品中，经由产品废弃和逆向物流之后，以回收和闭环两种不同方式，再以相同物理状态回到原指定产品，比较整个过程中系统的能量消耗。通过第 3 章的热力学第二定律，从系统的焓变和熵变来看能量的差异。

一个指定的系统中表征系统能量的热力学状态参量用“焓”来表示（H）。焓是体系的状态函数，与变化的路径无关，只要体系的状态定了，焓就有唯一确定的值。某一产品中某一物料在生产、使用、报废处置和逆向物流等各个步骤中，系统能量的变化值即焓变，以 ΔH 表示，其微分表达即 $\mathrm{d}H$；系统混乱程度的变化值即熵变，以 ΔS 表示，其微分表达即 $\mathrm{d}S$。

如果把物料正常使用、报废处置和逆向物流等各个步骤记作 P，虽然这些步骤是分散且不确定的，但是因为最终要回到初始物料状态，所以系统能量的变化可以写作物料焓变从初始状态 0 经过 P 路径再回到初始状态的闭合曲线积分：

$$\Delta E = \oint_0^P \mathrm{d}H$$

根据吉布斯自由能（G，Gibbs free energy）的定义，我们所考察的过程系中，没有系统减少的内能对外做功，所以吉布斯自由能的变化量：

$$\Delta G = 0,$$

$$\text{结合 } \Delta G = \Delta H - T\Delta S$$

我们得到：

$$\Delta H = T\Delta S$$

微分状态即：

$$\mathrm{d}H = T\mathrm{d}S$$

结合以上计算，我们有：

$$\Delta E = \oint_0^P \mathrm{d}H = \oint_0^P T\mathrm{d}S$$

现在我们考察闭环物料和物料回收两个不一样的 P 路径，分别记作 P_{MCL} 和 P_{MR}。在理想情况下，某产品中的初始物料 M_0 经由消费后物料 M_{C} 会经历如下变化：

$$P_{\mathrm{MCL}}: M_0 \rightarrow M_{\mathrm{C}} \rightarrow M_0$$

$$P_{\mathrm{MR}}: M_0 \rightarrow M_{\mathrm{C}} \rightarrow \sum_{u=1}^{\infty} M_{Ru} \rightarrow \sum_{v=1}^{\infty} M_{Rv} \rightarrow M_0$$

其中 Ru 是指消费后物料被回收分散到 u 个状态，而 Rv 是指回收物料从不同的 v 状态被重新组合到一起。

在这两种不同的路径下，物料系统的能量变化为：

$$\Delta E_{\mathrm{MCL}}=\oint_{0}^{P_{\mathrm{MCL}}} T \mathrm{d}S_{\mathrm{MCL}}$$

$$\Delta E_{\mathrm{MR}}=\oint_{0}^{P_{\mathrm{MR}}} T \mathrm{d}S_{\mathrm{MR}}$$

无论是哪一种情况，为了便于比较我们可以将绝对温度 T 设置为相同而且保持不变；同时系统能量 E 也是状态函数，与变化的路径无关，所以事实上我们只需比较 $\mathrm{d}S_{\mathrm{MCL}}$ 和 $\mathrm{d}S_{\mathrm{MR}}$。

很显然，从熵增的统计学定义——熵衡量系统的无序性可以判断，由于物料系统经历了额外的从 $\sum_{u=1}^{\infty} M_{Ru}$ 分散到 $\sum_{v=1}^{\infty} M_{Rv}$ 重新组合的变化，P_{MR} 比 P_{MCL} 的无序性更高，物料混合过程的熵增也更高（物质微观状态更难描述）。

所以：

$$\mathrm{d}S_{\mathrm{MCL}}<\mathrm{d}S_{\mathrm{MR}}$$

$$\oint_{0}^{P_{\mathrm{MCL}}} T \mathrm{d}S_{\mathrm{MCL}}<\oint_{0}^{P_{\mathrm{MR}}} T \mathrm{d}S_{\mathrm{MR}}$$

结论：

$$\Delta E_{\mathrm{MCL}}<\Delta E_{\mathrm{MR}}$$

所以说，对比物料回收，闭环物料能够降低该物料相关产业链整体的能量消耗，整个产业成本更低，碳排放也更低，产业对生态环境的影响也更小。

理论上闭环物料能够对整个产业链产生经济效益和环境效益，事实上闭环物料也无疑会给产品制造商带来经济效益和环境效益。

① 产品制造商如果可以低价甚至无偿获得废弃产品以及加工该产品中正常损耗的边角料，并将其送至原材料供应商那里，必然要比其原材料供应商走采矿加工精炼这条路要便宜得多；

② 由于废弃产品和正常损耗的边角料都已经是检验合格的原材料，除了必要的清洗除油（一般为机械加工过程中的润滑油和切削油）外，材质检验这一过程的人力和设备成本也会被降下来；

③ 既然省去了一系列的初级加工和回收加工，那么这些加工过程中潜在的二次污染也被有效避免了；

④ 正如前文差异分析中提到，制造商会在其制造产品的“全生命”周期上一直关心原材料与废弃物这两个不同名称却是同一物质的转换，在经济利益最大化的同时兼顾了生产者责任，也获得了环境效益。

兼顾经济效益与环境效益的必然结果，既使得闭环物料在客观上成就了零废弃——物料都去闭环了何来废弃；又使得零废弃反过来驱动着闭环物料——不想废弃就想办法把废弃物送回原材料供应商那里去。两者可谓相得益彰。

11.5 终极目标

既然闭环物料具有明确的经济效益和环境效益，那么它就有了理论上的存在意义；既然已经存在相关法规监管和技术监督，那么它又有了实际上运作的空间。闭环物料的终极目标（ultimate goal）是实现零废弃，也必然会实现零废弃。为什么这样说呢？

首先，闭环物料已经在定义中消除了“废弃物”的概念。物料无论在什么阶段，都是不同形式的物料，或被开采，或被加工，或被制造，或被消费，或被循环。总而言之没有被废弃。

其次，闭环物料在操作中为了实现物料的价值最大化，不允许主观上的损耗和浪费，也必然会在客观上减少全产业链中对环境造成的污染和沾染，也就是说不会产生各种二次废弃物。

最后，当所有的物料都在各自的产业中实现了闭环，如果不考虑人口自然增长等因素，理论上人类所需要的就只有能量而不再需要物质供给了。根据热力学原理，人类社会届时将变成一个跟外界环境只有能量传递，而没有物质传递的封闭系统，那么就会和地球表面的生物圈（也是封闭系统）彻底一样，完美融合，“废弃物”这个说法也将从人类的字典里永远消失。

诚然，通往闭环物料的道路还是十分漫长的，我们并不知道什么时候，哪些物料会逐渐地实现闭环；但是我们坚信，人类是一定会向着这个伟大的目标和情怀，一步步迈进的。

12 浅谈循环经济

循环经济（circular economy）的课题太大，亦非本书重点。然而作为零废弃的一个必然方向与结果，我们还是有必要简单说一下循环经济的方方面面，并以几个典型的商业模式分析零废弃对于循环经济的贡献。

12.1 背景和支撑

循环经济亦称“资源循环型经济”，是以资源节约和循环利用为特征，与环境和谐的经济发展模式。循环经济强调把经济活动组织成一个“资源—产品—再生资源”的反馈式流程。其特征是低开采、高利用、低排放。所有的物质和能源能在这个不断进行的经济循环中得到合理和持久的利用，以把经济活动对自然环境的影响降低到尽可能小的程度。

循环经济的根本目的是要求在经济流程中尽可能减少资源投入，并且系统地避免和减少废弃物，废弃物再生利用只是减少废物最终处理量。循环经济“减量化、再利用、再循环”（“3R”原则）的重要性不是并列的，它们的排列是有科学顺序的。减量化属于输入端，旨在减少进入生产和消费流程的物质量；再利用属于过程，旨在延长产品和服务的时间；再循环属于输出端，旨在把废弃物再次资源化以减少最终处理量。处理废弃物的优先顺序是：避免产生、循环利用、最终处置。即首先要在生产源头——输入端就充分考虑节省资源，提高单位产品对资源的利用率，预防和减少废弃物的产生；其次是对于源头不能削减的污染物和经过消费者使用的包装废弃物、旧货等加以回收利用，使它们回到经济循环中；只有当避免产生和回收利用都不能实现时，才允许将最终废弃物进行环境无害化处理。环境与发展协调的最高目标是实现从末端治理到源头控制，从利用废弃物到减少废弃物的质的飞跃，要从根本上减少自然资源的消耗，从而也就减少环境负载的污染。

对于再利用和再循环之间的界限，要认识到废弃物的再利用具有以下局限性：其一是再利用本质上仍然是事后解决问题，而不是一种预防性的措施。废弃物再利用虽然可以减少废弃物最终的处理量，但不一定能够减少经济过程中的物质流动速度以及物质使用规模。其二是再利用本身还不能保证是一种环境友好的处理活动。因为运用再利用技术处理废弃物需要耗费矿物能源、水、电及其他许多物质，并将许多新的污染物排放到环境中，造成二次污染。其三是如果再利用资源的含量太低，收集的成本就会很高，再利用就没有经济价值。

循环经济与可持续发展一脉相承，强调社会经济系统与自然生态系统和谐共生，是集经济、技术和社会于一体的系统工程。循环经济不是单纯的经济问题，也不是单纯的技术问题和环保问题，而是以协调人与自然关系为准则，模拟自然生态系统运行方式和规律，使社会生产从数量型的物质增长转变为质量型的服务增长，推进整个社会走上生产发展、生活富裕、生态良好的文明发展道路，它要求人文文化、制度创新、科技创新、结构调整等社会发展的整体协调。

循环经济的实施需要一个完整的体系支撑，包括如下几项。

（1）政策法规支撑

没有政策和法规的支撑，循环经济不能自发启动运行。只有国家和社会的上层建筑认识到循环经济的重要性，才能克服企业和个人在思想上的局限性，将循环经济的各项措施实施起来。

（2）科学技术支撑

所有减量、利用和循环都离不开可科学技术的发展。未经科学论证的“伪”环保项目比比皆是；未经技术实践的“伪”环保理论也随处可见。只有踏踏实实从科学技术的客观规律出发，才能真正找到循环经济的发展机遇。

（3）资金投入支撑

启动循环经济需要国家的政策和法规，同时也需要一定的资金投入。很多此类投入的资金回报周期较长，短期内无法看到经济效益，所以很多情况下项目投资需要由国际或国家开发银行一类的机构来作战略性的领投。

（4）管理监督支撑

假借循环经济的旗号做不法经营的企业或个人总是存在的，所以既要有政策法规的支持，同时也需要市场监管部门的监督和管理，有效的监督和管理可以帮助循环经济模式健康地发展。

（5）经济效益支撑

循环经济链条中的企业必须有稳定的经济效益支撑，从长期来说必须盈利，必须不断地增值扩大，才能保证循环经济持久广泛地开展下去，才能使投资方收回成本，并在同一项目上加大投资，或寻找新的循环经济项目去投资。

12.2 发展观念

循环经济作为一种科学的发展观，一种全新的经济发展模式，已经得到全世界的普遍认同。其主要观念表现为以下几个方面。

（1）新系统观

循环是指在一定系统内的运动过程，循环经济的系统是由人、自然资源和科学技术等要素构成的大系统。循环经济观要求人在考虑生产和消费时不再置身于这一大系统之外。

（2）新价值观

循环经济观在考虑自然时，将其作为人类赖以生存的基础，是需要维持良性循环的生态系统；在考虑科学技术时，充分考虑到它对生态系统的修复能力，使之成为有益于环境的技术；在考虑人自身的发展时，更重视人与自然和谐相处的能力，促进人的全面发展。

（3）新生产观

循环经济观在生产中要充分考虑自然生态系统的承载能力，尽可能地节约自然资源，不断提高自然资源的利用效率，循环使用资源，创造良性的社会财富。同时，在生产中还要求尽可能地利用可循环再生的资源替代不可再生资源。

（4）新消费观

循环经济观提倡物质的适度消费、层次消费，在消费的同时就考虑到废弃物的资源化，建立循环生产和消费的观念；同时，循环经济观要求通过税收和行政等手段，限制以不可再生资源为原料的一次性产品的生产与消费。

12.3 法理差异

20 世纪 70 年代在发达国家，虽然人们还没有明确循环经济立法的概念，但是德国、日本、美国和欧共体颁布了一些涉及循环经济思想的法律，如德国 1972 年制定的《废弃物处理法》、日本于 1970 年公布的《废弃物处理法》、美国于 1976 年颁布的《资源保护和回收法》、欧共体于 1975 年通过的《废物指令》等循环经济立法的萌芽。这些立法客观上提出了我们今天所说的循环经济立法的意思，初步体现了保障和发展循环经济的立法要求。

到了 20 世纪 90 年代初，随着发展循环经济思想的逐步明确，循环经济立法的问题自然被提了出来。真正的循环经济立法，以德国《循环经济和废弃物处置法》的颁布（1994 年 9 月 27 日）为标志，其后有日本《建立循环型社会基本法》的出台。中国的《中华人民共和国循环经济促进法》自 2009 年 1 月 1 日起颁布施行，并在 2018 年 10 月 26 日修正后公布施行。

作为世界上循环经济立法具有代表性的德国、日本和中国，都在其法律条文中以不同的形式确立减量化、再利用和资源化的“3R”原则、规定生产者延伸责任制度、构建废弃物回收系统等；然而这三个国家的循环经济法制在立法模式、管理体制、生产者责任和废弃物回收系统等方面又存在着明显的差异（legal difference）。

（1）立法模式

德国的循环经济立法是在废弃物法制基础上发展起来的，采取了集废弃物的处置与利用于一体的一元化立法模式；日本的循环经济立法是在废弃物处理的法制与资源有效利用促进的法制基础上发展起来的，采取以循环基本法为框架法来统摄二者的立法模式；中国的循环经济立法是在资源综合利用的政策体系基础上，并借鉴发达国家循环经济立法经验制定的，既不同于德国的一元化模式（中国除了《中华人民共和国循环经济促进法》，还有固废法)，也不同于日本的基本法模式（其《建立循环型社会基本法》囊括了减量化、有效利用与无害化处置这一物质循环的全过程管理环节，目标在于统合废弃物处理法与资源有效利用促进法)，而中国的循环经济立法注重资源的节约与综合利用，并不包括无害化处置的内容。

（2）管理体制

德、日两国循环经济立法均规定环境部门是循环经济的主管部门，这与两国的循环经济立法主要是围绕废弃物展开有关；中国的循环经济立法涉及的范围更为宽泛，包括资源的合理开发与高效利用、用水用地的总量控制以及循环生产方式推广、产业结构调整等内容，中国循环经济的主管部门实际上是一个横向与纵向交叉的管理部门，即国家发展和改革委员会。

（3）生产者责任

作为一种法律原则的形态，中国的《中华人民共和国循环经济促进法》规定生产者延伸责任由生产企业承担；作为具体的制度形态，在各行业相关的管理条例（例如《废弃电器电子产品回收处理管理条例》）中明确规定了生产企业缴纳处理基金的义务，这一点类似德国，又有所不同。德国的生产者含义广泛，包括“开发、生产、加工、销售或处理产品者”，都要基于实现循环经济目的而承担产品责任；中国的生产者延伸责任集中于生产企业，而销售企业与消费者的作用微乎其微。

（4）废弃物回收系统

德、日两国在制度安排下建立了废弃物的公共回收系统或私营回收系统，形成了稳定规范的回收体系，确保了较高的资源回收率。由于回收系统是在行政规制的严格控制下运行，所以运行成本比较高；中国的回收系统则比较复杂，呈现出回收渠道多元化结构，其中民间私营回收系统发挥着主导作用。由于资源回收是有偿回收，行政规制力量薄弱，完全凭借市场力量运行，所以运行成本相对较低，同时存在回收行为不规范、回收水平不稳定等问题。

12.4 创新模式

人类在循环经济的“诱惑”下，也常常跳出常规的思维模式，用颠覆性的办法寻找零废弃的出路。我们从 21 世纪快速发展的几个创新模式（innovation model）来探索循环经济中零废弃的全新机遇。

12.4.1 商业租赁

租赁简单说来是指在约定的期间内，出租人将资产使用权让与承租人以获取租金的行为。商业租赁就是在企业需要设备或个人需要产品时，由租赁公司购入该设备或产品之后再转租给企业或个人，为之开辟一条获取设备或产品的新途径。

商业租赁的理念，对于（生产制造型）企业来说，在于只有通过资产的使用，而不是拥有资产，才能形成利润；对于（消费者）个人来说，在于不必拥有某个产品，而是因为喜欢而使用产品，只为使用权支付费用。

如果社会能够接受商业租赁这一模式，就等于为零废弃打开了一个完全不一样的窗口。由于企业和个人不再拥有某个设备或产品，那么在企业和个人的承租方这里根本不会产生“废弃”这样的概念；即便是在出租方，即购入该设备或产品的租赁公司，出于经济利益最大化的考虑，不但会使设备或产品尽可能地在企业客户和个人用户之间“充分”回用，也会不遗余力地使用维修、翻新等方法尽可能地延长该设备或产品的商业寿命，而且会在设备或产品完全丧失租赁价值后将其回收、再制造以寻求第二生命。

如今很多行业的租赁市场都极为火爆。商业租赁主要涉及的领域以规模计算，从大到小一般包括：房地产租赁、航空租赁、汽车租赁、工程机械租赁、书籍音像租赁、服装租赁、户外运动用品租赁等，行业渗透相当广泛。

房地产租赁与零废弃的确没有太大关系。房地产无论是买还是租，其建筑本体都不会过于频繁地建设和拆除；多次出租和二次（多次）装修反而会产生大量的建筑垃圾。

航空租赁在世界上方兴未艾。航空运营公司（承运人）通过租赁的形式获得飞机的使用权，不但可以节约初期购机的巨额投资，还可以灵活选取更换机型以贴合市场需求。租赁飞机的形式可以大幅提高某一机型的综合使用寿命，从而相对延缓老旧机型报废而带来的废弃航空器。

汽车租赁更为常见和普遍。绝大部分拥有汽车的企业和个人，其使用率都不是很高，很多时间汽车是在停车库或者在停车场“闲着”。以租赁的方式更加合理地使用汽车，把维修、保养以及报废处理都交给更为专业的汽车租赁公司，目的同样也是增加利用率而减少废弃车辆。

工程机械租赁一般发生在重大工程项目期间。工程公司一般不会为了某个项目（哪怕很大的项目）去专门采购工程机械，而是采用租赁的方式。这样一来节约固定资产投入；二来不会有设备的闲置和报废等问题。

书籍音像租赁古来有之。古代书籍有很高的收藏价值，故而人们都去购买，且阅读后宁可束之高阁也不会轻易外借。如今书籍已经渐渐电子化，与其他音像出版物一样，拥有和收藏的意义已经不大了。既然只是为了阅读、学习和娱乐，那么买不如租，既可以节约费用，也不用在搬家和清理的时候将其作为垃圾遗憾地扔掉。

服装租赁虽然有人爱之有人嫌之，且通常缺乏有效的市场监管（主要是从卫生健康的角度)，但它却和捐赠一起成为了服装废弃物的主要转化途径。且不必说戏服演出服的租赁，相信很多人都有为了拍结婚照而租借礼服和婚纱的经历吧。极其偶尔需要的服装，租赁是避免废弃的绝好办法。

户外运动用品作为专业化的个人装备，只要不是专业运动员，一般也无需自己购买配备。特别是登山、滑雪和野营一类的特殊装备，只要在目的地租借即可，完全没有必要在城市的家中占一块地方，一年也用不了几次就早早被遗弃。

12.4.2 共享经济

共享经济，通常是指以获得一定收益为主要目的，基于陌生人且存在物品使用权暂时转移的一种新的经济模式。其本质是整合原本互不相干的闲散物品、劳动力、教育、医疗等各种社会资源，以更高的效率服务于消费者。

共享经济的最主要特征是一个由第三方（可以是商业机构、组织或者政府）创建的、以信息技术为基础的市场平台，个体借助这个平台，交换闲置物品，分享自己的知识、经验，或者向企业、某个创新项目筹集资金；共享经济平台作为连接供需双方的纽带，通过设计应用程序、动态算法与定价、双方互评体系等一系列机制的建立，使得供给与需求方通过共享经济平台进行交易。

共享经济的五个要素分别是：闲置资源、使用权、连接、信息、流动性。共享经济关键在于如何实现最优匹配，实现零边际成本，解决既有技术和制度的瓶颈问题。共享经济的发展是一个去中介化和再中介化的过程。去中介化即共享经济的出现打破了劳动者对商业组织的依附，他们可以直接向最终用户提供服务或产品；再中介化即个体服务者虽然脱离商业组织，但为了更广泛地接触需求方，他们需要接入（移动）互联网的共享经济平台。

如今共享经济已经成为社会服务行业内重要的一股力量。在办公、交通、住宿、娱乐以及金融服务等领域，知名的共享经济公司不断涌现，其中有共享办公的代表 We Work、共享出行的代表 UBER、共享空间的代表 Airbnb、共享度假的代表 VaShare、共享游戏的代表 Stream、共享资金的代表 Prosper、共享饮食的代表 Eatwith 等。

12.4.2.1 共享经济的益处

共享经济在一定背景条件下，其益处是显而易见的，在节约社会资源的同时，理论上也可以直接避免或减少各种废弃物的产生。

(1) 制造或延续资源的价值

共享经济让闲置资源由不被使用到可被充分使用，赋予其附加价值或延续价值。附加价值指的是，在物件原有的价值以外，再多添一部分新的价值。对于一件指定的商品，其物权所有者对它的使用产生一定的价值，而通过共享，其他人虽然不拥有该商品，但是在享受使用权的过程中就产生了附加价值。延续价值指的是在共享经济下个人拥有的闲置资源能从不需要的人手上，转移到需求者的手上，这样它就能被再次使用。对于一件指定的商品，其物权所有者发生了变化，而新的物权所有者继续拥有该商品并在后续的使用中产生了延续价值。

通过共享经济，原本可能被丢弃的物品能被保留下来并再次被使用，从而避免过剩资源的浪费，同时又减少了废弃物的量。另外，以物易物、二手交易等平台，亦能让人们减少购买新的产品，这不但能降低过度消费和过度生产的恶性循环所造成的浪费，也可以推动简单生活、绿色生活，对生态环境有利，长久下去必定促进可持续发展。

（2）提升资源的使用效率

在消费时代，人人家中都可能囤积下一些闲置物品，但由于以往缺乏平台，不知道什么人在何时有何需求，所以无法有效地盘活闲置资源。共享经济提供了平台，让供求双方能快速、有效地发现对方并连接，促成共享，大大提升资源流动的效率。此外，共享经济释放了闲置物品的潜在得益，无论是资源的拥有人、需求者以及连接供求双方的平台，不需付出大量时间和人力等资源，都能分享潜在的收益，提升群体的效率。

所以共享经济让社会资源能够更充分地被使用，由此减少因生产多余产品而造成的浪费；在社会资源总量不变的情况下，能增加资源的单位使用效率。

12.4.2.2 共享经济的弊端

然而有利必有弊，共享经济也不能免俗。在过度供给和平台滥用两个方面如果共享经济不能得到很好的管理和控制，不但不利于零废弃，甚至会加速各种废弃物的产生。

（1）过度供给

共享经济中可以共享的商品，有一些是社会资源中本来就有的，可以在相应的平台上直接拿出来共享；然而通常在共享过程中发现这些可共享的商品又是不充分的，所以又要去专门生产并补充这些共享物资。一旦涉及生产，资本的非计划性弊端就会必然暴露出来：商家为了追求低成本和高利润，一定不会认真考虑实际需求而“粗暴”生产，大量生产带来的必然结果是供大于求。所以本来是要充分使用闲置商品，结果变成了生产更多的闲置商品，造成过度供给，有的甚至未经使用或消费就变成了废弃物。在中国一段时间内“疯狂”发展的共享单车（很多单车没有正常使用多久直接送进了所谓的“单车坟场”）就是典型的负面例子。不但没有减少废弃物（正常个人使用后报废的自行车），反而消耗社会资源直接“生产”了废弃物，多么令人心疼！

所以共享经济所涉及的商品供给，还是需要一定的计划性，需要政府在政策、法规、标准等方面有所监管。共享商品宁可供给不足，也要杜绝过度供给。

（2）平台滥用

共享经济依赖市场平台来对接资源与需求，有一定数量和一定质量的平台能够很好地匹配商品资源的供给方与需求方。然而需求方往往会发现，大量的平台良莠不齐，其间充斥了非常多的无用商品信息；同时，某一个可共享的商品信息又会重复地出现在不一样的平台上，而且往往信息不准确、不对称，给需求方带来很多困惑。这两种负面结果都是由平台滥用造成的，这样的平台不但不能很好地提供共享商品，反而会造成信息资源的浪费，进而带来共享商品的浪费，也是对共享商品的变相废弃。

所以跟共享商品的供给一样，对于共享平台也应该有一定的监管和约束。政府应当统一平台的建立，或统一建立平台的标准，并统一平台背后的数据库。共享平台要少而精，不可多而杂。

12.4.3 云技术

云技术（cloud technology）是基于云计算商业模式应用的网络技术、信息技术、整合技术、管理平台技术、应用技术等的总称。云技术的产生和发展也给循环经济及零废弃带来了新的引擎，这种全新的机遇是前所未有的，更使得人与自然有了深度融合的可能。

（1）云计算技术

① 虚拟化运算　是指计算元件在虚拟的基础上而不是在真实的基础上运行，它可以扩大硬件的容量，简化软件的重新配置过程，减少软件虚拟机相关开销和支持更广泛的操作系统。通过虚拟化技术可以实现软件应用与底层硬件相隔离，当虚拟化技术应用在CPU、操作系统、服务器等方面的时候，等于是节省了本地硬件这一物质条件，为某些电子产品的零废弃提供了一种可能。

② 分布式存储　云计算系统由大量服务器组成，同时为大量用户服务，因此云计算系统采用分布式存储的方式存储数据，用冗余存储的方式（集群计算、数据冗余和分布式存储）保证数据的可靠性。冗余的方式通过任务分解和集群，用低配机器替代超级计算机，既可以节约高性能硬件的投入和维护成本，也省去了设备升级淘汰过程中各种主要和辅助材料的废弃。

③ 大数据加密　云计算在统一的存储和计算背后，容易实现大数据的保密处理。相较于传统的计算和存储技术，因为需要对本地的各种数据和程序进行加密，而不得不采用很多机械和物理的保密设施及保密措施，这些设施和措施一旦被破解，将瞬间变为废弃物。云计算的数据加密方案就像各个国家央行的金库，完全不存在本地保险箱由于密码被破解而废弃的可能。

（2）云计算应用

① 云邮箱　传统的电子邮箱使用物理内存来存储通信数据，而云计算使得电子邮箱可以使用云端的资源来检查和发送邮件，个人或企业用户可以在任何地点、任何设备和任何时间访问自己的邮件，由于省去了个体的物理内存而消除了各种潜在的电子废弃物。

② 云呼叫　云呼叫中心是基于云计算技术而搭建的呼叫中心系统，企业无需购买任何软硬件系统，只需具备人员、场地等基本条件，就可以快速拥有属于自己的呼叫中心，而软硬件平台、通信资源、日常维护与服务则由服务器供应商提供。云呼叫应用避免了各种属地呼叫中心的基础建设，从而使得各种定期升级的电信类废弃物不复存在。

③ 云游戏　云游戏是以云计算为基础的游戏方式。在云游戏的运行模式下，所有游戏都在服务器端运行，并将渲染完毕后的游戏画面压缩通过网络传送给用户。在这种运行机制下，主机厂商将变成网络运营商，他们无需高投入去研发、制造和销售高性能的游戏主机，而只要拿这笔钱中的很小一部分去升级自己的服务器；用户的游戏设备不需要任何高端处理器和显卡，只需要基本的视频解压缩能力即可，原则上可以通过游戏机顶盒的功能而将游戏机与电视机的硬件整合起来，从而减少了屏幕类电子设备的使用和废弃。

④ 云教育　云教育是指教育资源的流媒体平台采用分布式架构部署，在既有学校的教室配置录播系统或直播系统等流媒体功能组件。这样教学实况可以实时传送到流媒体平台管理中心的全局直播服务器上，而录播的学校也可以将录播的内容上传存储到信息中心的流存储服务器上，方便今后的检索、点播、评估等各种应用。云教育节约的不仅仅是学校这样的一个对土地使用要求很高的场所，同时更是大大减少了运营一个学校这样的大型社会公共场所而必然产生的各种废弃物。

⑤ 云会议　云会议是基于云计算技术的一种高效、便捷、低成本的视频会议形式。使用者只需要通过互联网界面进行简单易用的操作，便可快速高效地与全球各地团队及客户同步分享语音、数据文件及视频，而会议中数据的传输、处理等复杂技术由云会议服务商帮助使用者进行操作。云会议所解决的远不止大小会议场所和各种会议服务所带来的废弃物问题，而更多在于通过避免出行而大幅减少不必要的交通碳排放。

12.4.4 区块链技术

区块链（blockchain）是分布式数据存储、点对点传输、共识机制、加密算法等计算机技术的新型应用模式。区块链涉及数学、密码学、互联网和计算机编程等众多科学技术问题，从应用视角来看，是一个分布式的共享账本和数据库，具有去中心化、不可篡改、全程留痕、可以追溯、集体维护、公开透明等特点。区块链能够解决信息不对称问题，实现多个主体之间的信任协作和一致行动。

12.4.4.1 区块链技术的特点

区块链技术的以下特点，如果在循环经济社会中得以充分合理应用，将会为废弃物管理带来质的飞跃。

① 去中心化　区块链技术不依赖额外的第三方管理机构或硬件设施，没有中心管制，除了自成一体的区块链本身，通过分布式核算和存储，各个节点实现了信息自我验证、传递和管理。去中心化是区块链最突出、最本质的特征，正是这个特征使得社会有可能并不真正需要任何形式的废弃物信息和管理中心。

② 开放性　区块链技术基础是开源的，除了交易各方的私有信息被加密外，区块链的数据对所有人开放，任何人都可以通过公开的接口查询区块链数据和开发相关应用，因此整个系统信息高度透明。开放性使得废弃物的产生也变得透明，废弃物的生产者责任也变得明确。

③ 独立性　基于协商一致的规范和协议（哈希算法等各种数学算法），整个区块链系统不依赖其他第三方，所有节点都能够在系统内自动安全地验证、交换数据，不需要任何人为的干预。独立性可以使对于废弃物的各种监管可以不受任何其他机构或个人的影响。

④ 安全性　只要不能掌控全部数据节点的51%，就无法肆意操控修改网络数据，这使区块链本身变得相对安全，避免了主观刻意的数据变更。安全性使得废弃物产生和转移，尤其是危险废弃物产生和转移的信息不能被人为地篡改。

⑤ 匿名性　除非有法律规范要求，单从技术上来讲，各区块节点的身份信息不需要公开或验证，信息传递可以匿名进行。显然法律规范也可以甚至应该要求废弃物产生单位的信息公开和验证，以便于行政监管。

12.4.4.2 区块链技术对循环经济的推动

当今的区块链技术已经初步在一些社会领域推动了循环经济的新发展。

① 货币和金融领域　区块链在国际汇兑、信用证、股权登记和证券交易所等金融领域有着潜在的巨大应用价值。将区块链技术应用在金融行业中，能够省去第三方中介环节，实现点对点的直接对接，快速低成本完成交易支付。理论上和实际上区块链技术完全可以取代各种实体货币交易，节约大量因为实体货币交易所需要的物资和能源。

② 物联和物流领域　区块链在物联网和物流领域也可以很好地结合。通过区块链可以降低物流成本，追溯物品的生产和运送过程，并且提高供应链管理的效率。区块链结合大数据解决方案，可以促使智能物联网分散的基础用户之间拓展更具有方向性，在

物料效率最优化的同时减少社会资源的浪费。

③ 生态环境的投资领域　区块链上存储的数据，极其可靠且不可篡改，正适合用在生态环境的投资发展上。投资项目、资金明细、资金流向、项目收益等信息，既需要透明公开公示以便社会监督，又需要保护相关组织和个人的隐私，区块链的应用正好可以满足这些特定的要求，以确保生态环境投资项目健康有序地运作。

13 循环经济的标准与认证

循环经济除了需要相应的立法支撑和执法监督外，跟普通事物一样，还需要遵循一些可执行的标准，以及在这些标准框架下的第三方认证。

循环经济中的某些具体实施环节，例如废弃物（特别是危险废弃物）的转移和处置，国家会制定强制标准；其余绝大部分还是一个企业或团体可持续发展的自愿行为，国家不会制定强制标准，但是会有一些推荐标准供行业参考。

非政府的独立第三方机构也会编写并颁布一些循环经济相关的评估标准；而在循环经济实践方面领先的企业通常会对照这些标准，在符合所有必要条件的情况下提请第三方机构对企业本身或企业行为进行认证，用以确认自己在可持续发展中的行业领先地位。

作为国际上知名的独立第三方机构，美国保险商实验室 UL（Underwriters Laboratories Inc.）在最近的几十年里，以其自身的研究成果先后颁布了一系列循环经济相关标准（程序）。这些标准（程序）虽然不能涵盖循环经济的所有内容，但是自成体系，也非常具有代表性。它们分别从产品、工厂设施和企业三个维度来考察循环经济性这个命题。

13.1 产品层面的循环度

UL 的循环经济标准体系中，适用于评价产品可回收设计的标准（程序）有 UL 2789——可回收率的评估计算、适用于鉴定产品回收料使用比例的标准（程序）；有 UL 2809——回收材料含量、适用于评估跨企业或行业物料综合利用的标准（程序）；有 UL 2990——副产品的协同效应。同时该体系中也直接引用其他 ASTM（美国材料试验协会）标准和 EN（共同的欧洲标准化组织，即 CEN/CENELEC）标准来评判可好氧堆肥材料含量以及可厌氧消化材料含量。

（1）UL 2789——可回收率的评估计算

UL 2789 中包含的评估可回收性的方法参考了 IEC/TR 62635：2012 电气和电子设备的再循环能力运价计算和制造商及再循环利用商提供的寿命终止信息的指南（Guidelines for end of life information provided by manufacturers and recyclers and for recyclability rate calculation of electrical and electronic equipment）。

该程序明确了如何对产品进行基本拆卸，并将其分为不同的材料组分单独进行称重以计算可回收率。在该程序中，电池、金属、塑料、混合电子元器件（印刷电路板、电线、柔性线路板、LCD 屏幕等）和玻璃，被认为是可回收的。

该程序要求至少应提交一个代表性产品进行测试，该产品不必具有完全功能，且最好在拆卸过程中可以销毁。拆卸过程中可使用基本工具，如螺丝刀、刀具和尖嘴钳等。应使用能够精确测量至 0.1g 的小型实验室天平。

拆卸的目的是将零部件分为以下材料部分：电池、金属、玻璃、塑料、混合电子元器件（印刷电路板、电线、柔性线路板、LCD 屏幕等）和不可回收部分。当产品重量的大约 90%被拆分，拆卸工作可以认为已经完成。

1）塑料零部件可回收性的判定

① <10%的表面积涂有油漆、金属化、胶水或其他非塑料材料；

② <5%的零部件或组件由不同材料或不同类型的基本塑料制成；

③ 任何金属嵌件都不容易用工具快速拔出。

2）金属零部件可回收性的判定

① 零部件由超过 75%的黑色金属组成被认为是可回收的（被永久磁铁吸引可以快速测试）；

② 有色金属，包括铝、镁、锌和其他非磁性金属也可回收（铜质零部件应包含在电子元器件中）。

3）混合电子元器件（印刷电路板、电线、柔性线路板、LCD 屏幕等）零部件可回收性的判定

① 该部分的回收材料包括铜，以及贵金属金、银、铂、钯和其他高价值金属；

② 其他金属应按其各自的含量比例分类。

4）玻璃零部件可回收性的判定

玻璃部件，包括未永久固定在显示器上的显示窗或透镜，是可回收的。

5）计算可回收性（率）

在完成所有可以进行的拆卸和称重后，结果计入表 13-1 并以此计算整个产品的可回收性（率）：

可回收性＝每组零件可回收重量之和（第 7 项）×100％/产品总重量（第 1 项）

表 13-1　产品可回收率的计算

序号	拆解的零部件分数	重量(精确到 0.1g)
1	产品(和电池)总重量	
2	电池重量	
3	可回收塑料件重量	
4	可回收金属零件重量	
5	电路板、显示器和其他电子元件的重量	
6	玻璃显示窗口或镜头(若分开)的重量	
7	第 2 项～第 6 项的总和——可回收的物料	
将第 7 项除以第 1 项——评估计算的可回收率(％)＝		

该程序也可以使用 IEC/TR 62635 的等同程序计算可回收率：产品按照零部件材料进行记录，并发送给回收商进行评估。回收商根据基本组件评估产品的可回收性，报告组件的重量和材料。回收商的报告还包括产品材料的回收类别和使用该回收路线的预期回收率。

回收商根据产品中可回收成分的重量和材料的回收率或回收方法编制的数据，使用以下公式计算可回收率：

$$可回收率=\frac{各部分可回收重量之和}{产品总重量}\times 100\%=\frac{\sum(m_i\times RCR_i)}{m_{Total}}\times 100\%$$

式中　m_i——第 i 部分的重量；

RCR_i——第 i 部分在相应的报废处理方案中的回收率；

m_{Total}——产品总重量。

（2）UL 2809——回收材料含量

该程序描述了“受控”原材料、工业产品和工业产品零部件中所有消费前和/或消费后“受控”原材料含量的测量。“受控”原材料包括回收成分、副产品协同作用、重复使用的零部件、翻新零部件、海洋塑料或任何其他指定受控原材料来源。该程序也涉及独立供应链管理体系和物料平衡核算体系。

该程序要求制造商提供每个产品完整规范的成分清单，其中必须包括所有原材料的详细信息和进入最终产品的回收成分，以及下列具体文件：

① 所有产品的生产现场地址；

② 制造工艺流程图和/或说明；

③ 回收成分供应商声明；

④ 通过回收量计算评估产品的材料清单；

⑤ 从原材料到最终产品的生产纪录。

关于供应链的独立管理，该程序规定从指定材料与其他材料的最初分离到最终产品制造的每一个过程，必须有完整的材料管理体系，且该体系必须提供足够的文件来证明对管理目标的可控性。

关于物料平衡的核算，该程序允许来自多个受控原材料在同一个系统中综合计算，当然这需要首先明确指定系统和系统边界。系统是由边界和边界内物质的运动来定义的；边界是物质流入或流出系统的地方。系统可由一个或一组物理边界定义，这些物理边界通过边界之间的材料运输连接起来。系统及其边界可以是：

① 一个单独的场所，所有的物料交换都在场所内进行；

② 有多个建筑物通过物理连接的场地，通过这些物理连接在建筑物之间交换物料；

③ 一组地理位置相对遥远的场所，通过管道、车辆或其他物流工具在场所间交换物料。

在考虑并记录了物质的正常损耗后，物料通过所有边界而进出任何一个系统的总量应该是相等的。只有物料平衡条件下计算回收材料含量才是有意义的，就像只有财务收支平衡条件下计算利润率或现金流才是准确的。

该程序规定回收材料含量的计算使用以下公式：

$$受控原材料含量\% = \frac{受控材料重量}{最终产品总重量}$$

该程序要求审核时制造商应提交必要的文件，以核实草拟的声明。

① 制造商应接受由第三方认证机构认可的审核员进行现场审核，以确保符合各项程序条款；对于闭环物料的声明，所涉及的供应商也应接受现场审核，以确保符合供应链的监管要求；

② 作为年度审核的一部分，制造商必须填写一份回收内容年度审核声明，并将其连同其他所有要求的文件一起递交至指定的审核项目合规经理，以确保正在进行的环境声明的合规性。

该程序可使用的声明措辞有 3 种情况，分别如下。

① 回收成分声明

[产品/实际产品名称/包装] 含有 [最低/平均] ××%的 [消费前/后] 回收材料。

[产品/实际产品名称/包装] 含有 [最低/平均] ××%的回收材料，包括××%的回收 [原材料/组分]。

[产品/实际产品名称/包装] 含有 [最低/平均] ××%的回收 [原材料/组分]（注明回收材料总量）。

[产品/实际产品名称/包装] 含有××%的消费前和××%的消费后回收材料。

② 闭环物料声明

[产品/实际产品名称/包装] 含有 [最低/平均] ××%的 [消费前/后] 闭环物料。

[产品/实际产品名称/包装] 含有 [最低/平均] ××%的闭环物料，包括××%的回收 [原材料/组分]。

[产品/实际产品名称/包装] 含有 [最低/平均] ××%的回收 [原材料/组分]（注明闭环物料总量）。

[产品/实际产品名称/包装] 含有××%的消费前和××%的消费后闭环物料。

③ 分散回收成分声明

[产品/实际产品名称/包装] 以 [分散体系/物料平衡] 计，含有 [最低/平均] ××%的 [消费前/后] 回收材料。

[产品/实际产品名称/包装] 以 [分散体系/物料平衡] 计，含有 [最低/平均] ××%的回收材料，包括××%的回收 [原材料/组分]。

[产品/实际产品名称/包装] 以 [分散体系/物料平衡] 计，含有 [最低/平均] ××%的回收 [原材料/组分]（注明回收材料总量）。

[产品/实际产品名称/包装] 以 [分散体系/物料平衡] 计，含有××%的消费前和××%的消费后回收材料。

(3) UL 2990——副产品的协同效应

该程序描述了验证一个“副产品协同”环境要求的过程，该过程由来自不同行业的两个或多个产品制造场所，以及废弃物转移和最终产品中副产品协同内容的计算。这些制造场所减少了对初级原料的需求，等于减少了废弃物的填埋，并使供应链本地化，从而产生一定的环境效益。

该程序允许对于在接受方生产的最终产品中没有出现的副产品，可以验证通过副产品制造节约的其他资源（如水、能源或某种物料）；允许对于在接受方生产的最终产品中出现的副产品，最终产品可以声明副产品协同作用物料含量的平均或最小数量（或百分比）。

该程序分为两部分：第一部分是通过副产品协同作用评估废弃物转移；第二部分是可选的——通过副产品协同作用计算最终产品中的协同物料含量。

1）废弃物转移评估

该程序要求声明主体应为副产品协同所涉及交换、出售或流通的所有物料（包括剩余物料、副产品和废弃物）和/或能量提供充分的文件，以证明具体的副产品协同运作；同时，只有来自供应商的不需要的副产品或废弃的物料才有资格进行声明验证，且这些副产品或废弃物可作为接受方的主要原材料使用，接受者无需（或很少）对此进行进一步加工处理，无论是需要经过化学处理或加热处理（会改变其物理性质）的副产品物料，还是按重量计≥60%的副产品物料不能用于接受方，都不符合“副产品协同”声明的资格。

该程序规定废弃物可以在副产品协同框架内的场所之间免费交换、出售或流通。接受方通过副产品协同框架使用的副产品物料总量，包括剩余物料、多余能量、副产品和废弃物，应计量并记录为废弃物转移量。

2）副产品协同物料含量计算

该程序规定对于在接受方生产的最终产品中出现的副产品，应计量单个最终产品中使用的副产品协同物料质量，并记录为副产品协同物料含量。副产品协同含量的百分比应使用以下公式计算：

$$\text{副产品协同物料含量百分比}\% = \frac{\text{副产品协同物料含量}}{\text{最终产品质量}}$$

该程序可使用的声明措辞有4种情况，分别为：

〈××吨〉的［副产品材料名称］经由副产品协同作用已在［接受者名称］用于［产品/实际产品名称］每年的生产；

通过副产品协同作用，每年在［接受者名称］替换〈××吨〉的［初级原材料］；

〈××kW·h〉的［废弃能量］已通过副产品协同作用回收并在［接受者名称］使用；

［产品/实际产品名称］［最小/平均］含有××%来自副产品协同作用的［废料名称］。

13.2 工厂设施层面的循环度

UL的循环经济标准体系中，适用于评价工厂设施废弃物流向的标准（程序）是UL 2799——废弃物零填埋。基于一些不同行业的实践，UL 2799也可以用于评价工厂设施以外，指定时间和指定空间范围内的组织或活动所产生的废弃物流向。

UL 2799 在 ISO 14000 体系中属于典型的第二类自我环境声明，符合 ISO 14021 的相关要求。该程序认为废弃物是指那些不属于有价值的最终产品的物质流，而转化是通过物料的减量、回收、回用，或者堆肥等来避免或减少废弃物的产生，来减少直接送到填埋场所进行简单填埋的废弃物的量。所谓的废弃物填埋转化，该程序认为是可以被有效计算和评估的。

该程序认为，一个指定工厂设施在一定的时间和空间范围内所产生的废弃物等于被转化的废弃物，加上被填埋的废弃物，再加上被焚烧而不产出能量的废弃物。其详细的转化率计算公式为（m 均以重量计算）：

$$\eta\%=\frac{(m_{消除}+m_{减量}+m_{回用}+m_{回收}+m_{好氧堆肥}+m_{厌氧消化}+m_{产能}+m_{生物燃料})}{m_{总废弃物}-m_{管制废弃物}}$$

管制废弃物包括以下几种情况：

① 法律法规禁止其他各种转化方法，或者除去填埋、焚烧以外没有其他处理处置方法的废弃物；

② 自然灾害或灾难产生的废弃物，如地震、洪水、火灾、龙卷风、飓风或其他灾害；

③ 医疗废弃物，绝大多数国家和地区将其作为危险废弃物而不计热值去焚烧；

④ 无意的废弃物填埋，正常转化下的合理损失（≤废弃物总量的 1%）。

根据不同的转化率计算结果，UL 2799 可以接受的声明认证等级可以分为以下 4 种，如表 13-2 所列。

表 13-2　UL 2799 认证等级

声明认证等级	转化率（包括废弃物产能）	废弃物产能（最高比例）	填埋率（包括无能源回收的焚烧和废弃物产能超过 10%的部分）
废弃物填埋转化率(认证级)	<90%	—	—
废弃物零填埋银级	90%～94%	≤4%	≤10%
废弃物零填埋金级	95%～99%	≤9%	≤5%
废弃物零填埋铂金级	100%	≤10%	0

与此同时，该程序可接受的声明措辞有以下 2 种：

[工厂设施名称] 实现了运营废弃物零填埋——转化率为 100%，其中含××%焚烧产能；

[工厂设施名称] 废弃物填埋转化率达到××%。

13.3 企业层面的循环度

UL 的循环经济标准体系中，适用于评价企业综合循环度（corporate circularity）

的标准（大纲）是 UL 3600——循环经济系数。该大纲实际上并不是一个全新的独立标准，而是有选择地整合了既有的几个产品层面循环度和工厂设施层面循环度的 UL 标准，再建立一个通用的计算公式，来考量和评估可持续发展企业在循环经济方面的综合水平。

该大纲涵盖了衡量循环经济各方面的方法和指标。评估的范围可选择以下 3 个常用的供应链边界之一：

① 包括直接拥有和自营的公司资产部分；

② 包括一级供应商，即直接向公司提供零部件或服务的供应商，以及公司外包制造的部分；

③ 包括产品全生命周期、参与供应链的每一个环节和企业、产品交付和使用影响到的部分。

该大纲中计算所涉及的各项指标定义如表 13-3 所列。

表 13-3　企业综合循环度指标定义

工厂设施的废弃物转化	
$S_{\text{减量}}$	废弃物减量的比例
$S_{\text{回用}}$	废弃物回用的比例
$S_{\text{回收}}$	废弃物回收的比例
$S_{\text{副产品}}$	废弃的副产品作为其他原料的比例
$S_{\text{生化}}$	废弃物生化降解的比例
$S_{\text{好氧堆肥}}$	废弃物好氧堆肥的比例
$S_{\text{厌氧消化}}$	废弃物厌氧消化的比例
$S_{\text{生物燃料}}$	废弃物作为生物燃料的比例
产品含量	
$C_{\text{回用}}$	产品中回用原料的比例
$C_{\text{回收}}$	产品中回收原料的比例
$C_{\text{闭环}}$	产品中闭环物料的比例
$C_{\text{生物质}}$	产品中生化降解原料的比例
$C_{\text{产品总含量}}$	产品中回用、回收、闭环物料和生化降解原料的总比例
产品设计	
$D_{\text{回用}}$	产品设计中可回用原料的比例
$D_{\text{回收}}$	产品设计中可回收原料的比例
$D_{\text{闭环}}$	产品设计中闭环物料的比例
$D_{\text{生物质}}$	产品设计中生物质原料的比例
$D_{\text{好氧堆肥}}$	产品设计中可好氧堆肥原料的比例
$D_{\text{厌氧消化}}$	产品设计中可厌氧消化原料的比例
$D_{\text{设计总含量}}$	产品设计中可回用、可回收、闭环物料和生物质、可好氧堆肥和可厌氧消化原料的总比例

续表

循环度得分	
$P_{产品循环度}$	产品循环度得分按照产品含量和产品设计的平均分计算
$S_{工厂设施循环度}$	工厂设施废弃物中回用、减量、回收、副产品利用、生化降解、好氧堆肥、厌氧消化和生物燃料的总比例

关于工厂设施的循环度事实，可以借用 UL 2799 计算废弃物转率的方法（其中以焚烧作为热能利用的部分被排除在外）来计算工厂设施循环度 $S_{工厂设施循环度}$：

$$废弃物总量(m_{dm})=m_{减量}+m_{回用}+m_{回收}+m_{好氧堆肥}+m_{厌氧消化}+m_{生物燃料}+m_{焚烧产能}+m_{焚烧不产能}+m_{填埋}+m_{管制}$$

$$工厂设施循环度(S_{工厂设施循环度})=(S_{减量}+S_{回用}+S_{回收}+S_{副产品}+S_{生化}+S_{好氧堆肥}+S_{厌氧消化}+S_{生物燃料})/m_{dm}$$

关于产品的循环度事实，该大纲规定必须对所有产品进行单独评估，并在组合多个产品的综合循环度之前按照统一标准单独计算每个产品的循环度。另外，该大纲规定计算产品的循环度必须包括构成产品和产品主包装的所有材料、零部件和组件的来源（合计必须为 100%），然后对产品设计百分比和产品含量百分比进行平均，以获得综合的产品循环率：

$$C_{产品总含量}=C_{回用}+C_{回收}+C_{闭环}+C_{生物质}$$

$$D_{设计总含量}=D_{回用}+D_{回收}+D_{闭环}+D_{生物质}+D_{好氧堆肥}+D_{厌氧消化}$$

$$产品循环度\ (P_{产品循环度})=(D_{设计总含量}+C_{产品总含量})/2$$

关于企业的循环度事实，该大纲要求通过计算整个企业的废弃物转化率和所有产品线的产品循环度来反映该企业的循环经济综合水平。

$$企业废弃物转化率=\frac{企业总体废弃物转化量}{企业总体废弃物产生量}$$

$$产品线综合循环度=\frac{\sum_{所有产品线}(产品循环度\times产品量)}{产品市场总量}$$

$$企业循环度=\frac{企业废弃物转化率+产品线综合循环度}{2}$$

该大纲并没有涵盖循环经济概念中温室气体排放和能源使用的计算，所以它还只是从物质流的角度来考察循环经济，还有待补充能量流的相关内容，以便将来进一步完善循环度的评估方法。

随着研究开发工作的持续进行，以上所有涉及的 UL 标准并不是一成不变的；与其他所有国际标准和国家标准一样，也会不断更新版本，以适应时代的需要。

14 零废弃哲学与环境伦理学

人类一边探索零废弃的理论与实践，一边考虑着非常质朴的一系列问题：

既然零废弃有这么多挑战，那么为什么我们还要产生废弃物？

我们人类生命存在的意义，难道就是不断产生废弃物，然后又“自娱自乐”地想办法消灭它们吗？

废弃物总量的增长是不是和人口数量的增长永远成正比，废弃物的种类是不是随着人类科技的发展永远成几何级数的增长呢？

……

这一系列的问题渐渐困扰着越来越多的人，技术和工程的问题有时候可能要从哲学和伦理学的角度来分析解决。

14.1 零废弃哲学

哲学是关于世界观和方法论的理论体系。世界观是关于世界的本质、发展的根本规律、人的思维与存在的根本关系的认识，方法论是人类认识世界的根本方法。方法论是世界观的功能，世界观决定方法论。

由于哲学的本质是具有严密逻辑系统的宇宙观，所以用它可以研究宇宙的性质、宇宙内万事万物演化的总规律、人在宇宙中的位置等一些很基本的问题。当然用它也可以研究零废弃相关的战略性问题，即零废弃哲学（zero waste philosophy）。

我们知道，主体与客体的关系是哲学研究的重要问题，使用哲学方法来研究人类的零废弃就首先要明确谁是主体，谁是客体；然后去看主体如何决定客体，客体又如何影响主体。显然，人类是主体，废弃物是客体；人类活动产生废弃物，废弃物的存在降低甚至破坏了人类生存的质量。

哲学研究有很多流派，这些流派之间既有联系又有争论。我们不妨从比较熟悉的几个主要的哲学思想体系中探讨人类主体和废弃物客体的相互作用。

14.1.1 道家思想

道家思想的核心是“道”，认为“道”是宇宙的本源，也是统治宇宙中一切运动的法则。道家用“道”来探究自然、社会、人生之间的关系。道家提倡道法自然，无为而治，与自然和谐相处；道家思想是无所不能、永恒不灭，有辩证法因素和无神论倾向。

道家所提倡的“道法自然，无为而治”，绝对不是消极的“无所事事”，而是以天为道并顺天而行事。所以人类生存正常产生的废弃物不应该去丢弃填埋，而是应该尽量用自然的方法去解决：一方面人类要减少过度消费的欲望；另一方面要尽可能利用自然中已经存在的办法（例如生物法）去处理处置废弃物以减少二次污染。道家思想的基本观点中“人与自然和谐相处”，则是希望人作为主体，要通过一定的作为，去和自然中的废弃物（亦是由人产生）达到一个平衡的境界。道家思想说“无所不能”，可以理解为所有的废弃物都是可以利用的；“永恒不灭”，可以理解为（一定时空范围内有条件的）废弃物和自然资源的无限循环。

作为思辨哲学的最高成果，老子论“道”不仅对世界的本原作出了“道”的最高抽象，而且对“道”的运动规律作出了最高概括。“反者道之动”意思是向相反的方向转化是“道”的运动规律。如果把自然的“熵”看作是人类的“道”，那么熵的变化方向必然与人类发展方向相反，只有自然与人类和谐相处的社会（不产生废弃物），熵既不增也不减才相对稳定；自然和人类又是“变动不居”的，其原因是天地万物都存在两个互相矛盾的对立面以及对立面的互相转化，如有无、难易、生死、进退等，自然资源与人类废弃物也是如此，相互依存，互为前提，是可以相互转化的。

14.1.2 儒家思想

儒学思想基本上以对天的理解，以及天人关系的各种形态的比较与选择这两个问题为出发点，作为其建立世界观的主要脉络。而人的存在意义与价值，更可因其自身的努力与创造，得与天地的存在意义同其伟大。

儒家思想是以“孔孟之道”为源头，注重自身修养并讲求伦理道德，其中心思想乃“仁义”，也就是人与人之间应注重和谐的关系。这里的和谐关系包括了人与人之间物质和资源的分配，也包括了人与人之间权利和义务的分工。物质资源有权利共享，废弃物也有义务共同处理处置；个人或某个国家物质资源享受得越多，废弃物处理的相对责任也越大，这样才能做到公平合理。

儒家思想重视科技及其在物质上的应用，提出了“用力少，见功多”的原则，和谐社会的基础在于技术层面上一定的物质效率和能源效率。物质效率和能源效率越高，则单位人口产生的废弃物越少。

儒家思想明确提出“人无远虑，必有近忧”。一个人或者整个社会，如果没有长远的考虑，就一定会遭遇突然出现的问题。人类产生的废弃物越来越多，如果没有一个长远的规划，必然会在某个阶段突然给人类自身带来巨大的困扰，很可惜这个阶段在某些国家和局部地区已经出现了。

14.1.3 辩证唯物主义

作为马克思主义哲学的一个组成部分，辩证唯物主义由辩证的唯物论和唯物的辩证法、辩证唯物主义认识论三个部分组成。辩证唯物主义认为物质世界是按照它本身所固有的规律运动、变化和发展的，它揭示了事物发展的根本原因在于事物内部的矛盾性。事物矛盾双方又统一又斗争，促使事物不断地由低级向高级发展。因此，事物的矛盾规律，即对立统一的规律，是物质世界运动、变化和发展的最根本的规律。

辩证唯物论就是用辩证法的观点研究世界的本质，即研究世界的本质“是什么”的问题。根据相应的四个原理很容易总结出：

① 物质存在形式原理　转化是废弃物的存在方式，时空是转化着的废弃物的存在方式；

② 实践本质原理　废弃物转化具有直接现实性、主体能动性等特点；

③ 意识的本质和能动性原理　人类为了更好地生存，是愿意向零废弃努力的；

④ 世界的物质统一性原理　自然资源和人类废弃物是高度统一的。

唯物辩证法回答了“世界怎么样”的问题。从唯物辩证法的观点、规律和范畴也可以总结出几个重要原理：

① 普遍联系　人类废弃物与自然资源有着非常普遍和深层的联系；

② 度　回收材料或闭环物料的含量和废弃物的转化率是零废弃中的重要指标；

③ 质量互变规律　废弃物的量累积到了一定程度就是污染物，废弃物转化率达到了一定程度又是资源；

④ 辩证否定　不要轻易判定和否认废弃物，要有科学的依据；

⑤ 矛盾发展的不平衡性　不同的空间和时间范畴，资源需求与废弃物转化的矛盾是不平衡且动态发展的。

辩证唯物主义认识论围绕着实践、认识、真理三个核心以及实践与认识的辩证关系原理、认识发展律、真理发展律，回答了“怎样认识世界”的问题。由此也可以推导出如下结论：

① 实践和认识的辩证关系　只有通过废弃物转化的实践，才能更好地认识废弃物的本质；

② 认识发展辩证过程　认识废弃物的转化原理和技术需要一个过程，不是一蹴而就的；

③ 检验真理标准的唯物论和辩证法　检验废弃物是否可以转化（资源化），需要从客观的事实结果来研究；

④ 真理和价值的辩证关系　有意义的废弃物转化，其经济价值不一定短期可见，但一定有长期的生态环境价值以及社会价值。

14.2 环境伦理学

伦理学如形而上学、逻辑学、认识论以及美学一样，都是哲学的下属学科。伦理学的本质是关于道德问题的科学，是道德思想观点的系统化、理论化。或者说，伦理学是以人类的道德问题作为研究对象的。

伦理学要解决的基本问题是道德和利益的关系问题，即“义”与“利”的关系问题。这个问题包括两个方面：一方面是经济利益和道德的关系问题，即两者谁决定谁，以及道德对经济有无反作用的问题；另一方面是个人利益与社会整体利益的关系问题，即两者谁从属于谁的问题。显然，对这一基本问题的不同回答，决定着各种道德体系的原则和规范，也决定着各种道德活动的评判标准和取向。

而环境伦理学（environmental ethics）则是一门介于伦理学与环境科学之间的新兴综合性科学。环境伦理学的诞生，是在人类生存发展活动和生存环境系统发生尖锐对立后，为满足协调人和生存环境系统的关系，求得人类和生存环境系统共同持续发展的社会需要的产物。环境伦理学要解决的是人类和生存环境系统之间的矛盾问题。

在环境伦理学的框架下解决人类的废弃物问题，必须首先认识环境伦理的原则，然后结合废弃物这一研究内容，从道德与法制的角度寻求合理的方案。

14.2.1 环境伦理原则

（1）环境正义原则

正义指的是权利与义务之间的平衡，它要求那些享受了一定权利的人要履行相应的义务。环境正义就是在环境事务中体现出来的正义，包括分配的环境正义和参与的环境正义：分配的环境正义关注的是与环境有关的收益与成本的分配——社会应当公平地分配那些由零废弃物产生的价值；同时，那些产生废弃物的人或团体应当为废弃物的处理处置提供必要的资金或补偿；参与的环境正义指的是每个人都有权利直接或间接地参与那些与环境有关的法律和政策的制定——社会应当使有关各方都有机会表达他们对于废弃物处理处置的观点，使废弃物相关各方的利益诉求都能得到合理的对待。

（2）代际平等原则

代际平等原则是人人平等这一伦理原则的延伸。权利平等是平等原则的核心要求，当代人享有在美好生态环境中生存的基本权利，后代人也应该享有同样的基本权利。当代人在营造高品质生活的同时，不应当牺牲后代人的生态环境质量，当代人不能只考虑自身的生产和消费，而将生产和消费中的废弃物留给后代人去解决。不给后代人留下一个充满垃圾的地球环境，可以说是人类的基本义务。

（3）尊重自然的原则

尊重自然是人类的科学理性发展到了一定阶段的必然结果。现代系统科学和环境科学已经告诉我们，人是自然生态系统的一个重要组成部分。自然系统的各个部分是相互联系在一起的，人类的命运与生态系统中其他生命紧密相连、休戚相关，一荣俱荣，一损俱损。人类把产生的废弃物丢给自然是人类对自己的不尊重，人类产生的废弃物如果伤害了其他生命物种也会间接地伤害到人类自己，人类线性地将自然资源变成废弃物必将影响人类和自然的平衡。

14.2.2 环境伦理学内容

环境伦理学作为研究发生于人、社会、自然三者之间相互作用产生的道德现象的科学，涉及废弃物的内容与涉及其他环境问题一样具有复杂性和广泛性，主要包含以下两方面。

（1）协调矛盾

人是一个具有主观能动性的生物，其行动目标一般是为了达到自己的生存利益，所以人只关心自己生存所需要的物质和能源，不会主动去关心废弃物等环境问题。社会是由人类个体构成的，其生存和发展中的利益目标与人类个体未必完全吻合——社会不能只关心人类群体所需要的物质和能源，也要关心自然资源的储备和废弃物的负面影响。怎样协调这种矛盾关系，是环境伦理学研究的第一个内容。

(2) 协调平衡

自然作为环境伦理道德的客体，其运动规律服从人类已知的各种物理定律，包括热力学第二定律。人类尚有大量未知的宇宙定律，人类尚且无法应对各种（甚至还不知道会有哪些）由于无度消耗自然资源而招致的自然报复，目前人类只能非常有限地调控废弃物和自然环境的融合。如何将有限的调控发展为长期的平衡，是环境伦理学研究的第二个内容。

14.2.3 环境伦理与环境法制

环境伦理学是科学，研究出来的是方法；方法的贯彻和实施，在人类社会中不能完全靠道德，至少在现阶段人类社会要实现零废弃还是要依靠环境法制。之前的相关章节已经提及论述了很多废弃物相关的法律法规，这里主要阐述一下环境伦理和环境法制的关系。

(1) 指导作用

环境伦理强调人类是地球生物圈自然秩序的一个有机部分，人类与其他生物密不可分，都是地球生态系统的共同组成部分，两者相互依存、相互制约、协同进化；而环境法制的目的正是用法律手段保护这一多元系统的平衡与发展，所以说环境伦理的研究指导着环境法制的发展。

(2) 基础核心

任何一个法制社会都要有一定的道德基础以及核心价值，否则法制的实施会因为缺少必要的民众支持而举步维艰，环境法制也如此。只有通过宣传教育等手段使环境伦理观深入人心，让民众认同这一理念的正确性和必要性，不再觉得人类可以对环境为所欲为，所有的法制手段才能起到一定的威慑作用；与此同时，一切潜在的环境违法行为才会受到民众的不齿和抵制。

(3) 应用体现

环境伦理的观念只有借助具体的法律条文才能体现出来并发挥作用。伦理的东西可以形成社会舆论，破坏环境可以被批评谴责，却无法实现自我纠正；而且一旦环境遭到破坏，批评和谴责也会显得苍白无力。只有立法机构将环境伦理的观念借助立法程序以法律形式表现出来，才能确保各项环境保护工作顺利展开，以实现可持续发展。

14.2.4 案例思考

关于废弃物的研究和讨论到了哲学与伦理的高度，也就是近几十年的事情。其实，一般工业制造产生的和人类生活产生的废弃物虽然造成了这样或那样的问题，但是都不如以下几种废弃物的产生，更值得人们从环境伦理学的角度去反省。

（1）战争废弃物

人类历史上经历了大大小小无数次的战争。冷兵器时代的战争，除了不幸阵亡将士的尸骸，以及断壁残垣下的石块泥土（这些很快就会彻彻底底消失在自然中），几乎不会留下什么废弃物（考古发现的都是宝贝，算不上废弃物）；然而随着热兵器时代的降临，战争废弃物一下子变得多样起来。

地雷如果没有在战争时期被引爆，战后就成了头号废弃物。虽然地雷是一种价格低廉的防御性武器，一枚普通地雷的成本仅 3 美元左右，可是即便全球不再有新的战争，仅仅清除已经埋设在地下的 1.1 亿枚地雷就需要大约 330 亿美元。因为没有人去清理这些“废弃”的地雷（甚至每年还要新增 250 万枚），每天因地雷造成的伤亡人数差不多有 70 人，其中大多还是平民，被炸死炸伤的野生动物就更不计其数了。好在，现在国际公约已经全面禁止使用地雷，但是有多少战争参与方会真正遵守还尚未可知。

美国亚利桑那州图森市的戴维斯·蒙森空军基地（Davis Monthan Air Force Base）是个著名的“飞机坟场”，专门收留退役的军用飞机并进行报废处理。该基地占地 2600 英亩（约 10.5 平方千米），价值 350 亿美元，大约 4200 架过时破旧的战机保存在那里。超过 80%的飞机最终将在此结束自己的使命，必要时可以回收 35 万件钢材。然而毕竟还有 20%的零部件甚至整机经修理、升级和改造又重新流向了新的战争地区。如此废弃物的“维修”、“翻新”和“回用”，其目的竟然是为了杀戮人类自己，还不如直接填埋。

退役的核弹头绝对是个“烫手”的废弃物。美俄冷战的结束以及《不扩散核武器条约》的缔结，使得世界上一下子多出了上万枚“废弃”的核弹头，而且这个数字随着拥核国家核武器库的升级更新，还会源源不断地增加。目前废弃核弹头的处置主要有美国的两种方案：一是拆除引信后将核弹头中的高浓度铀-235（90%以上）当作核动力航空母舰或核潜艇的燃料；二是将高浓度或低浓度的铀-235 转化为核电站的燃料。很可惜，第一种方案还是军事用途，且无论是第一种还是第二种方案，最终也还会产生贫铀核废料这个麻烦（参见本书 7.1.1.2 部分）。

战争废弃物的环境伦理是和战争伦理紧密相连的。如果人类不能彻底消除战争，恐怕各种各样、已知未知的战争废弃物还会层出不穷，给人类带来无尽的噩梦。

（2）太空垃圾

我们已经认识到，宇宙是不存在任何废弃物的，地球原本也没有；随着人类在地球表面生物圈的活动，在陆地、海洋和大气中遗留了废弃物之后，地球附近的太空也渐渐变得不干净起来。太空垃圾（space debris）是围绕地球轨道的无用人造物体，包括人造卫星碎片、漆片、粉尘，甚至整个宇宙飞船的残骸。

图 14-1 是三个近地轨道的人造卫星及航天器（包括残骸）于不同年份的示意图，图 14-2 是远地轨道人造卫星及航天器（包括残骸）目前的分布状况。根据美国国家航空航天局（National Aeronautics and Space Administration，NASA）的统计，地球轨道上有大约 4000 个运行中或报废的人造卫星和火箭残体，此外还有大约 6000 个可以看到并跟踪的太空垃圾碎片；而直径超过 1 厘米的太空垃圾更是多达 20 万个。这些物体大多数的运行速度都在 2 万千米/小时以上，它们无时无刻不对卫星本身的安全、航天飞机以及国际空间站的安全构成威胁；更麻烦的是，太空垃圾之间会频繁地相互碰撞而产生更多的碎片，这会造成越来越大的问题。

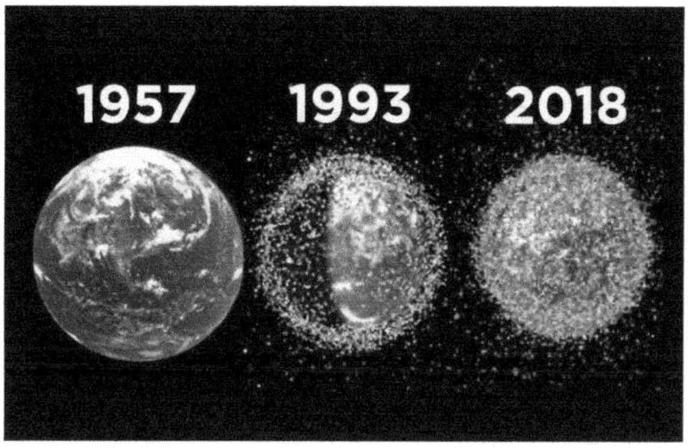

图 14-1　近地轨道人造卫星及航天器示意

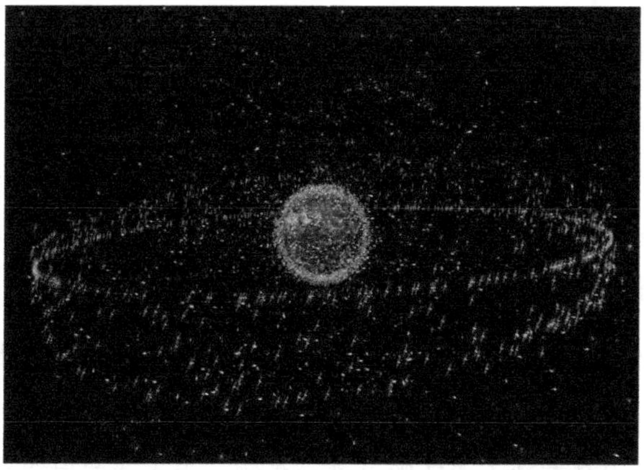

图 14-2　远地轨道人造卫星及航天器示意

目前世界各个航天大国都在采取一系列的措施来试图解决太空垃圾这个问题，主要途径是通过观察、跟踪和保护来避免碰撞，通过捕捉和清理使之重新进入大气层烧尽，等等。国际上也规定各国在设计飞行器的时候，应当考虑如何针对小碎片碰撞进行有效防护；在新发射的飞行器使命完成后，应当有能力离开正常运行的轨道自行返回大气层而焚毁。

另外一个需要关注的是，不仅在地球轨道，如今在月球上也留下了人类的废弃物：阿波罗计划将大约70t的装置和器械“丢”在了月球，其他探月国家的无人航天器又“丢”下了大约100t的各种设备。不难想象，随着人类登月工程的继续，月球表面的废弃物还会越来越多，月球将很难永远保持一方洁白的净土。

不知道是否应值得庆幸，尽管人类的航天器已经登上了月球和几个行星，并且在那些地方都留下了废弃物；但是目前人类还不能探索地球深处，所以地壳之下并没有人类的废弃物，即便有，也会被那里的高温高压彻底摧毁，瞬间变成地球的矿物质了。

（3）海洋塑料

海洋垃圾是指海洋和海岸环境中具有持久性的、人造的或经加工的固体废弃物，主要包括海面垃圾、海滩垃圾和海底垃圾。所有的分析和研究都表明：海洋垃圾中比例和危害最大的是海洋塑料。

海面漂浮的塑料类垃圾主要为塑料袋和塑料瓶等，占整个海面漂浮垃圾的60%左右；海滩冲积的塑料类垃圾主要为塑料袋和快餐盒等，占整个海滩冲积垃圾的75%左右；海底沉积的塑料类垃圾主要为塑料袋和破渔网等，占整个海底沉积垃圾的40%左右。海洋垃圾中充满了塑料！

海洋中的塑料垃圾主要有三个来源，一是陆地上的塑料垃圾由地表径流进入海洋；二是航海活动中人为地将塑料垃圾倒入海洋；三是大小海难事故中塑料货物掉到水里成为海洋垃圾。

据法国《费加罗报》报道，2013年，约150万只动物成为海洋中塑料垃圾的牺牲品。海洋塑料对动物存在巨大影响：海洋中的鱼会吃下塑料，这些塑料对它们通常是致命的；而其他以海洋鱼类为食的物种，包括鸟、鲸鱼、海龟等，又间接地受到影响甚至致命；塑料中的有害物质，经过食物链最终也会回到人类的餐桌上，又影响着人类的健康。

目前，海洋塑料最主要的集中区域在美国加州和夏威夷之间的北太平洋海域，面积已达350万平方千米。这个超级塑料垃圾堆的面积还会以每年8万平方千米的速度不断增加，前景非常堪忧。

尽管如今世界各国都看到了海洋塑料这一难题，很多非政府组织也在大声疾呼、奔走求医；但是人类生产和使用塑料制品的速度不降下来，陆地上的塑料不减少，海洋塑料问题的解决还只能是天方夜谭。

生命起源于海洋，也完全可能葬送于海洋。

14.3 人类的未来

无论废弃物如何变化，也不管零废弃何时实现，人类总是要走向未来的，实际上从狭义相对论出发，人类的未来（the future of human）已经在时间轴上发生了，只不过我们这个时代的人们还没有到达这一时空节点，什么还都看不见而已。

那么，我们不妨合理推测一下，在这个尚且看不见的时空节点，人类和他们的废弃物将会是什么样子的？有几种可能性？

第一种可能是，人类社会科学技术高度发达，物料利用率几乎100%，人类几乎不产生废弃物，人与自然完美融合，和谐发展。

第二种可能是，人类整个社会高度发达，局部地区甚至整个地球表面没有废弃物，而所有的废弃物都被送至地壳以下回归自然或远地太空回归宇宙，人类在地球表面以及近地空间的生物圈安居乐业。

第三种可能是，人类社会处理处置废弃物的速度越来越跟不上废弃物的产生速度，人类被废弃物围城直至在地球上无法立足而不得不向外星球移民或殖民，然后再把地球上的废弃物故事在外星球上重演。

第四种可能是，人类社会在找到废弃物处理处置最佳方案之前，科技不足以支持人类大规模离开地球，最后既有的可开采资源彻底耗尽，地球被废弃物完全覆盖，人类文明陷入绝境而不幸成为（也许是又一次成为）地球上的“史前”文明。

客观地说，第一种可能性过于理想，实现的概率不太大；第四种可能性过于悲观，实现的概率最好为零。剩下的第二种可能性和第三种可能性，关键在于人类和时间的赛跑——人类跑得快，结果就是第二种比较积极的可能性；人类跑慢了，结果就是第三种比较消极的可能性。

所以说，人类与废弃物的未来，一半主动权还是掌握在人类自己的手里。一方面，通过加大投入、提高科学技术发展的速度，尽可能快地实现循环利用各种废弃物；另一方面，通过宣传和教育，改变人的意识和理念来减缓社会消费的速度，尽可能少地制造产生各种废弃物。只有这样才能在与时间的赛跑中，获得人类文明的一线生机。

如同各种宣传教育一样，所有的社会资源需要齐头并进，无论是传统的校园，还是媒体和舆论，也包括各种文学和艺术的表现手法，都应该行动起来，其目的就是用零废弃，来保护我们唯一的地球。

我们不妨给这样的行动起个名字，叫做“垃圾总动员”，也顺便创造一个新的英语词汇：Wasteless。

附　录

附录一　美国材料与试验协会废弃物相关标准

ASTM E829-2016　制备分析用废弃物衍生燃料（RDF）实验室样品的标准实施规范

ASTM E776-2016　测定废弃物衍生燃料中氯形态的标准试验方法

ASTM D4844-2016　对工人保护用废弃物管理设施进行空气监测的标准指南

ASTM D6051-2015　环境废弃物管理活动复合取样和现场次级取样的标准指南

ASTM D5513-2015　痕量元素分析用工业炉进料流和废弃物的微波消解标准实施规范

ASTM E2421-2015　编制核设施退役用废弃物管理计划的标准指南

ASTM D5088-2015a　在废弃物场地上使用现场设备净化的标准实施规范

ASTM F917-2014　商业食品废弃物处理器的标准规格

ASTM F1899-2014a　无水压机装配的食品废弃物搅碎机的标准规格

ASTM D6234-2013　采用合成沉淀物沥滤程序对采矿废弃物的摇混提取的标准试验方法

ASTM D5658-2013　卡车未固结废弃物取样的标准规范

ASTM D5681-2013　废弃物和废弃物管理的标准术语

ASTM D4979-2012　在废弃物中物理描述筛选分析的标准试验方法

ASTM D4982-2012　废弃物潜在易燃性筛选分析的标准试验方法

ASTM D3987-2012　含水固体废弃物的振荡萃取的标准实施规范

ASTM D4981-2012　在废弃物中筛选氧化剂的标准试验方法

ASTM D5058-2012　废弃物的筛选分析兼容性的标准实施规范

ASTM F1150-2011　商业食品废弃物搅碎机和水压装置的标准规格

ASTM C1133/C1133M-2010　分段无源 γ 射线扫描法对低密度废料及废弃物中特殊核材料进行无损检验的标准试验方法

ASTM D5792-2010（2015）　与废弃物管理活动相关环境数据生成的标准实施规范：制定数据质量目标

ASTM C1207-2010　无源中子复合计数法测定废弃物中钚的无损检验的标准试验方法

ASTM D5057-2010　废弃物的筛选表观比重和堆积密度的标准试验方法

ASTM D5284-2009　带酸性萃取液的废弃物顺序批量萃取的标准试验方法

ASTM D5198-2009　固体废弃物的硝酸处理的标准方法

ASTM D4793-2009　含水废弃物的连续成批萃取的标准试验方法

ASTM D6232-2008　废弃物和污染介质数据收集活动用取样设备选择的标准指南

ASTM D4503-2008　用偏硼酸锂熔化法溶解固体废弃物的标准实施规范

ASTM C1563-2017　卫生排水、废弃物、通风和暴雨管设施用与衬套窝接式铸铁污水管和配件相连接用垫圈的标准试验方法

ASTM C1174-2007（2013）　高放射性废弃物地质处置的工程屏障体系（EBS）用包括废弃物形状材料长期性能的预测用标准实施规范

ASTM D7209-2006　废弃物降低、资源回收以及再生聚合材料和产品的使用的标准指南

ASTM D4547-2006　挥发性有机物用废弃物和土壤采样的标准指南

ASTM C1571-2003（2012）　热处理用放射性和/或危险废弃物表征的标准指南

ASTM F1673-2002　聚偏二乙烯氟化物（PVDF）腐蚀性废弃物排放系统的标准规范

ASTM D5608-2001（2006）　用于低辐射放射性废弃物场所现场设备净化用标准实施规范

ASTM D6498-1999（2007）　家庭危险废弃物收集方法的培训总揽的标准指南

ASTM D6311-1998（2014）　与废弃物管理活动相关环境数据生成的标准指南：抽样设计的选择和优化

ASTM D5928-1996（2010）e1　放射性废弃物筛选的标准试验方法

ASTM D4978-1995（2007）　在废弃物中筛选活性硫化物的标准试验方法

ASTM D5369-1993（2008）e1　用索格利特萃取法对化学分析用固体废弃物样品的萃取的标准实施规范

ASTM D5368-1993（2006）　固体废弃物样品中溶剂可萃取总含量的重量分析测定试验方法

ASTM D5233-1992（2009）　废弃物单批量抽取法的标准试验方法

ASTM D5231-1992（2008）　测定未加工的城市固体废弃物成分的标准试验方法

ASTM D5232-1992（2003）　测定固体的，类似固体的，或液体废弃物成分稳定性和可混合性的标准试验方法

ASTM D5013-1989（2009）　管道和其他地点排放的废弃物的取样的标准实施规范

ASTM D4980-1989（2003）　在废弃物中筛选 pH 值的试验方法

ASTM D4843-1988（2009）　固体废弃物的浸湿和烘干的标准试验方法

ASTM E711-1987（2004）　用弹式量热计测量废弃物中回收燃料的总热量值的标

准试验方法

ASTM E856-1983（2004） 有关废弃物再生燃料的物理和化学性质术语和缩略语定义

ASTM E884-1982（2012） 城市固体废弃物处理设备处空气传播微生物的抽样标准实施规范

附录二　美国国家标准学会废弃物相关标准

ANSI/NFPA 82-2013　焚化炉及废弃物和亚麻布处理系统和设备的标准

ANSI Z245.2-2013　可回收材料用设备技术和操作.固定压实机.安装、维护和操作的安全性要求

ANSI Z245.5-2013　可回收材料用设备技术和操作.打包设备.安装、维护和操作的安全性要求

ANSI Z245.1-2017　可回收材料用设备技术和操作.移动式废弃物和可回收材料的回收、运输和压实设备.安全性要求

ANSI/AAMI ST15883-3-2012　洗涤消毒器.第3部分：对人类废弃物容器进行热消毒的洗涤消毒器的要求和试验

ANSI/ASTM F810-2012　排水和废弃物处置吸收场用光壁聚乙烯（PE）管的规格

ANSI/ASTM F2390-2012　具有后工业循环含量的聚氯乙烯（PVC）塑料排水管、废弃物和通风孔（DWV）管及配件的规格

ANSI/ASTM F1150-2011　商业食品废弃物搅碎机和水压机装置规范

ANSI/ANS 40.37-2009　可移动的低放射性废弃物处理系统

ANSI/ASTM F2618-2009　化学废弃物排放系统用聚氯乙烯（CPVC）管和配件规范

ANSI Z245.41-2008　可回收材料用设备技术和操作.混合的可回收材料的处理设备.安全要求

ANSI Z245.60-2008　可回收材料用设备技术和操作.废弃物容器.兼容尺寸

ANSI Z245.30-2008　可回收材料用设备技术和操作.废弃物容器.安全要求

ANSI/AHAM TC-1-2007　家用废弃物压实机的性能测量用方法

ANSI/ASME PTC34-2007　废弃物焚烧能量回收

附录三　欧洲标准化委员会废弃物相关标准

CEN/TS 15864：2015　废弃物特征. 基本特性浸出行为试验. 单片浸出试验条件下动态连续浸取液的更新

CEN/TS 16660：2015　废弃物特征. 浸出特性试验. 还原性和还原能力的测定

CEN/TS 14429：2015　废弃物特征. 过滤性能试验. pH 值对过滤酸/碱性添加物的影响

EN 16174：2012　污泥，处理过的生物废弃物和土壤. 王水可溶性元素的分数

EN 16167：2012　污泥，处理过的生物废弃物和土壤. 使用气相色谱/质谱分析（GC/MS）和带电子侦测器（GC-ECD）测定多氯联苯（PCB）

EN 15935：2012　污泥，处理过的生物废弃物和土壤. 强热失量测定

EN 16169：2012　污泥，处理过的生物废弃物和土壤. 克耶达测氮法

EN 16168：2012　污泥，处理过的生物废弃物和土壤. 使用干式燃烧法测定总氮量

CEN/TS 1566-2：2012　建筑建构中排土壤和废弃物（高低温）的塑料管道系统聚乙烯（PVC-C）一致性评估指南

EN 13965-2：2010　废弃物特征. 术语. 第 2 部分：管理相关术语和定义

EN ISO 15883-3：2009　洗涤器消毒器. 第 3 部分：对人类废弃物容器进行热消毒的洗涤消毒器的要求和试验

EN 15308：2008　废弃物特征. 用带电子俘获或质谱检测的毛细管气相色谱法测定固体废弃物中选择的多氯化联二苯（PCB）

EN 14582：2007　废弃物特征. 卤素和硫含量. 封闭系统氧燃烧和测定方法

EN 15169：2007　测定废弃物，淤泥和沉淀物的点燃质量损耗

EN 15347：2007　塑料. 再生塑料. 塑料废弃物的特性

EN 15012：2007　塑料管道系统. 建筑结构内部的粪便和废弃物排放系统. 管道，配件及其连接件的性能特性

CEN/TS 15364：2006　废弃物特征. 滤取特性试验. 酸中和能力试验

EN 12920：2006＋A1：2008　废弃物特征. 特殊条件下沥滤物测定方法

EN 14803：2006　废弃物的识别和（或）量的确定

EN 12574-3：2006　固定式废弃物容器. 第 3 部分：安全性和健康要求

EN 15002：2006　废弃物特征. 试验室样本的试验部分准备

EN 14346：2006　废弃物特征. 通过测定干残渣或水含量计算干物质含量

CEN/TR 15310-2：2006　废弃物特征. 废弃物材料取样. 第 2 部分：采样技术指导

CEN/TR 15310-3：2006　废弃物特征.废弃物材料取样.第 3 部分：现场的次级采样程序导则

CEN/TR 15310-4：2006　废弃物特征.废弃物材料取样.第 4 部分：样品的包装，储存，保护，运输和交付规程导则

CEN/TR 15310-5：2006　废弃物特征.废弃物材料取样.第 5 部分：关于确定取样计划程序的导则

EN 15192：2006　废弃物和土壤的特性描述.用碱性消化法和带分光光度探测的离子色谱法测定固体材料中的铬（VI）

EN 14735：2005　废弃物特征.生态毒性试验用废弃物样品的制备；合并勘误表 2006 年 6 月

EN 13493：2005　土工合成阻挡层.固体废弃物存储和处理场所的施工中使用的阻挡层所要求的特征

EN 14899：2005　废弃物特征.取样策略制定及应用的废弃物材料结构的取样

CEN/TR 15018：2005　废弃物特征.通过碱熔融技术进行废弃物样品分类

EN 14345：2004　废弃物特征.用重量测定法测定烃类的含量

EN 14039：2004　废弃物特征.用气相色谱法测定 $C_{10}\sim C_{40}$ 范围内的烃含量

EN 12940：2004　鞋靴生产废弃物.废弃物分类和管理；代替 ENV 12940：1999

EN 13427：2004　包装.包装和包装废弃物欧洲标准的使用要求

EN 13965-1：2004　废弃物特征.术语.第 1 部分：材料相关术语和定义

EN 13370：2003　废弃物特征.提取物分析.铵、AOX、传导性、汞、苯酚指数、TOC、CN、易析出性和 F 的测定；代替 ENV 13370：2001

EN 12457-4：2002　废弃物特征.浸析.颗粒废弃物和污泥浸析的一致性试验.第 4 部分：粒径小于 10mm 材料在液固比为 10L/kg 时的一级分批试验（有或无有限粒径缩减）

EN 13657：2002　废弃物特征.化学元素的王水溶解部分系列测定用发酵法

EN 13656：2002　废弃物特征.废弃物元素的连续测定用微波辅助的氢氟酸（HF），硝酸（HNO_3）和盐酸（HCl）混合物的分解

EN ISO 8099：2000　小艇.卫生间废弃物积集系统；代替 EN 24567：1989；ISO 8099：2000

EN 12740：1999　生物技术.研究，开发和分析实验室.废弃物的运输，减除活性和试验指南

附录四　英国标准学会废弃物相关标准

BS EN 14405：2017　废弃物特征. 浸出特性试验. 上流渗透试验（在特定条件下）

BS EN 12574-3：2017　固定式废弃物容器. 安全和健康要求

BS EN 12574-2：2017　固定式废弃物容器. 性能要求和试验方法

BS EN 15308：2016　废弃物特征. 用带电子俘获或质谱检测的气相色谱法测定固体废弃物中选择的多氯化联二苯（PCB）

BS EN 13257：2016　土工织物及其相关产品. 固体废弃物处置使用所需特性

BS EN 14582：2016　废弃物特征. 卤素和硫含量. 封闭系统氧燃烧和测定方法

BS PD CEN/TS 16660：2015　废弃物特征. 浸出特性试验. 减少特征和减少能力的测定

BS EN 15002：2015　废弃物特征. 试验室样本的试验部分准备

BS EN 14429：2015　废弃物特征. 渗出特性试验. pH 值对初始渗出酸/碱性添加物的影响

BS EN 14997：2015　废弃物特征. 过滤性能试验. pH 值对连续 pH 值控制过滤的影响

BS EN 16424：2014　废弃物特征. 使用便携式 X 射线荧光光谱仪对元素成分进行的筛选方法

BS PD CEN/TS 16675：2014　废弃物特征. 用于测定废弃物整体状况的试验方法

BS PD CEN/TR 13801：2014　建筑结构内土壤和废弃物排出（低温与高温）用塑料管系统. 热塑性塑料. 建议安装实践

BS EN 16457：2014　废弃物特征. 测试程序的编写和应用框架. 目标，计划和报告

BS EN 16377：2013　废弃物特征. 固体废弃物中溴化阻燃剂（BFR）的测定

BS EN 13492：2013　土工合成阻挡层. 液体废弃物处置场所、传送站或二级容器结构中使用的要求特征

BS EN 13493：2013　土工合成阻挡层. 固体废弃物存储和处理场所施工中使用的阻挡层所要求的特征

BS EN 16123：2013　废弃物特征. 筛选方法选择和应用导则

BS EN 15933：2012　污泥，处理过的生物废弃物和土壤. pH 值的测定

BS EN 15936：2012　污泥，处理过的生物废弃物和土壤. 采用干烧法对有机碳总量的测定

BS EN 15935：2012　污泥，处理过的生物废弃物和土壤. 强热失量测定

BS EN 16166：2012　污泥，处理过的生物废弃物和土壤. 能吸附的有机结合卤族

（AOX）的测定

BS EN 16167：2012　污泥，处理过的生物废弃物和土壤.使用气相色谱/质谱分析（GC/MS）和带电子侦测器（GC-ECD）测定多氯联苯（PCB）

BS EN 15934：2012　污泥，处理过的生物废弃物和土壤.干残渣或含水量的测定后干物质分子的计算

BS EN 16168：2012　污泥，处理过的生物废弃物和土壤.利用干式燃烧法进行总氮量的测定

BS EN 16169：2012　污泥，处理过的生物废弃物和土壤.凯达尔氮的测定

BS EN 16173：2012　污泥，处理过的生物废弃物和土壤.元素硝酸可溶解部分的消化.

BS EN 16174：2012　污泥，处理过的生物废弃物和土壤.溶解于王水的痕量元素萃取

BS EN 16179：2012　污泥，处理过的生物废弃物和土壤.样品预处理指南

BS EN 16192：2011　废弃物特征.洗出液分析

BS EN 15875：2011　废弃物特征.硫磺酸废物中和势能产酸能力测定静态试验

BS EN 13071-3：2011　顶部提高且底部清空低于5000L的固体废弃物容器.建议的提升连接器

BS EN 13965-2：2010　废弃物特征.术语.管理相关术语和定义

BS EN ISO 15883-3：2009　洗涤消毒器.对人类废弃物容器进行热消毒的洗涤消毒器的试验和要求

BS EN 15169：2007　废弃物特征.废弃物，污泥和沉渣的烧失量的测定

BS EN 15216：2007　废弃物特征.水和洗出液中总溶解固体量（TDS）的测定

BS EN 15309：2007　废弃物和土壤特性.X射线荧光法测定元素组成

BS EN 13071-1：2008　上部提升和底部空的体积小于5000L的固定式废弃物容器.一般要求

BS EN 15527：2008　废弃物特征.用气相色谱/质谱分析（GC/MS）测定废弃物中的多环芳烃（PAH）

BS EN 13071-2：2008＋A1：2013　上部提升的和底部空的体积小于5000 L的固定式废弃物容器.地下或部分地下系统的附加要求

BIP 2117：2008　废弃物用电气和电子设备指令.要求和实施

BS EN 15012：2007　塑料管道系统.建筑结构内部的粪便和废弃物排放系统.管道、配件及其连接件的性能特性

BS EN 15347：2007　塑料.再生塑料.塑料废弃物的特性

BS EN 15132：2006　容量小于1700L的可移动废弃物容器用容器罩.性能要求和

试验方法

BS EN 15192：2006　用碱性消化法和带分光光度探测的离子色谱法测定固体废弃物材料和土壤中铬（Ⅵ）含量.此方法可测定铬（Ⅵ）的质量分数大于 0.1mg/kg 的固体

BS PD CEN/TR 15310-1：2006　废弃物特征.废弃物取样.第 1 部分：多种条件下取样标准的选择和应用导则

BS PD CEN/TR 15310-3：2006　废弃物特征.废弃物取样.第 3 部分：现场的次级采样程序导则

BS PD CEN/TR 15310-4：2006　废弃物特征.废弃物取样.第 4 部分：样品的包装、储存、保护、运输和交付规程导则

BS PD CEN/TR 15310-5：2006　废弃物特征.废弃物取样.第 5 部分：关于确定取样计划程序的导则

BS PD CEN/TR 15310-2：2006　废弃物特性.废弃物取样.第 2 部分：采样技术指导

BIP 2102：2006　环境管理报告.集中废弃物管理问题

BS EN 14899：2005　废弃物特征.废弃物取样.制备框架和抽样检验方法应用

BS DD CEN/TS 15364：2006　废弃物特征.滤取特性试验.酸中和能力试验

PD CEN/TR 15018：2004　废弃物特征.通过碱熔融技术进行废弃物样品分类

BS 5906：2005　建筑物内废弃物管理.实施规则

BS EN 14735：2005　废弃物特征.生态毒理试验用废弃物样品的制备

BS EN 12940：2004　鞋靴生产废弃物.废弃物分类和管理

BS EN 14345：2004　废弃物特征.用重量测定法测定碳氢化合物的含量

BS EN 14039：2004　废弃物特征.气相色谱法测定 C_{10}～C_{40} 范围内烃类的含量

BS ISO 14850-1：2004　核能.废弃物包装件的活性测量.带公开几何条件的整体模型中的高分辨率 γ 光谱测定法

BS EN 13427：2004　包装.包装和包装废弃物欧洲标准的使用要求

BS EN 13965-1：2004　废弃物特征.术语.材料相关术语和定义

BS EN 60335-2-16：2003＋A2：2012　家用和类似用途电器.安全性.食物废弃物处理器的详细要求

BS EN 12506：2003　废弃物特征.提取物分析.pH、As、Ba、Cd、Cl^-、Co、Cr、Cr（VI）、Cu、Mo、Ni、NO_2^-、Pb、总 S、SO_4^{2-}、V 和 Zn 的测定

BS EN 13370：2003　废弃物特征.提取物分析.铵、AOX、传导性、汞、苯酚指

数、TOC 和易析出的 CN^-、F^- 的测定

BS EN 13593：2003　包装. 家用废弃物收集纸袋. 类型、要求和试验方法

BS EN 13657：2002　废弃物特征. 化学元素的王水溶解部分的系列测定用消化法

BS EN 13656：2002　废弃物特征. 化学元素系列测定用氟化氢（HF），含氮物（HNO_3）和盐酸的（HCl）酸混合物的微波辅助消化法

BS EN 12457-4：2002　废弃物特征. 浸析. 颗粒废弃物和污泥浸析的一致性试验. 粒径小于 10mm 材料在液固比为 10L/kg 时的一级分批试验

BS EN 12457-3：2002　废弃物特征. 浸析. 颗粒废弃物和污泥浸析的一致性试验. 高固体含量和粒径小于 4mm 的材料在液固比为 2L/kg 和 8L/kg 时的二级分批试验

BS EN 12457-2：2002　废弃物特征. 浸析. 颗粒废弃物和污泥浸析的一致性试验. 高固体含量和粒径小于 4mm 的材料在液固比为 10L/kg 时的一级分批试验

BS EN 12457-1：2002　废弃物特征. 浸析. 颗粒废弃物和污泥浸析的一致性试验. 高固体含量和粒径小于 4mm 的材料在液固比为 2L/kg 时的一级分批试验（有或无尺寸减小）

BS EN 13137：2001　废弃物特征. 废弃物、淤泥和沉积物中有机碳总量（TOC）测定

BS EN ISO 8099：2001　小艇. 卫生间废弃物存集系统

BS EN 12740：1999　生物技术. 研究，开发和分析实验室. 废弃物运输，消除活性和试验指南

BS EN 12461：1998　生物技术. 大规模加工和生产. 废弃物处理、钝化和测试指南

DD ENV 12920：1998　废弃物特征. 特殊条件下废弃物沥滤测定方法

BS 5832：1980　装有卸下压实废弃物箱的车辆规范

BS 2889：1967　用杂质分析机测定纺纱用棉花废物含量和纺纱废物及纺纱用皮棉废弃物含量的方法

BS 3813-1：1964　商业和住宅房屋废弃物焚烧炉规范. 第一部分：焚烧力为 50～1000lb/h 的焚烧炉

附录五 德国标准化学会废弃物相关标准

DIN EN 16170：2017 污泥，处理过的生物废弃物和土壤. 利用电感耦合等离子发射光谱法（ICP-OES）元素测定；德文版本 EN 16170：2016

DIN EN 16171：2017 污泥，处理过的生物废弃物和土壤. 利用电感耦合等离子体质谱法（ICP-MS）元素测定；德文版本 EN 16171：2016

DIN EN 14582：2016 废弃物特征. 卤素含量和硫含量. 密封设备中氧的燃烧和测定方法. 德文版本 EN 14582：2016

DIN EN 15308：2016 废弃物特征. 用带电子俘获或质谱检测的气相色谱法测定固体废弃物中选择的多氯化联二苯（PCB）. 德文版本 EN 15308：2016

DIN EN 15863：2015 废弃物特征. 基本特性描述用浸出试验. 固定式条件下带有周期浸出液补充的动态整体浸出试验. 德文版本 EN 15863：2015

DIN EN 14997：2015 废弃物特征. 过滤性能试验. pH 值对连续 pH 值控制过滤的影响；德文版本 EN 14997：2015

DIN EN 14429：2015 废弃物特征. 过滤性能试验. pH 值对过滤酸/碱性添加物的影响；德文版本 EN 14429：2015

DIN EN 16424：2015 废弃物特征. 使用便携式 X 射线荧光光谱仪对元素成分进行的筛选方法；德文版本 EN 16424：2014

DIN 19742：2014 土质. 使用气相色谱/质谱分析（GC/MS）对提取和含量测定后的污泥，泥沙，固体废弃物以及土壤中选定邻苯二甲酸酯含量的测定

DIN EN 16457：2014 废弃物特征. 测试程序的编写和应用框架. 目标，计划和报告；德文版本 EN 16457：2014

DIN 30745：2014 使用频率低于 135kHz 和 868 MHz 的发射机应答器技术进行废弃物容器的无线射频识别

DIN CEN/TS 16023：2014 废弃物特征. 总热值测定和净热值计算. 德文版本 CEN/TS 16023：2013

DIN EN 16377：2013 废弃物特征. 固体废弃物中溴化阻燃剂（BFR）的测定. 德文版本 EN 16377：2013

DIN CEN/TS 16201：2013 污泥，处理过的生物废弃物和土壤. 活性植物种子和繁殖体的测定；德文版本 CEN/TS 16201：2013

DIN CEN/TS 16181：2013 污泥，处理过的生物废弃物和土壤. 采用气相色谱法（GC）和高效液相色谱法（HPLC）对多环芳香烃（PAH）的测定；德文版本 CEN/TS

16181：2013

DIN EN 13071-2：2013 顶部提高和底部清空低于 5000 l 的固定式废弃物容器. 第 2 部分：地下或部分地下设备的附加要求. 德文版本 EN 13071-2：2008+A1：2013

DIN CEN/TS 16202：2013 污泥，处理过的生物废弃物和土壤. 杂质和石料的测定；德文版本 CEN/TS 16202：2013

DIN EN 13493：2013 土工合成阻挡层. 固体废弃物存储和处理场所的施工中使用的阻挡层所要求的特征. 德文版本 EN 13493：2013

DIN CEN/TS 15937：2013 污泥，处理过的生物废弃物和土壤. 特殊导电性的测定；德文版本 CEN/TS 15937：2013

DIN EN 16123：2013 废弃物特征. 筛选方法的选择和应用指南；德文版本 EN 16123：2013

DIN EN 840-6：2013 可移动式废弃物和回收容器. 第 6 部分：安全和卫生要求；德文版本 EN 840-6：2012

DIN EN 840-4：2013 可移动式废弃物和回收容器. 第 4 部分：宽耳轴式或 BG 和/或梳形提升装置用容积为 1700 L 及以下带平顶盖的四轮容器. 尺寸和设计；德文版本 EN 840-4：2012

DIN EN 16168：2012 污泥，处理过的生物废弃物和土壤. 使用干式燃烧法测定总氮量. 德文版本 EN 16168：2012

DIN CEN/TS 15864：2012 废弃物特征. 基本特性描述用过滤性能试验. 规定情景（s）的相关条件下带有持续性侵溶液补充用动态单片浸出试验. 德文版本 CEN/TS 15864：2012

DIN CEN/TS 15862：2012 废弃物特征. 依从性浸出试验. 带有固定最小维数的被检部分在固定液对表面面积比（L/A）下整块材料的单级分批浸出试验. 德文版本 CEN/TS 15862：2012

DIN EN 15936：2012 污泥，处理过的生物废弃物和土壤. 干式燃烧法测定总有机碳（TOC）. 德文版本 EN 15936：2012

DIN EN 16179：2012 污泥，处理过的生物废弃物和土壤. 试样预处理指南. 德文版本 EN 16179：2012

DIN EN 15935：2012 污泥，处理过的生物废弃物，土壤和水. 强热失量测定. 德文版本 EN 15935：2012

DIN EN 15934：2012 污泥，处理过的生物废弃物，土壤和水. 干物质部分后残渣或含水量计算. 德文版本 EN 15934：2012

DIN EN 16173：2012 污泥，处理过的生物废弃物和土壤.元素可溶性部分的硝酸消解作用.德文版本 EN 16173：2012

DIN EN 16167：2012 污泥，处理过的生物废弃物和土壤.利用气相色谱法和气相色谱/质谱分析（GC/MS）和带电子捕获探测的气相色谱法（GC-ECD）进行多氯联苯（PCB）测定.德文版本 EN 16167：2012

DIN EN 15933：2012 污泥，处理过的生物废弃物和土壤.pH 值测定.德文版本 EN 15933：2012

DIN EN 16174：2012 污泥，处理过的生物废弃物和土壤.元素的王水可溶部分的消化作用.德文版本 EN 16174：2012

DIN EN 16166：2012 污泥，处理过的生物废弃物和土壤.吸附有机范围卤素（AOX）的测定.德文版本 EN 16166：2012

DIN EN 16169：2012 污泥，处理过的生物废弃物和土壤.克耶达测氮法.德文版本 EN 16169：2012

DIN CEN/TS 1565-2：2012 建筑结构内土壤和废弃物排出（低温与高温）用塑料管系统.苯乙烯-共聚物共混物.第 2 部分：一致性评估指南；德文版本 CEN/TS 1565-2：2012

DIN CEN/TS 1455-2：2012 建筑结构内土壤和废弃物排出（低温与高温）用塑料管系统.丙烯腈-丁二烯-苯乙烯共聚物（ABS).第 2 部分：一致性评估指南；德文版本 CEN/TS 1455-2：2012

DIN EN 60335-2-16：2012 家用和类似用途电器.安全性.第 2-16 部分：食物废弃物处理器的详细要求（IEC 60335-2-16：2002，修改＋A1：2008＋A2：2011).德文版本 EN 60335-2-16：2003＋A1：2008＋A2：2012

DIN 86210-1：2012 远洋船操作材料的补给和液体废弃物的处置.第 1 部分：*PN* 10 及以下软管总成用软管配件

DIN CEN/TS 16188：2012 污泥，处理过的生物废弃物和土壤.王水和硝酸溶解物中的元素的测定.火焰原子吸收光谱法（FAAS)；德文版本 CEN/TS 16188：2012

DIN CEN/TS 16177：2012 污泥，处理过的生物废弃物和土壤.为可萃取的氨水，硝酸盐和亚硝酸盐测定而进行的萃取；德文版本 CEN/TS 16177：2012

DIN CEN/TS 16182：2012 污泥，处理过的生物废弃物和土壤.采用气相色谱/质谱分析（GC/MS）对壬基酚（NP)，壬基苯酚单乙氧基醇和壬基苯酚二乙氧基醇的测定；德文版本 CEN/TS 16182：2012

DIN CEN/TS 16178：2012 污泥，处理过的生物废弃物和土壤.药用物品的测定；

德文版本 CEN/TS 16178：2012

DIN CEN/TS 16189：2012　污泥，处理过的生物废弃物和土壤.采用带荧光检测（FLD）或质量选择性检测（MS）的高效液相色谱法（HPLC）对直链烷基苯磺酸钠（LAS）的测定；德文版本 CEN/TS 16189：2012

DIN CEN/TS 16183：2012　污泥，处理过的生物废弃物和土壤.利用气相色谱/质谱分析（GC/MS）进行选择的邻苯二甲酸酯的测定；德文版本 CEN/TS 16183：2012

DIN CEN/TS 16190：2012　污泥，处理过的生物废弃物和土壤.采用高分辨率气相色谱/质谱分析（HR GC/MS）对二噁英，呋喃和二噁英类似多氯联苯的测定；德文版本 CEN/TS 16190：2012

DIN EN 13965-2：2011　废弃物特征.术语.第 2 部分：关于管理的术语和定义；三种语言版本 EN 13965-2：2010

DIN EN 13071：1 Berichtigung 1：2010　顶部提高和底部清空低于 5000L 的固定式废弃物容器.第 1 部分：一般要求.德文版本 EN 13071-1：2008，-DIN EN 13071-1：2008-10 的勘误表.德文版本 EN 13071-1：2008/AC：2010

DIN EN ISO 15883-3：2009　清洗消毒器.第 3 部分：对人类废弃物容器进行热消毒的清洗消毒器的试验和要求（ISO 15883-3：2006）.英文版本 DIN EN ISO 15883-3：2009-09

DIN EN 12920：2008　废弃物特征.在指定条件下测定废弃物浸出特性用方法学.德文版本 EN 12920：2006＋A1：2008

DIN EN 15527：2008　废弃物特征.用气相色谱/质谱分析（GC/MS）测定废弃物中多环芳烃（PAH）

DIN EN 13592：2008　家用废弃物收集用塑料袋.类型、要求和试验方法

DIN EN 15347：2008　塑料.再生塑料.塑料废弃物的特性

DIN EN 15012：2008　塑料管系统.建筑结构内污物和废弃物排放系统.管道、配件及其连接件用性能特点

DIN EN 15216：2008　废弃物特征.水中和提取液中溶解固体总量（TDS）的测定

DIN EN 15309：2007　废弃物和土壤特性.使用 X 射线荧光测定元素组成

DIN EN 15169：2007　废弃物特征.测定废弃物、淤泥和沉淀物的点燃质量损耗

DIN EN 14346：2007　废弃物特征.通过测定干残渣或水含量计算固形物含量

DIN EN 14735 Corrigendum 1：2006　废弃物特征.生物毒性试验用废弃物样品制备；英文版本 DIN EN 14735：2005-11 勘误表 1

DIN CEN/TS 15364：2006　废弃物特征.过滤性能试验.酸和碱中和作用容量试验

DIN EN 14803：2006　废弃物数量的识别和/或测定

DIN EN 14899：2006　废弃物特征.废弃物材料取样.取样工厂制备和应用的筐架

DIN EN 13965-1：2005　废弃物特征.术语.第1部分：材料相关术语和定义

DIN EN 14039：2005　废弃物特征.用气相色谱法测定 C_{10}～C_{40} 范围内的烃含量

DIN-Fachbericht CEN/TR 13768：2005　污泥特征.污泥和家庭废弃物的混合焚烧用有效规程

DIN EN 14345：2004　废弃物特征.用重量测定法测定烃类的含量

DIN EN 12940：2004　鞋靴生产废弃物.废弃物分类和管理

DIN EN 13427：2004　包装.欧洲标准在包装和包装废弃物领域的使用要求

DIN CEN/TS 14405：2004　废弃物特征.浸出性能试验.上流渗透试验（在规定条件下）

DIN EN 13593：2003　包装.家用废弃物收集纸袋.类型、要求和试验方法

DIN EN 13656：2003　废弃物特征.废弃物元素的连续测定用微波辅助的氢氟酸（HF）、硝酸（HNO_3）和盐酸（HCl）混合物的分解；德文版本 EN 13656：2002

DIN EN 13657：2003　废弃物特征.废物元素的王水可溶性部分连续测定用分解；德文版本 EN 13657：2002

DIN EN 12457-3：2003　废弃物特征.浸析.颗粒废弃物和污泥浸析的一致性试验.第3部分：高固体含量的粒径小于4mm的材料在液体与固体比为2L/kg和8L/kg时的二级分批试验（有或无粒径缩减）；德文版本 EN 12457-3：2002

DIN EN 12457-1：2003　废弃物特征.浸析.颗粒废弃物和污泥浸析一致性试验.第1部分：粒径小于4mm的材料在液固比为2L/kg的一级分批试验（有或无粒径缩减）

DIN EN 12457-2：2003　废弃物特征.浸析.颗粒废弃物和污泥浸析一致性试验.第2部分：粒径小于4mm的材料在液固比为10L/kg的一级分批试验（有或无粒径缩减）

DIN EN 12457-4：2003　废弃物特征.浸析.颗粒废弃物和污泥浸析一致性试验.第4部分：粒径小于10mm的材料在液固比为10L/kg的一级分批试验（有或无有限粒径缩减）

DIN EN 13137：2001　废弃物特征.废弃物、淤泥和沉积物中有机碳总量（TOC）测定

DIN V ENV 13801：2001　建筑结构内（低温和高温）渣土和废弃物排放塑料管道系统.热塑管.推荐安装惯例

DIN EN ISO 8099：2001　小型船舶.卫生间废弃物收集系统

DIN 30742-1：1995　废弃物处理工程.液体和固体的专用垃圾箱.第1部分：金属材料制容积为60～240L的垃圾箱

DIN 30743：1995　废弃物处理工程.专用垃圾箱的存放和运输用装载辅助装置

附录六 法国标准化协会废弃物相关标准

NF X30-406-2016 废弃物特征. 卤素含量和硫含量. 密封设备中氧的燃烧和测定方法

NF X30-495-2014 废弃物特征. 使用便携式 X 射线荧光光谱仪对元素成分进行的筛选方法

NF X30-443-2014 废弃物. 饱和材料渗透系数的实验室测定. 带有恒定的水力梯度的柔性壁渗透仪

NF T54-017-1-2014 建筑结构内土壤和废弃物排出（低温与高温）用塑料管系统. 未增塑聚氯乙烯（PVC-U）. 第 1 部分：管，配件及系统规范

NF X30-492-2014 废弃物特征. 测试程序的编写和应用框架. 目标，计划和报告

NF X30-472-2014 家用和相关废弃物. 分拣不良品的特性描述

NF X30-425-2014 废弃物. 通过一个覆盖钻孔上的变动负荷试验来测定场地的渗透系数

NF G38-176-2013 土工合成物隔层. 固体废弃物存放和处置场所建设使用所需特性

NF G38-173-2013 土工合成物隔层. 液体废弃物处置场所，转运站或外层安全层建设使用所需特性

NF H96-115-2-2013 顶部提高和底部清空的容量小于 5000 L 的固定废弃物收集箱. 第 2 部分：地下或部分置于地下的设施的附加要求

NF P40-202-2013 建筑工程. 卫生设施和排雨计算规则. 第 1-1 部分：冷暖卫生网络. 第 1-2 部分：环网设计和计算. 第 2 部分：废弃物排泄和污水排放. 第 3 部分：排雨

NF X30-504-2013 有传染风险的卫生保健废弃物. 收集卫生保健废弃物的感染风险的良好规范

NF X30-424-2013 废弃物. 通过在一个钻孔上的恒负载渗透试验来测定地面的渗透系数

NF X30-483-2013 废弃物特征. 筛选方法选择和应用导则

NF H96-110-6-2013 移动式废弃物收集箱. 第 6 部分：安全性和卫生要求

NF X31-040-2013 污泥、处理后生物废弃物、土壤和废物. 干式燃烧法测定总有机碳（TOC）

NF X30-418-2012 废弃物. 使用开式双环渗透计试验测定土地垂直渗透系数

NF C73-816/A2-2012 家用和类似用途电器-安全性-第 2-16 部分：食物废弃物处理器的特殊要求

NF X31-082-2012　污泥，处理过的生物废弃物和土壤-样本预处理指南

NF X31-037-2012　污泥，处理过的生物废弃物和土壤-凯达尔氮的测定

NF X31-033-2012　污泥，处理过的生物废弃物和土壤-pH 值的测定

NF X31-211-2012　废弃物特征. 通过凝固过程产生的或者最初大量存在的固体废弃物材料的浸出试验

NF X31-045-2012　污泥，经处理生物废弃物和土壤. 元素硝酸可溶解部分的消化

NF X31-043-2012　污泥，处理过的生物废弃物和土壤. 元素的王水可溶部分的消化

NF X30-420-2012　废弃物. 添加或人工再造材料的永久地质层组的渗透性测定. 封闭型单环渗透计. 恒负载和变动负荷试验

NF X31-038-2012　污泥、处理过的生物废弃物、土壤和废料. 干残渣或含水量的测定后干物质分子的计算

NF X30-485-2012　废弃物特征. 提出物的分析

NF X30-478-2011　废弃物特征. 硫化废弃物产酸能力及酸中和潜力测定的静态试验

NF M60-323-2011　核能源. 核燃料技术. 废弃物. 预分析废水，废物和埋藏源头的分解的指南

NF M60-335-2011　放射性废弃物的化学特性描述用所关注的 15 项物品的分析用指南标准

NF X30-011-2-2010　废弃物特征. 术语. 第 2 部分：管理相关的术语和定义.

NF X30-510-2010　医疗保健废弃物术语

NF X30-502-2010　医疗保健废弃物的封装. 牙科汞齐废弃物封装. 试验和规范

NF X30-500-2009　医疗保健废弃物的封装. 穿孔废弃物用盒和小型收集器. 试验和规范

NF X30-507-2009　医用废弃物包装. 医用废弃物. 用于包装传染性医用废弃物的带内袋纸板箱

NF H96-118-2008　选择性废弃物收集箱. 装载和服务期间不可移动的已用发动机油箱. 规范和试验

NF X30-421/IN1-2008　废弃物特征. 在规定的条件下废弃物滤取性能测定的方法

NF X30-446-2008　废弃物特征. 使用气相色谱/质谱分析（GC/MS）测定废弃物中的多环芳烃（PAH）

NF H96-115-1-2008　顶部提高和底部清空的容量低于 5000L 的固定式废弃物容器. 第 1 部分：通用要求

NF X30-453-2008　废弃物特征. 用带电子俘获或质谱检测的毛细管气相色谱法测定

固体废弃物中选择的多氯化联二苯（PCB）.

NF X30-432-2008　废弃物.家庭产生的废弃物及相关废弃物筛选出的钢填充物.评定批量包装钢的容积密度和内聚力以及评定批量钢包装前的磁性金属含量的方法

NF T50-806-2008　塑料.再生塑料.塑料废弃物的特征

NF M60-327-2008　核能.核燃料技术.废弃物.测定辐射性废弃物的包装件释放的氚

NF M60-329-2008　核能.核燃料技术.废弃物.用 α 光谱测定法测定污水或固体废弃物中钚的 α 活性

NF X30-480-2007　废弃物特征.水中和提取液中溶解固体总量（TDS）的测定

NF H34-090/IN1-2007　家庭废弃物收集用塑料袋.类型、要求和试验方法

NF X30-506-2007　医疗保健废弃物.传染性液体医疗保健废弃物的包装.规范和试验

NF M60-455-2007　核能.核燃料技术.测定核电站产生的低级和中级放射废弃物包装件放射性的换算因子法

NF X30-462-2007　废弃物和土壤的特性.X 射线荧光法测定元素组成

NF X30-463-2007　废弃物特征.废弃物、污泥和沉淀物灼烧损失的测定

NF X30-427-2007　废弃物特征.通过测定干残渣和水含量计算干物质含量

NF X30-501-2006　医疗保健废弃物的封装.有传染风险的软废弃物用袋.试验方法和规范

NF X30-400-2006　废弃物特征.废物材料取样.取样计划地制定和采用框架

NF M60-313-2006　核能.索格利特式耐化学性试验.高放射性废弃物用陶瓷玻化容器

NF X30-455-2006　废弃物特征.从实验室样品制备试样

NF X30-413-2006　废品.废物收集车中的家庭废弃物样品的组成

NF X30-452-2006　废弃物特征.生态毒性试验用废弃物样品的制备

NF M60-322-2005　核能.核燃料循环技术.废弃物.优先化学分离后用液体闪烁法测定污水和废弃物中铁 55 的放射性

NF X30-465-2005　废弃物特征.渗出性能试验.上流渗透试验（在特定条件下）

NF X30-405-2005　废弃物特征.用气相色谱法测定 C_{10}～C_{40} 范围内的烃含量

NF X30-505-2004　医疗保健废弃物的包装.保健废弃物.具有传染风险的保健废弃物用塑料桶和金属制液体容器

NF X30-449-2004　废弃物特征.用重量分析法测定烃类的含量

NF G62-700-2004　鞋靴生产废弃物.废弃物分类和管理

NF H60-005-2004　包装.在包装和包装废弃物领域内欧洲标准的使用要求

NF X30-011-1-2004　废弃物特征.术语.第1部分：材料的相关术语和定义

NF X30-503-2004　保健废弃物.使用消毒预处理设备降低包括传染性和其他类似的保健废弃物的微生物风险和机械风险

NF M60-320-2004　核能.核燃料技术.废弃物.用液体闪烁法测定废弃物中^{14}碳活性

NF H11-014-2003　包装.家用废弃物收集纸袋.类型、要求和试验方法

NF J22-910-2001　小艇.卫生间废弃物的积集系统

附录七 中国国家标准废弃物相关强制性标准及推荐性标准

1. 强制性标准

GB 16933—1997《放射性废物近地表处置的废物接收准则》

GB 14500—2002《放射性废物管理规定》

GB 34330—2017《固体废物鉴别标准　通则》

GB 13015—2017《含多氯联苯废物污染控制标准》

GB 30485—2013《水泥窑协同处置固体废物污染控制标准》

GB 5085.6—2007《危险废物鉴别标准　毒性物质含量鉴别》

GB 5085.7—2007《危险废物鉴别标准　通则》

GB 5085.2—2007《危险废物鉴别标准　急性毒性初筛》

GB 5085.3—2007《危险废物鉴别标准　浸出毒性鉴别》

GB 5085.1—2007《危险废物鉴别标准　腐蚀性鉴别》

GB 5085.4—2007《危险废物鉴别标准　易燃性鉴别》

GB 5085.5—2007《危险废物鉴别标准　反应性鉴别》

GB 19218—2003《医疗废物焚烧炉技术要求》

GB 19217—2003《医疗废物转运车技术要求》

GB 18598—2001《危险废物填埋污染控制标准》

GB 18599—2001《一般工业固体废物贮存、处置场污染控制标准》

GB 18597—2001《危险废物贮存污染控制标准》

GB 18484—2001《危险废物焚烧污染控制标准》

GB 5086.1—1997《固体废物浸出毒性浸出方法　翻转法》

GB 15562.2—1995《环境保护图形标志 固体废物堆放（填埋）场》

GB 14585—1993《铀、钍矿冶放射性废物安全管理技术规定》

GB 13600—1992《低中水平放射性固体废物的岩洞处置规定》

GB 12711—1991《低、中水平放射性固体废物包装安全标准》

GB 11928—1989《低、中水平放射性固体废物暂时贮存规定》

GB 9132—1988《低中水平放射性固体废物的浅地层处置规定》

GB 16487.8—2017《进口可用作原料的固体废物环境保护控制标准—废电机》

GB 16487.3—2017《进口可用作原料的固体废物环境保护控制标准—木、木制品废料》

GB 16487.10—2017《进口可用作原料的固体废物环境保护控制标准—废五金电器》

GB 16487.11—2017《进口可用作原料的固体废物环境保护控制标准—供拆卸的船舶及其他浮动结构体》

GB 16487.13—2017《进口可用作原料的固体废物环境保护控制标准—废汽车压件》

GB 16487.2—2017《进口可用作原料的固体废物环境保护控制标准—冶炼渣》

GB 16487.6—2017《进口可用作原料的固体废物环境保护控制标准—废钢铁》

GB 16487.7—2017《进口可用作原料的固体废物环境保护控制标准—废有色金属》

GB 16487.9—2017《进口可用作原料的固体废物环境保护控制标准—废电线电缆》

GB 16487.12—2017《进口可用作原料的固体废物环境保护控制标准—废塑料》

GB 16487.4—2017《进口可用作原料的固体废物环境保护控制标准—废纸或纸板》

GB 14569.1—2011《低、中水平放射性废物固化体性能要求　水泥固化体》

GB 16487.1—2005《进口可用作原料的固体废物环境保护控制标准　骨废料》

GB 16487.5—2005《进口可用作原料的固体废物环境保护控制标准　废纤维》

GB 19057—2003《销毁日本遗弃在华化学武器固体废物处理处置标准》

GB 14569.3—1995《低、中水平放射性废物固化体性能要求　沥青固化体》

2.推荐性标准

GB/T 34911—2017《工业固体废物综合利用术语》

GB/T 30760—2014《水泥窑协同处置固体废物技术规范》

GB/T 29478—2012《移动实验室有害废物管理规范》

GB/T 18773—2008《医疗废物焚烧环境卫生标准》

GB/T 15555.8—1995《固体废物　总铬的测定　硫酸亚铁铵滴定法》

GB/T 32326—2015《工业固体废物综合利用技术评价导则》

GB/T 32328—2015《工业固体废物综合利用产品环境与质量安全评价技术导则》

GB/T 27945.1—2011《热处理盐浴有害固体废物的管理　第1部分：一般管理》

GB/T 7023—2011《低、中水平放射性废物固化体标准浸出试验方法》

GB/T 27945.2—2011《热处理盐浴有害固体废物的管理　第2部分：浸出液检测方法》

GB/T 27945.3—2011《热处理盐浴有害固体废物的管理　第3部分：无害化处理方法》

GB/T 28178—2011《极低水平放射性废物的填埋处置》

GB/T 17947—2008《拟再循环、再利用或作非放射性废物处置的固体物质的放射性活度测量》

GB/T 4960.8—2008《核科学技术术语　第8部分：放射性废物管理》

GB/T 15950—1995《低、中水平放射性废物近地表处置场环境辐射监测的一般要求》

GB/T 15555.3—1995《固体废物　砷的测定　二乙基二硫代氨基甲酸银分光光度法》

GB/T 15555.10—1995《固体废物　镍的测定　丁二酮肟分光光度法》

GB/T 15555.1—1995《固体废物　总汞的测定　冷原子吸收分光光度法》

GB/T 15555.4—1995《固体废物　六价铬的测定　二苯碳酰二肼分光光度法》

GB/T 15555.5—1995《固体废物　总铬的测定　二苯碳酰二肼分光光度法》

GB/T 15555.11—1995《固体废物　氟化物的测定　离子选择性电极法》

GB/T 15555.12—1995《固体废物　腐蚀性测定　玻璃电极法》

GB/T 15555.7—1995《固体废物　六价铬的测定　硫酸亚铁铵滴定法》

参考文献

[1] GB/T 9414.1—2012 维修性　第1部分：应用指南.

[2] GB/T 9414.2—2012 维修性　第2部分：设计和开发阶段维修性要求与研究.

[3] GB/T 9414.3—2012 维修性　第3部分：验证和数据的收集、分析与表示.

[4] GB/T 9414.5—2018 维修性　第5部分：测试性和诊断测试.

[5] GB/T 9414.9—2017 维修性　第9部分：维修和维修保障.

[6] GB/T 16716.1—2008 包装与包装废弃物　第1部分：处理和利用通则.

[7] GB/T 16716.2—2010 包装与包装废弃物　第2部分：评估方法和程序.

[8] GB/T 16716.3—2010 包装与包装废弃物　第3部分：预先减少用量.

[9] GB/T 16716.4—2010 包装与包装废弃物　第4部分：重复使用.

[10] GB/T 16716.5—2010 包装与包装废弃物　第5部分：材料循环再生.

[11] GB/T 16716.6—2012 包装与包装废弃物　第6部分：能量回收利用.

[12] GB/T 16716.7—2012 包装与包装废弃物　第7部分：生物降解和堆肥.

[13] GB/T 20862—2007 产品可回收利用率计算方法导则.

[14] GB/T 24256—2009 产品生态设计通则.

[15] GB/T 28522—2012 通信终端产品可回收利用率计算方法.

[16] GB/T 28619—2012 再制造　术语.

[17] GB/T 28620—2012 再制造率的计算方法.

[18] GB/T 31244—2014 通信终端产品可拆卸设计规范.

[19] GB/T 32161—2015 生态设计产品评价通则.

[20] GB/T 32356—2015 电子电气产品可再生利用设计导则.

[21] GB/T 32810—2016 再制造　机械产品拆解技术规范.

[22] GB/T 32886—2016 电子电气产品可回收利用材料选择导则.

[23] GB/T 33221—2016 再制造　企业技术规范.

[24] GB/T 33761—2017 绿色产品评价通则.

[25] GB/T 34143—2017 电子电气循环经济产品评价通则.

[26] GB/T 36132—2018 绿色工厂评价通则.

[27] GB/T 37422—2019 绿色包装评价方法与准则.

[28] GB/T 37547—2019 废塑料分类及代码.

[29] GB/T 37821—2019 废塑料再生利用技术规范.

[30] UL 2789 Calculation of Estimated Recyclability Rate.

[31] UL 2799 Zero Waste to Landfill.

[32] UL 2799A Environmental Claim Validation Procedure (ECVP) for Zero Waste Classifications.

[33] UL 2809 Environmental Claim Validation Procedure (ECVP) for Recycled Content.

[34] UL 2990 By-Product Synergy.

[35] UL 3600 Outline of Investigation for Measuring and Reporting Circular Economy Aspects of Products, Sites and Organizations.

后记

不得不承认，本书的写作着实让我花费了巨大的精力，以及两年间所有工作与生活的碎片时间。

写作主要是在两个场景，一是犬子孝承每个周六在徐汇区第一业余少体校打乒乓，送去了之后我在附近永嘉路口的咖啡馆等他两小时，那是绝好的写作环境；二是每每出差在外数日，晚上回到宾馆洗漱之后也可以安静地磨笔两小时，这样的“机会”差不多一个月一次，一次三个晚上。

一边写作，一边在联系出版社。虽然母校的华东理工大学出版社又一次向她的学子伸出了邀约之手，可这一次，没有太多的犹豫，我选择了化学工业出版社——这完全是家父家母的意思。

其实，早在1999年，父亲曾经在化学工业出版社与人合作出版了一本名为《小型合成氨厂生产工艺与操作》（ISBN：9787502525330）的书。母亲告诉我，出版后一万多元的稿费（那时还是不小一笔钱），银行里还没存出利息，就取出来支持我去法国留学了。所以这次遵循父母的意见，我决定时隔二十年，子承父“业”，与同一出版社再续前缘。

本书中文出版要感谢华东理工大学校友、化学工业出版社的编辑刘婧小姐从本书前期的构思策划，到后期的编辑出版，都付出了大量的时间与心血。刘编辑与我同为华理学子，毕业后能有这样的合作也颇有意义。

本书英文出版要感谢施普林格出版社的编辑——在我之前一本英文著作出版就有完美合作的胡寅先生。胡编辑与我都曾有法国留学经历，所以共同话题颇多；他从本书涉及的学术角度也时常与我交流探讨，各种建议和意见使我受益良多。

从本书每一章节内的写作架构和知识面的角度，我还要感谢百度百科——基于这一公开的科普资料库，我综合参考了不同行业和技术的分类信息，择优选取了部分通俗易懂的名词解释，辨识借用了一些可供深入分析的案例和一些非版权的相关图片。在保护知识产权的前提下，人类的智慧与科技应该是充分共享的。这一次我深深体会到了这一点，也希望我的工作成果能够分享给每一位读者。

基于多年的工作经验，星巴克（上海）咖啡有限公司的张杰先生提供了第7章餐饮废弃物和实验室废弃物两节的基本内容，中国科学院生态环境研究中心的肖本益博士提供了第7章二次废弃物一节的大部分内容，上汽通用汽车有限公司的王宏先生提供了第8章汽车行业一节的参考和修改意见……其他各位学者和同仁的指点与帮助，在此不能一一列举，唯有一并鸣谢。

虽然本书重在阐述废弃物相关的科学技术和行业应用，然而本书至少在4个章节中出现了法律法规的相关描述。“法治兴则国兴，法治强则国强。”法律是治国之重器，法治是国家治理体系和治理能力的重要依托。党的十八大以来，全面依法治国深入推进，法治观念更加深入人心。法治对于加快生态文明体制改革，建设美丽中国，包括无废城市目标的实现，意义非凡。

有幸的是，在本书即将完成之际，母校华东理工大学资源与环境学院正好需要校外教师来讲授固体废弃物及资源化一门研究生课程。因为我是受聘的工程硕士校外指导老师，所以也应邀参与到这门（全英文）课程的备课中；本书所描述之内容，正好可以与母校师生继续斟酌研究，不亦乐乎？

没有哪一个收获能够离得开家庭的支持，特别是朝夕相伴的妻子和儿女——本书自是如此。撰写的全过程我没有告诉爱妻，为的是不要她牺牲更多的业余时间来支持我，为的是出版之后给她一个意外的惊喜。希望我是做到了……

正值中华大地共同抗击新型冠状病毒性肺炎疫情的关键之际，本书也献给所有为了人类的环境、安全和健康而不懈努力，无私付出的斗士和勇士们。

剑明

庚子年初春